Vorlesebuch Symbole

Geschichten zu biblischen Bildwörtern für Kinder von 6-12 Jahren

Herausgegeben von Erhard Domay

Kaufmann · Patmos

Die Deutsche Bibliothek — CIP Einheitsaufnahme

Vorlesebuch Symbole: Geschichten zu biblischen
Bildwörtern für Kinder von 6-12 Jahren/
hrsg. von Erhard Domay. — Lahr: Kaufmann;
Düsseldorf: Patmos, 1994
   ISBN 3-7806-2359-5 (Kaufmann)
   ISBN 3-491-80029-3 (Patmos)

3. Auflage 1994
© 1989 by Verlag Ernst Kaufmann, Lahr,
und Patmos-Verlag, Düsseldorf
Alle Rechte vorbehalten
Printed in Germany
Umschlaggestaltung: JAC
Hergestellt bei Kösel GmbH & Co., Kempten
ISBN 3-7806-2359-5 (Kaufmann)
ISBN 3-491-80029-3 (Patmos)

Vorwort

Dieses Vorlesebuch bietet zur Verwendung in Schule und Gemeinde Erzählungen an, die sich mit Symbolwörtern befassen. Die meisten der ausgewählten Wörter kennt auch die Bibel, oder sie berühren doch sehr eng biblische Sachverhalte. Dieser biblische Hintergrund war mir genauso wichtig wie die Vorgabe, daß die Dinge und Sachverhalte kindlicher Erfahrung unmittelbar zugänglich sind und keine weit hergeholten Herleitungen erfordern.

In einer Zeit, die hauptsächlich „vom Kopf" lebt, also vom streng wissenschaftlichen Denken bestimmt ist, tut die Lektüre solcher Geschichten ohne Zweifel gut, haben sie doch die Ganzheit des Menschen und der Welt im Blick. Die Einführung und die Einleitungen der einzelnen Kapitel versuchen, diese Notwendigkeit herauszuarbeiten und die Symbolwörter einzuordnen in thematische und biblische Zusammenhänge.

In einem Vorspann wird jede einzelne Geschichte mit einer Inhaltsangabe und mit Hinweisen auf die jeweiligen Deutungsebenen vorgestellt; biblische Anklänge werden besonders hervorgehoben. Die Angabe der Vorlesezeit und des Schwierigkeitsgrads — symbolisiert durch Punkte — soll dem Benutzer den Überblick erleichtern.

Es wurde versucht, zu den einzelnen Symbolwörtern Geschichten mit unterschiedlichen Schwierigkeitsgraden zu finden. Das ließ sich jedoch nicht immer verwirklichen.

Zur didaktischen Erschließung dieser Materialsammlung sei auf das Literaturverzeichnis, insbesondere auf die Bücher von H. Halbfas und B. Herrmann, hingewiesen.

Es liegt auf der Hand, daß mit dem Wort „Symbole" ein Raum beschrieben wird, der die Grenzen dieses Buches weit überschreitet. So mußten die Gebiete des Märchens, der Legende, der Fabel, des Mythos und der Kunst unberücksichtigt bleiben. Meine Hoffnung ist, daß Kinder durch die Beschäftigung mit den Erzählungen dieses Vorlesebuches neugierig auf diese weiteren Bereiche werden und offen bleiben für Erfahrungen mit ihnen in einem späteren Lebensalter. Die Erzählungen haben also vor allem eine hinführende Funktion. Ich wünsche allen, die mit ihnen umgehen, gute Erfahrungen und viel Freude!

Landau, im September 1988   *Erhard Domay*

Inhalt

Tisch

Schiff

Anker

Schatz

Ring

Kranz

Licht (Kerze)

Kreuz

Einführung

Hilfe, Symbole!

Heutzutage sind wir von Symbolen geradezu umzingelt. Werbepsychologen tauchen in unseren Seelengrund ab und entdecken und aktivieren unstillbare Bedürfnisse: Konsumbedürfnisse natürlich. Denn wir sollen Käufer werden, Wohnraumausstatter, Technologieanwender, Lebensstiloptimierer, Reisende in allen Kontinenten. Wir sollen uns rundum wohlfühlen in unserer Warenwelt. Damit wir uns nicht verirren, leitet uns eine Unzahl von Piktogrammen; damit wir nicht hungern und dürsten, gibt es für jede Minute des Tages den richtigen snack; damit unsere Fantasie nicht verkümmert, gibt es tausend Programme auf tausend Videokanälen. Wir werden vollgestopft mit Bildern, Zeichen und Sprachsignalen. Alle gaukeln uns vor: „Wir sind das Leben! Wir sind der Sinn!"

Da leuchtet uns der Regenbogen entgegen: Er bildet in einem Schaufenster den Hintergrund für eine Auslage von Elektroartikeln. Anderswo leuchtet er in Neonröhren auf und illuminiert das Angebot einer Modeboutique. Wieder anderswo ziert er einen Bucheinband und dient Träume und Visionen des indianischen Volkes an.

Da bleibt unser Blick an einem Baum hängen, einer stattlichen, frei gewachsenen Eiche. Sie ist das Titelfoto eines Prospektes von Haushaltsgeräten. Dort nimmt uns der Anblick eines uralten Symbols gefangen: yin und yang. „Gegensätze, die füreinander geschaffen sind", verkündet ein Text, und beides findet sich in einer Werbebroschüre für Uhren.

Einer Welt, in der die elementarsten Lebensgrundlagen wie z.B. Luft und Wasser tödlich bedroht sind, kommen die alten Symbole gerade recht: Mit ihnen kann man komplizierte Zusammenhänge wunderschön vereinfachen, kann man die unübersichtlichsten Konfliktfelder flott handhabbar machen. Während das Wasser des Lebens von allen Reklamewänden sprudelt, kann man ungestört die Meere vergiften. Während die zahlende Kundschaft auf der Ebene der symbolischen Kommunikation ihre Luxusspiele spielt, ist für andere jegliche Kommunikation erloschen, weil das Geld nicht einmal mehr für ein Bier in der Kneipe nebenan reicht. Damit der Unmut nicht zu groß wird und damit das Mißtrauen in die Welt der schönen Dinge nicht allzusehr wächst, bescheren wir den Leuten Status-*Symbole*. Dann wissen alle, woran sie miteinander sind, und alle wissen, was ihnen zu ihrem Glück noch fehlt. Aber wer sagt denn, daß das Friedenstäubchen, als modisches Amulett zum passenden T-Shirt getragen, nicht mit einem Mal zum politischen Widerwort werden und sich flugs vom schicken Accessoire in ein quicklebendiges Hoffnungsbild verwandeln könnte? Vor dieser Art Metamorphose ist kein Mensch sicher — die Verkäufer der Amulette genauso wenig wie ihre Produzenten; und auch die vielleicht arglosen Käufer sind es nicht. Und wenn ein Symbol noch so oft totgeredet und kommerziell ums Leben gebracht wird — irgendwann kommt jemand und macht einen neuen Gebrauch von ihm, und es wird zu leben beginnen, auf seine ihm eigene Weise.

Auf einmal beginnen Dinge zu sprechen

Dies gehört zu unserer Lebenserfahrung, von Kindesbeinen an: daß Dinge auf einmal zu sprechen beginnen. Dinge, die wir vorher keines Blickes gewürdigt haben. Dinge, mit denen wir längst fertig waren, weil wir alles über sie zu wissen glaubten. Dinge, die wir fest im Griff hatten: gewogen, gemessen und für nützlich befunden. Dinge, die eben *da* waren und sonst gar nichts. Ein Brunnen, ein Apfelbaum, ein Wagenrad, ein Tier, eine Sonnenblume, ein Nagel, eine Angelschnur, ein Amselnest, ein Uhrwerk. Die Dinge, die auf einmal zu sprechen beginnen, sind oft diejenigen, von denen wir uns nicht trennen können. Ding und Mensch sind oft auf eine seltsame Weise miteinander verbunden, und diese Verbundenheit geht weit über Besitzerstolz oder die Freude an schönen und nützlichen Sachen hinaus. Es ist beinahe so, als wären wir, indem wir uns diesem oder jenem Ding verbunden fühlen, mit etwas in uns selbst verbunden, das zu unserem tiefsten Wesen gehört. Ich werde nie jenen unscheinbaren blauen Lappen vergessen, der viele Jahre die Kindheit unseres Sohnes begleitet hat: zerschlissen, zerfetzt, ausgebleicht und immerzu schmutzig bot er einen ärgerlichen Anblick für jeden, der seine Geschichte nicht kannte. Für unseren kleinen Sohn aber war er die Quelle steter Zärtlichkeit, ein Ding, aus dem er Kraft und Ruhe schöpfte — und quirlig wie er war, war beides lebensnotwendig für ihn. Der Lappen war der letzte Rest eines Stoffbärchens, und untrennbar mit ihm verbunden war das wahrhaft heilende Erinnerungsbild: Mutter oder Vater haben das Kind im Arm, und das Kind hat den Bären im Arm. Geborgenheit erleben, Geborgenheit geben und sich von dem Lappen Geborgenheit erzählen lassen — das ist die ganze Geschichte. Inzwischen ist auch der letzte Überrest des Stoffes verschwunden. Aber wer sagt denn, daß nicht eines Tages irgendein anderes Ding zu sprechen beginnt und unserem Sohn diese Geschichte erzählt? Ich will mit niemanden darüber streiten, ob das Stückchen Stoff nun ein Symbol war oder nicht oder nur für das Kind oder darüber hinaus für die Familie und nach außen hin gar nicht – aber ich möchte festhalten: Es war ein hundsgewöhnliches Ding, und es war unendlich viel mehr als das. Es repräsentierte alles, was das Kind brauchte, das über den alltäglichen Lebensbedarf hinausging. Es repräsentierte dies gerade auch dann, wenn das Kind – zum Beispiel auf dem Balkon oder auf der Straße – alleine war. Ich vermute, und ich hoffe: Das, was da repräsentiert war, wird das Leben des nun erwachsenen Menschen unzerstörbar begleiten.

Darüber hinaus möchte ich festhalten: Dinge, die uns wichtig werden, die uns ihr Wesen mitteilen und uns in unserem Wesen anrühren, sind nicht zu verstehen in irgendeinem lexikalischen oder analytischen Sinn oder in sonst einem Schlaumeierkontext. Da gibt es nichts zu sezieren, darüber gibt es kein Dozieren, und es gibt auch nichts Schwarz-auf-Weißes, das man getrost nach Hause tragen könnte. Da gibt's nur eins: erzählen! Von einem Stoffrest erzählen und – ohne das Wort Geborgenheit auch nur zu erwähnen – von Geborgenheit erzählen. Und weil zum Erzählen immer mindestens zwei, besser noch drei oder mehr gehören, kommt viel Leben zusammen in einem solchen Prozeß, kommen auch viele Fragen auf; und die Lust kommt auf, alles selber weiterzuspinnen und auszuprobieren. Die Geschichte kann so traurig und so gruselig sein, wie sie will – wir werden ihr atemlos lauschen, solange sie uns nicht in Verzweiflung stürzt. Die Erzählung ist das lebendige Kleid für alle Symbolwörter, ganz besonders aber für die Alltagsdinge (siehe auch die Einleitung zum Kapitel „Die Welt der Dinge", S. 181).

Welcher Art das „Ding" auch immer sein mag, wovon auch immer es reden mag und welche Welten auch immer in ihm verdichtet sind: Erzählte Symbole sind Vertrauensgeschichten!

Vertrauensgeschichten – was denn sonst?

Na gut: Ich könnte mir schon etwas anderes als Vertrauensgeschichten vorstellen (und der Bücher- und Zeitschriftenmarkt ist voll davon), zum Beispiel sex- and crime- and action-stories, fantasy- und horror-stories, science-fictions-stories, alle diese Avalon- und Krieg-der-Sterne-Produktionen, die ihren „Sitz im Leben" in Pappkulissen und auf Tricktischen haben, alle diese Augenweiden, diese unendlichen Versuche, die Gier nach immer unwahrscheinlicheren Sensationen ins Wahnsinnige zu steigern. Wer sich dieser Bilderflut mit ihrer mitreißenden Hintergrundmusik hingibt, wird zweifellos aufregende Erlebnisse haben. Aber diese Erlebnisse werden nicht im unmittelbaren Leben des Menschen inszeniert, der sie sich anhört und anschaut, sondern in dessen Kopf — und zwar gegen gutes Geld. Insofern wird der Mensch zwar bestens unterhalten — aber auch um ein Stück seines eigenen Lebens betrogen. Denn es ist eine künstliche Welt, die sich da bietet, ein Schattenreich aus Zelluloidfiguren.

Ich aber bin ein Mensch aus Fleisch und Blut, mein Leben geschieht zwischen sehr realen vier Wänden, und kein Tricktisch kann mir die Sorgen nehmen. Leben, nicht Lebensersatz. Vertrauen, nicht Vertrauensersatz. Glaube, nicht Glaubensersatz. Sinn, nicht Sinnersatz. Handlung, nicht Handlungsersatz. Das möchte ich beanspruchen. Weniger, meine ich, darf es nicht sein. Sehr gerne mehr, wenn das überhaupt möglich ist.

Beides ist möglich: das unbedingt Erforderliche und das, was darüber hinausgeht. Es hat einen begnadeten Erzähler von Vertrauensgeschichten gegeben: Jesus. Ich möchte sein Erzählen als Maßstab nehmen, weil es so überaus menschlich ist, immer aber auch einen so überaus deutlichen Hinweis auf Gott enthält. Und weil es darin nicht um Hirngespinste geht, sondern allemal um die Menschen, in deren Runde er saß. Wo zwei oder drei zusammen seien in seinem Namen, da werde er selbst sein, verhieß er seinen Freunden. Er selbst werde gegenwärtig sein auf eine unsichtbare, aber doch spürbare Weise. Und mit ihm werde alles das gegenwärtig sein, was er repräsentiere: des göttlichen Vaters unerschöpfliche Liebe und Lebenskraft. Er selbst also: die tiefste Quelle, aus der ein Mensch schöpfen kann. Der tiefste Gedanke, den ein Mensch denken kann. Der höchste Himmel, in den menschliche Hoffnung fliegen kann. Jesus, der sich selbst sechsmal in einer in ihrer Klarheit und Einfachheit unauslotbaren Weise und ein siebtes Mal in seinem wahren Wesen vorgestellt hat: Ich bin das *Brot des Lebens*, das *Licht der Welt*, die *Türe zu den Schafen*, der *Hirte*, der *Weg*, die *Wahrheit* und das *Leben*, der *wahre Weinstock*, und dazwischen — ebenso geheimnisvoll wie offenbarend: Ich bin *die Auferstehung* und *das Leben*.

Ich möchte festhalten: Wenn es irgend etwas gibt, das den Himmel zur Erde bringt und die Erde zum Himmel, dann ist es dieser Mensch Gottes. Er ist für mich das Bild dafür, daß Himmel und Erde, Welt und Mensch, Zeit und Ewigkeit zusammengehören, daß sie eins sind in einem Großen und Ganzen. In seinem Dasein und in seiner Gestalt spiegelt er den Sinn wieder, den das Große und Ganze der Schöpfung hat. Ich zögere nicht, diesen Sinn „Mensch" zu nennen, „Menschenleben". Die Menschenwelt ist Gottes Welt. Das ist die Wirklichkeit, in der ich lebe. Und das ist die Wahrheit über das, was mein Leben ist. Alles andere ist dem untergeordnet, ist ein Zweites nach diesem Ersten.

Für das, was mit diesen Worten gesagt ist, möchte ich keinen besonderen Namen haben, auch keine theologische oder philosophische Bezeichnung wie etwa „Urbild, Uroffenbarung, Symbol, Imago dei" usw. Ich möchte es bei diesem Geschehen bei den Namen belassen, die Jesus sich selbst gegeben hat. Wir haben gesehen: Sie sind einfach und klar. Niemand ist jemals fertig mit ihnen. Niemand kann sie jemals abhaken in irgendeinem bewiesenen System. Sie sind einleuchtend und geheimnisvoll wie das Leben selbst. Sie sagen zugleich das Elementarste aus und den Sinn. Sie zwingen zu unaufhörlichem Nachdenken. Sie lassen keinen los, den sie einmal angesprochen haben. Es sind die Namen der wirklichen und nicht der künstlichen Welt. Folgerichtig ist auch diese wirkliche, also alltägliche Welt Inhalt der Geschichten, die Jesus erzählte. Da er nur sehr selten ein exquisites Publikum hatte (gelegentlich waren es bekanntlich Angehörige der Jerusalemer Oberschicht), meistens jedoch zu den Leuten auf der Straße sprach, war seine Rede fern vom akademischen Diskurs, dafür aber erfüllt von alldem, was die Menschen um ihre Ruhe und ihren Schlaf brachte. Er sprach den Menschen aus dem Herzen, ohne ihnen jemals nach dem Munde zu reden. Er verband die Verständigung über das Allereinfachste mit dem allerhöchsten Anspruch der Neuorientierung: „Kehrt um... ändert eure Blickrichtung...". Er sprach in der Menge den nachdenklichen, bußwilligen Einzelnen an. Allein sein Anspruch würde ihn untauglich machen für die Vermarktung in den Massenmedien, die ja von Einschaltquoten, also von Massenakzeptanz, leben. Der Erzähler Jesus hatte niemals eine solche Akzeptanz, und ich denke, er wird sie auch niemals haben. Was er bietet, läßt sich nicht einfach konsumieren. Seine Botschaft dient nicht dem lustvollen Augenblick, sondern sie ist auf Langzeitwirkung angelegt: Sie will immer wieder an den Menschen arbeiten.
Aus diesen Beobachtungen will ich für den Umgang mit erzählten Symbolen festhalten: Es kommt bei den ersten Schritten auf eine elementare Schlichtheit an. Brillante Interpretationen, Einordnungen in weiteste religionsgeschichtliche und -psychologische Zusammenhänge, das Ausbreiten von Wissen über „Symbole" würden dem Verständnis eher hinderlich sein. Das alles hat Zeit für später, wenn die Saat aufgegangen sein wird. Und sie wird aufgehen – ganz ohne das Zutun von Eltern, Lehrern, Pfarrern, meist sogar ohne das eigene Zutun. Damit verhält es sich so ähnlich wie mit der Geschichte vom Stoffbärenlappen: Vertrauensgeschichten setzen Vertrauen voraus – gewagtes, im Augenblick riskiertes Vertrauen wie auch erlebtes Vertrauen. Das unterscheidet sie von dem üblichen Lernstoff: der kann meine Lebenshaltung, meinen inneren Kern, zunächst einmal ganz unberührt lassen. Er geht mich im großen und ganzen eigentlich nichts an.

Ein Beispiel aus dem Evangelium

Im folgenden Beispiel beginnt Jesus mit einer Aufforderung, die zunächst nichts von den Leuten verlangt, sondern sie tröstet, also entlastet. „Sorgt euch nicht um das Leben...!" Was er nicht sagt, aber voraussetzt, ist: „Ich weiß, ihr macht euch große Sorgen um euer tägliches Leben. Ihr seid voller Unruhe, weil euch die Angst vor dem Hunger und vor einer trostlosen Zukunft innerlich auffrißt. Ich weiß, wie ihr lebt. Ich bin einer von euch." Die Leute, zu denen er das sagt, sind seine Freunde; er spricht also nicht vor einer breiten Öffentlichkeit. „Das Leben ist mehr als die Speise", behauptet er. „Ihr nehmt Nahrung und Kleidung viel zu wichtig. Ihr seid so sehr darauf fixiert, daß ihr für wichtigere Dinge keine Kraft, keine Zeit mehr habt." Das ist eine sehr ärgerliche Behauptung, denn sie beinhaltet einen harten Vorwurf: Ihr lebt an eurer Bestimmung, am Wesentlichen, vorbei. Nun könnte ein Vortrag über anthropologische und theologische Aspekte, die das Wesen des Menschen ausmachen, und eine Begründung des Anspruchs folgen. Nichts von dem. Jesus sagt nur: „Seht euch die Raben und die Vögel an. Merkt ihr etwas? Sie bauen keine Scheunen, und Gott ernährt sie doch." Das ist die erste Lektion in der Schule des Sehens. „Und ihr macht euch Sorgen, wo ihr doch viel mehr wert seid als die Kreatur? Gott ernährt seine geringen Geschöpfe, und seine Menschenkinder sollte er verhungern lassen? Warum denkt ihr so gering über euch selbst?" Das ist die zweite Lektion: Seht euch selbst liebevoller, achtet euch selbst höher! Glaubt ihr denn im Ernst, daß eure Sorgen euer Leben auch nur um eine einzige Minute verlängern können? Na also. Die dritte Lektion: Laßt euch nicht verrückt machen, behaltet Augenmaß!
Dann ein Höhepunkt: „Betrachtet die Lilien, wie sie weder spinnen noch weben; ich sage euch aber: Auch Salomo in all seiner Pracht war nicht gekleidet wie eine von diesen." Die Lilie hat eine wunderschöne Blüte; sie erhebt sich schlank und stolz auf dem Feld. Sie trägt ein königliches Gewand und leuchtet hell über all diesen Gräsern.
Das wäre schon Grund genug zum Staunen und Stillewerden, Anlaß genug auch zum Andächtigsein. Aber nun verblüfft Jesus die Hörer dadurch, daß er ihre Sehgewohnheiten als irregeleitet entlarvt. Ihr seid gewohnt, die Pracht der hochwohlgeborenen Könige zu bewundern; vor deren Macht beugt ihr die Knie; ihre Prunkbauten verschlagen euch die Sprache, und ihr laßt euch blenden von ihrem Thron. Die hohe Stellung von euresgleichen, die Höchstleistung imponiert euch; danach richtet ihr euch aus. Und das Ergebnis? Ihr müßt euch doch zufriedengeben mit eurer Durchschnittlichkeit; ihr müßt

euch doch abfinden mit eurer Position ganz unten. Statt zu sehen, was wirklich ist und was wesentlich ist, laßt ihr euch den Kopf voller Illusionen packen. Meine Güte, was ist denn Salomo? Neben einer einzigen Lilie verliert er allen Glanz. Er verkörpert die Prachtentfaltung, deren Menschen fähig sind. Schön und gut. Die Lilie aber zeigt euch, welche Pracht Gott entfalten kann – und welcher Demut diese Pracht fähig ist! Gott adelt das Geringste und stattet es aus mit der Vollkommenheit aller sieben Schöpfungstage. Auch euch eignet ein Stückchen dieser Vollkommenheit. Und ihr macht euch Sorgen? Euer Glaube ist zu klein, ihr habt zu wenig Vertrauen! –
Das hätte eine lange Predigt werden können. Doch Jesus wiederholt nur noch einmal seine Tröstungen: „Seid nicht so voller Unruhe! Habt keine Angst! Euer Vater weiß, was ihr in Wahrheit zum Leben braucht. Schaut nach dem Wichtigsten aus, laßt euch nicht von Äußerlichkeiten ablenken: Sucht das Reich Gottes, nicht das Reich der Träume und Illusionen und nicht die Reiche dieser Welt. Dann werdet ihr finden, was ihr sucht."
Das ist die vierte Lektion in der Schule des Sehens: Laßt euch nicht blenden von dem Glanz des Äußeren, von Supermächten und Megastars. Alles in allem beinhalten diese Lektionen viel Weisheit und Wissen, aber auch viel Sehnsucht und viel Trost.
Ist die Lilie durch den Gebrauch, den Jesus von ihr gemacht hat, jetzt zum Symbol geworden? Ist sie jetzt nicht mehr nur Lilie, sondern einzelnes Zeichen in einem göttlichen Zeichensystem? Ist sie ein Protestwort gegen salomonisches Thronen geworden? Sie selbst vielleicht sogar ein kleiner Thron der göttlichen Weisheit? Symbol oder Gleichnis oder was auch immer – durch diese Erzählung hat diese Blume auf eine neue Art zu sprechen begonnen. Sie hat für einen gesegneten Augenblick Einsicht in ihr Geheimnis gewährt, das auch das Geheimnis Gottes ist.
Ob Jesu Freunde sich das ganz ruhig und locker angehört haben und danach ungerührt zur Tagesordnung übergingen? Oder ist es ihnen wie Schuppen von den Augen gefallen, so daß ihnen bewußt wurde, wie gedankenlos sie sich treiben ließen und wie sinnlos ihre heimliche Ausschau nach Glanz war?
„Wo euer Schatz ist, da wird auch euer Herz sein" – mit diesem Satz endet die Rede zu diesem Thema. Er wird aus dem Gedächtnis der Freunde sicher nicht mehr verschwinden, zu eindrücklich ist er ihm eingesenkt worden, und er wird zukünftig ihr Gewissen prägen, zu deutlich stand ihnen verfehlter Lebenssinn vor den Augen.
Deshalb möchte ich festhalten: Alle diese erzählten Symbole, diese Vertrauensgeschichten, wollen zum einen tief in das Gedächtnis aufgenommen werden, und sie wollen zum andern das Gewissen bilden. Denn wozu wäre ein

Ding, auch das beredteste, nütze, wenn es uns gleich wieder aus dem Sinn geht und nichts in uns bewirkt? Und noch etwas: Die Realität, wir selbst und die Welt, in der wir leben, all das ist genauso wichtig wie die Welt, die sich dahinter und darüber auftut.

Die Art, wie Jesus gesprochen hat und wie er Dinge zum Sprechen brachte, bewahrt uns vor dem vielleicht schlimmsten Mißbrauch, den man Symbolen antun kann: sie zu benutzen zur Flucht aus der Realität oder sie zu verwenden als schickes Dekor. Das Lilienwort Jesu beschämt beide Arten des Mißbrauchs zutiefst!

Zu diesem Buch

Die Autorinnen und Autoren dieses Buches haben versucht, Geschichten zu schreiben, denen zweierlei gemeinsam ist: erstens ihre unmittelbare Nähe zum Kinderleben und zweitens ihre Durchsichtigkeit für die unsichtbare Welt hinter den Dingen. Selbstverständlich kann und will keine dieser Geschichten die Symbolerzählungen und Bilderreden der Bibel ersetzen, und keine erhebt den Anspruch, die Kinder sozusagen zum lieben Gott hochheben zu können. Ihr Anspruch ist viel bescheidener: Sie möchten die ersten nachdenklichen Schritte unserer Kinder in die Welt der Dinge begleiten und ihnen hier und da einen Fingerzeig geben. „Schau einmal dort... sieh einmal da...". Und da und dort werden Dinge zu reden beginnen und Einblicke geben in Zusammenhänge, die den Kindern noch lange verschlossen bleiben werden. Die Texte wollen neugierig auf solche Blicke hinter die Wirklichkeit machen. Keine Geschichte möchte den Eindruck erwecken: „So, jetzt weißt du's, merke es dir, und damit basta!" Hier gibt es keine kontrollierbaren Lernergebnisse, hier gibt es weder „richtig" noch „falsch". Der Horizont der Geschichten ist offen, das Gespräch darüber kann und soll immer wieder neu aufgenommen werden, sobald den Kindern neue und andere Erfahrungen zur Verfügung stehen. Anzustreben ist über die Jahre hin (im Grunde genommen über das ganze Menschenleben hin) ein immer tieferes Verständnis dessen, wozu wir Menschen auf der Welt sind. Mit zunehmendem Alter wird dann sicher auch die zunächst unverständliche und deshalb stumme Sprache der Religion hinzugenommen werden können. Freilich: Wir haben gesehen, wie schlicht sich das Wesentliche anhört, wenn Jesus es — in ganz unreligiösen Worten — ausspricht. Dies kann die Erzieherin und den Erzieher entlasten; es geht nicht darum, ein Kompendium des Symbolwissens zu vermitteln, sondern Lebenserfahrung.

Und insofern gehört zu den wichtigsten Voraussetzungen beim Erzählen dieser Geschichten, daß diejenigen, die sie vorlesen oder erzählen, es gelernt haben, den Dingen zu lauschen und ihre Botschaften zu hören. Je vertrauter wir selbst zum Beispiel mit dem Lilienwort sind, um so weniger werden wir drängen und strukturieren und auf Ergebnisse pochen: Wir werden die Geduld haben abzuwarten, bis es soweit ist, daß unsere jungen Zuhörerinnen und Zuhörer selbst ins Erzählen geraten. Wenn dabei die Lebensfreude zunimmt, die Ehrfurcht vor der Schöpfung verfestigt wird und das Gottvertrauen und das Selbstvertrauen gestärkt werden – was wollten wir mehr?

Ich habe die Geschichten so in Kapiteln gegliedert, daß verwandte Symbolwörter beieinander stehen. Natürlich ist nicht auszuschließen, daß manches Stichwort genauso gut in einem anderen Kapitel stehen könnte. Der Weg, den ich dabei beschreite, ist der von der Weite in die Nähe: Am Anfang steht das „Was am Himmel ist und was vom Himmel kommt"; es folgt „Die Erde, die uns trägt" und „Was die Erde hervorbringt"; schließlich wird erzählt von dem „Was auf der Erde lebt"; dann blicken wir in „Die Welt der Dinge". Dieser Aufriß folgt bewußt der Schöpfungsgeschichte der Bibel, zwingt aber keineswegs dazu, den Weg in derselben Weise zu gehen.

Die kurzen Anmerkungen zu den Kapiteln und den einzelnen Symbolwörtern bieten – je nach dem Charakter des Stichworts – erläuternde, informierende oder einordnende Hinweise. Sie zeigen die Richtung an, in der sich ein vertiefendes Verständnis der Sache vielleicht entwickeln könnte, wenn sie irgendwann einmal wieder zur Sprache kommt. Auf gar keinen Fall sollen die Geschichten auf diese Hinweise hin interpretiert werden. Sie sind nicht Lernstoff, sondern Illustrationen des gelegentlich recht weiten Horizonts, der sich bei der Betrachtung der Symbolwörter auftut.

Entsprechendes gilt selbstverständlich auch für die „biblischen Anklänge", an die bei jedem Symbolwort erinnert wird. Viele von ihnen entziehen sich der Erfahrung von Kindern und jungen Menschen. Auch sie beschreiben eine Welt – dieses Mal nicht eine Welt der Symbole, sondern des Glaubens –, die sich erst nach und nach öffnen wird. Den Zugang zu dieser Welt offen zu halten, kann eine wichtige Funktion der Beschäftigung mit den Erzählungen sein. Die Vertrautheit des Erzählers bzw. der Erzählerin sowohl mit den Kindern wie mit der Sache (und natürlich auch die Erfahrungen der Kinder) wird entscheidend dafür sein, wieviel von dem, was über die Geschichten hinausgeht, in das Gespräch einfließt. Für die didaktische Erschließung der Symbole sind sehr zu empfehlen die in der Literaturübersicht genannten Bücher, insbesondere von H. Halbfas und B. Herrmann.

Wer die „Hermeneutik" der Symbole thematisieren möchte, mag zu der Er-

zählung vom Kleinen Prinzen (S. 101) greifen – oder zu Texten, die davon erzählen, wie Dinge zu reden beginnen (z.b.: Der Tonkrug meiner Großmutter, S.221 und: Der Ring meines Großvaters, S. 244).
Hinweise auf mythologische und künstlerische Darstellungen habe ich um des Umfangs und der Klarheit willen unterlassen (obwohl sie sich in vielen Fällen geradezu aufgedrängt haben).
Bei der Auswahl der Symbolwörter aus der großen Fülle der Möglichkeiten war maßgebend, inwieweit sie als Teile ihrer Erlebniswelt für Kinder hierzulande zugänglich sind, so daß sie nicht von „oben herunter" vermittelt werden müssen, sondern lediglich einen kleinen Anstoß der Erwachsenen brauchen, um in die Nähe der jungen Menschen zu rücken.

Literaturauswahl

P. Biehl: Natürliche Theologie, in: Religionsunterricht als religionspädagogische Herausforderung, hrsg. von R. Lachmann, Religionspädagogik heute, Band 9, Aachen 1982

E. Biser: Theologische Sprachtheorie und Hermeneutik, München 1970

Donat de Chapeaurouge: Einführung in die Geschichte der christlichen Symbole. Darmstadt [2]1987

M. Eliade: Ewige Bilder und Sinnbilder. Über die magisch-religiöse Symbolik. Frankfurt 1986

H. Halbfas: Das dritte Auge. Religionsdidaktische Anstöße. Düsseldorf [3]1987

H. Halbfas: Religionsunterricht in der Grundschule. Lehrerhandbuch Bände 1, 2, 3; darin besonders die Lehrgänge zum Sprach- und Symbolverständnis. Zürich und Düsseldorf 1983, 1984, 1985

H. Halbfas (Hrsg.); Religionsbuch für das 1., 2. und 3. Schuljahr, Zürich und Düsseldorf 1983 ff.

G. Heinz-Mohr: Lexikon der Symbole. Bilder und Zeichen der christlichen Kunst. Köln [8]1984

Herderlexikon Symbole. Freiburg, Basel, Wien [2]1979

B. Herrmann: Im Gleichnis leben. Sprachbilder der Bibel für die Meditation in Schule und Gemeinde. Göttingen 1982

V. Hertle, M. Saller, R. Rauer (Hrsg.): Spuren entdecken. Zum Umgang mit Symbolen. München 1987

C. G. Jung: Der Mensch und seine Symbole. Olten und Freiburg im Breisgau [8]1985

M. Kassel: Biblische Urbilder. Tiefenpsychologische Auslegung nach C.G. Jung. München 1980

H. Kirchhoff (Hrsg.): Ursymbole und ihre Bedeutung für die religiöse Erziehung. München 1982

M. Lurker: Wörterbuch biblischer Bilder und Symbole. München ^{2}1978

Y. Spiegel: Glaube wie er leibt und lebt. Band 1 Die Macht der Bilder. Band 2 Gottesbilder von Herrschaft und Liebe. Band 3 Bilder vom neu erstandenen Leben. München 1984

Eine ebenso informative wie anregende *Bibliographie zum Thema „Symbole"* hat Stephanie von Below vorgelegt in: Religion heute, Heft 3 September 1986, S. 198–200. Dasselbe Heft bietet eine umfassende Problemdiskussion zur Symboldidaktik, deren Lektüre als Einstieg in das Thema sehr zu empfehlen ist.

Was am Himmel ist und was vom Himmel kommt

Einleitende Hinweise

Der Himmel ist für die Menschen aller Zeiten und Kulturen die Wohnstätte der Götter gewesen. Obwohl die Astronauten und die Himmelsforscher mit ihren Spiegelteleskopen vergeblich nach Gott Ausschau gehalten haben, beten wir mit dem Vaterunser nach wie vor: „Unser Vater in dem Himmel". Und das ist gut so. Denn für die Gestaltung der Erde als Lebensraum des Menschen genügt es nicht, die Erkenntnisse aus Wissenschaft und Technik verantwortlich einzusetzen. Es gehört zweifellos auch die Erfahrung dazu, daß menschlichem Denken und Handeln Grenzen gesetzt sind.

Wir sind bis in unsere alltäglichsten Lebensäußerungen hinein abhängig von den göttlichen Kräften, die das All, den Kosmos, geschaffen haben und die Schöpfung erhalten. Unaufgebbar gehört zum reifen Menschsein dieses Bewußtsein der Geschöpflichkeit – mit anderen Worten: die Ehrfurcht vor dem für uns unerreichbaren Heiligen.

Albert Einstein hat dieses Grundgefühl menschlicher Welterfahrung so beschrieben: „Das kosmische Erlebnis der Religion ist das stärkste und edelste Motiv naturwissenschaftlicher Forschung." Der Himmel über uns vermittelt uns aber nicht nur die Einsicht in unsere Abhängigkeit und Grenzen, sondern auch die Überzeugung: Es ist etwas um uns her und über uns, von dem wir ein Teil sind, gewiß ein winziges Teilchen, aber doch immerhin ein Teilchen des Großen und Ganzen. So kann mit dem Staunen über die Weite der Himmel nicht nur unsere Demut wachsen, sondern auch unser Vertrauen in die Ordnung der Dinge. Das Wort „Kosmos" bedeutet ja nicht nur „Weltall", sondern auch „Schmuck". Wir lernen also nicht nur das Ganze und unseren Ort darin kennen, sondern auch, was wir als schön empfinden: das Gleichgewicht der Kräfte und die Harmonie in Formen und rhythmischen Bewegungen. „Herr, mein Gott, du bist sehr herrlich; du bist schön und prächtig geschmückt" – so besingt der 104. Psalm den Schöpfer.

Dies ist die Grundmelodie. Nun liegt es aber in der Natur der Dinge, daß dicht beieinander liegt, was aufbaut und was zerstört, was Leben und was Tod bringt, was auseinandertreibt und was zueinanderführt, was Freude und was Kummer macht. So kommen aus dem Himmel nicht nur die lebensschaffenden Kräfte des Sonnenlichts, sondern dasselbe Sonnenlicht, das Wachstum erst möglich macht, kann gewachsenes Leben ausdörren. Mythenbildende Fantasie hat solche Urerfahrungen zu einander bekämpfenden Figuren verdichtet, philosophische Betrachtung hat sie sich als komplementäre Prinzipien vor Augen gestellt. Part und Widerpart, Satz und Gegensatz, Ort und

Gegenort, Bedeutung und Gegenbedeutung sind Begriffe, die versuchen, die den Kosmos durchziehende Spannung verständlich zu machen und menschliche Grenzerfahrungen (wie überwältigendes Glück und unerträgliche Schmerzen oder wie Geborenwerden und Sterbenmüssen) in einen sinngebenden Kontext einzuordnen. Von daher erscheint es als ganz selbstverständlich, daß Symbole in sich selbst spannungsvoll sind und beides repräsentieren können: das für uns Gute und und das für uns Böse. Selbstverständlich kommt niemand um die Auseinandersetzung mit diesen Spannungen herum, auch unsere Kinder nicht. Aber es ist von grundlegender Bedeutung zu wissen, was „der Himmel" von uns will: „nämlich Gottes Wort halten und Liebe üben und demütig sein vor Gott" (Micha 6,8). Und daß der Himmel es letzten Endes gut mit uns meint – wer wollte das bezweifeln nach allem, was in den Heiligen Büchern bezeugt ist?

Erklärungen zu den Symbolwörtern

Die *Sonne:* Voraussetzung des Lebens auf der Erde; Rhythmus des Jahreslaufs, Abbild des ewigen Kreislaufs von Anfang und Ende in Aufgang und Untergang, Tag und Nacht; ohne sie sehen wir nichts, können wir nichts unterscheiden; sie vermittelt die Erfahrung von Wärme und Kälte, Helligkeit und Dunkelheit; sie ist die Trägerin der Farben. Für unsere leiblichen Augen ist sie das Strahlendste und Glänzendste. Ihr Licht vermittelt den Eindruck von unveränderlicher Klarheit und Reinheit. Im 84. Psalm wird sie in sehr umfassender Weise als Bild für Gott gebraucht: Gott der Herr ist Sonne und Schild. Das drückt beides aus: Gott als unerschöpfliche Quelle der Lebenskraft und als Schutz vor dem, was das Leben bedroht.

Der *Mond* stellt ebenfalls eine Himmelskraft dar, die für uns sichtbare Wirkungen hat: Ebbe und Flut sind seine Gebilde. Auch wenn er sein Licht nur von der Sonne geliehen hat: Er kann unvorstellbare Mengen Wasser bewegen. Er ist der Rhythmus des Monats. In ewiger Wiederkehr verändert er seine Gestalt: Neumond, zunehmender Mond, Vollmond, abnehmender Mond. Sein Zeitenrhythmus entspricht dem Monatszyklus der Frauen; er rundet sich, wie sich der Bauch der werdenden Mutter rundet, während sich das im Fruchtwasser ruhende Leben vollendet. Er stellt das Empfangen und Weitergeben dar. In der Vision einer schwangeren Frau (Offenbarung 12,1) hat die Bibel eine Erinnerung an diese kosmischen Zusammenhänge aufbewahrt: „Und ein großes Zeichen erschien am Himmel, ein Weib angetan mit der Sonne, und der Mond unter ihren Füßen, und auf ihrem Haupt ein Kranz von zwölf Sternen. "

Die *Sterne:* Bilder der Unendlichkeit, im engeren Kreis Hintergrund für die Bewegung der Erde und der Planeten in unserem Sonnensystem. Orientierung in der Nacht: der Polarstern. Hinweise auf schicksalhafte Ereignisse – wie zum Beispiel der Stern der Weihnachtsnacht in Bethlehem. Morgenstern: Künder des Tages. Jesus als Morgenstern ist der Künder des ewigen Tages (Offenbarung 22,16).

Regenbogen: Das Kind von Licht und Wasser, die Brücke zwischen Erde und Himmel. An ihm offenbart das Licht sein Inneres: die Farben. Das flüchtige Wunder. Er entsteht in der Situation des Aufleuchtens und wieder Hellwerdens – ein Zeichen der Hoffnung. Der Regenbogen nach der Sintflut ist Bürge für die Fortdauer des Lebens. Das hebräische Wort für ihn bedeutet an weitaus mehr biblischen Stellen den Bogen des Jägers und Kriegers – ein uraltes historisches Beispiel dafür, daß Dinge auf einmal ganz neu zu sprechen beginnen: das Wortzeichen aus einem System der Gewalt wandelt sich um in ein Zeichen des Friedens.

Wolken: Die schützende Decke, der Vorhang zwischen Erde und Himmel; das Verhüllende.

Der *Wind* ist das Unsichtbare, dessen Wirkungen deutlich zu spüren und zu sehen sind. Die unsichtbare belebende und zerstörende Kraft. Darin Bild des Geistes, der in Bewegung bringt und in Bewegung hält (so z.B. im Pfingstwunder). Seine Bewegung ist frei, er kommt von weither. Wie die Kraft des Feuers ist auch die Kraft des Windes Gott untergeordnet (Psalm 104,4).

Blitz, Gewitter: Durch den Blitz kommt das Feuer auf die Erde. Die destruktive Kraft aus dem Himmel. Ursache der Furcht als Furcht vor Strafe und Gericht (Offb. 4,5). Das Unberechenbare.

Feuer: Die Kraft der Verwandlung und der Veredelung – aber auch der Zerstörung. Eine der Kräfte des Erdinnern. Hartes wird durch Feuer biegsam – Bild der inneren und äußeren Brände, denen Menschen ausgesetzt sind. Feuerflammen an Pfingsten: Erneuerung in der Stunde Null, als die Träume und Erwartungen der jungen Gemeinde in Schutt und Asche lagen. „Ist mein Wort nicht wie ein Feuer?‚ spricht der Herr" (Jeremia 23,29).

Als die Sonne weg war

Inhalt:	Kinder und Mutter sprechen über die Sonne.
Symbolwort:	Sonne
Nebenaspekt:	Wolke
Was gezeigt wird:	Wir können uns darauf verlassen, daß die Sonne immer da ist, auch wenn sie nicht scheint. Bild für die Gegenwart Gottes.
Biblische Anklänge:	Wenn Menschen in Not sind, haben sie das Gefühl, Gott ist nicht da, „er verhüllt sein Antlitz" (Psalm 13,2 u.ö.). Die Meinung, es gebe keinen Gott, entweder weil man ihn angeblich nicht braucht oder weil man ihn nicht sieht, ist töricht (Psalm 14,1).
Vorlesezeit:	2 Minuten ●

Eine ganze Woche ist es herrlich warm gewesen. Sieben Tage lang. Jeden Morgen, wenn Jakob und Lena aufwachten, stand die Sonne leuchtend hell zwischen der Kirche und dem neuen Hochhaus.
Aber heute ist der Himmel grau.
„Sie ist weg!" ruft Lena und schaut ganz verdutzt aus dem Fenster.
„Wer?" fragt Jakob.
„Die Sonne!"
Tatsächlich, weit und breit ist nicht das kleinste Sonnenschimmerchen zu sehen!
„Mama! Mama!" schreien Jakob und Lena und laufen in die Küche.
„Die Sonne ist weg!"
Die Mama lacht.
„Aber nein! Sie ist nicht weg. Sie hat sich nur hinter den Wolken versteckt. Wenn sie weg wäre, dann wäre kohlpechrabenschwarze Nacht auf der Erde. Und wir müßten alle erfrieren."
Jakob und Lena schauen einander an.
„Mich friert!" sagt Lena.
„Mich auch!" sagt Jakob.
Die Mama legt einen Arm um Jakob und einen um Lena und schaut zum Himmel hinauf.
„Dort oben ist sie irgendwo, die Sonne", erklärt sie. „Ich weiß es ganz sicher. Sie ist immer da, auch wenn wir sie nicht sehen können."
„Immer – immer – immer?" fragt Lena. Die Mama nickt.
„Wie die Luft!" sagt Jakob.
„Und der Wind!"
„Und der Gott!"
„Ja", sagt die Mama. „Genauso!"

Lena stellt sich auf die Zehen und zeigt hinunter in den Garten. „Und wie meine rosa Zopfspange", erklärt sie.

„Deine rosa Zopfspange?" fragt die Mama erstaunt.

„Ja", sagt Lena. „Sie ist irgendwo dort unten im Gras. Ich weiß es ganz sicher. Aber ich kann und kann und kann sie nicht sehen!"

Renate Schupp

Das Licht

Inhalt:	Ein Mädchen gerät am hellichten Tag in ein Gewitter. Da erlebt es, daß die Sonne zaubern kann.
Symbolwort:	Sonne
Nebenaspekt:	Regenbogen
Was gezeigt wird:	Das Licht der Sonne verwandelt eine bedrohliche Situation in das Erlebnis eines Wunders. Ein Lichtstrahl: tröstlicher Fingerzeig des Himmels.
Biblische Anklänge:	„Der Herr ist mein Licht und mein Heil. Vor wem sollte ich mich fürchten?" (Psalm 27,1)
Vorlesezeit:	3 Minuten ●●

An einem Sommertag im vorigen Jahr wurde es mitten am Nachmittag seltsam dunkel. Anna kam mit dem Rad aus dem Nachbardorf von ihrer Freundin und war gerade auf dem Weg nach Hause. Die enge Straße stieg langsam bergauf, denn das Land war hügelig. Eine Hügelkette reihte sich an die andere.

Anna fuhr gern über diese Hügel. Wenn sie oben war, konnte sie die Ebene sehen. Dort lag das Dorf, in dem sie wohnte. Wie breite gelbgrüne Bänder zogen sich die Felder hangauf- und hangabwärts. Anna ruhte sich ein wenig aus. Dann schwang sie sich wieder in den Sattel und sauste die Straße hinunter, daß ihr der Fahrtwind um die Ohren fuhr.

Aber heute war alles anders. Der Himmel wurde immer schwärzer, und alle Farben verdunkelten sich. Die Hügel mit den gelbgrünen Feldern hörten auf zu leuchten. Und die alte verfallene Fabrik drüben in der Ebene ragte noch düsterer und bedrohlicher auf als sonst.

Anna wurde es ganz unheimlich zumute. Wie konnte es mitten am Tag so dunkel werden? Am liebsten wäre sie wieder umgekehrt. Aber der Weg zurück war ebenso weit wie der Weg nach Hause. Und bestimmt machte sich die Mutter schon Sorgen.

Anna fuhr, so schnell sie konnte. Als sie auf der letzten Hügelkuppe ankam, blieb sie erschöpft stehen. Die Luft aus der Ebene schlug ihr feucht und heiß entgegen und nahm ihr fast den Atem.

In diesem Augenblick brach die Finsternis auf und tauchte die Ebene vor ihr in ein seltsam unwirkliches Licht. Was war das? Da lag ein goldenes Schloß mit Mauern und Türmen, goldene Bäume standen an goldgrünen Feldrändern.

Während Anna dastand und fassungslos die Erscheinung anstarrte, erschien am Himmel plötzlich ein Regenbogen und wölbte sich über das goldene Schloß.

Anna stieg aufs Rad und nahm die letzte Abfahrt zum Dorf in halsbrecherischem Tempo.

„Schau nur, ein Schloß! Ein goldenes Schloß!" rief sie der Mutter zu, die unter der Tür stand und nach ihr Ausschau hielt. Aber als Anna sich umdrehte, um der Mutter das Schloß zu zeigen, war da nur noch der Regenbogen, der sich über die alte Fabrik spannte.

„Aber es war ein Schloß da", sagte Anna enttäuscht. „Ich habe es genau gesehen."

Die Mutter lächelte.

„Es war die Sonne. Sie hat einen Augenblick lang durch ein Wolkenloch direkt auf die alte Fabrik geschienen."

Anna sah zum Himmel empor. Er war grau und düster wie zuvor. Das Licht war erloschen. Und während sie ihr Rad in den Schuppen schob, begann es zu regnen.

Gretel Fath

Scheint die Sonne auch nachts?

Inhalt: Frederic spielt in einem Schultheaterstück die Sonne und weigert sich
                            abzutreten, als der „Mond" auftritt, weil die Sonne auch nachts da
                            sei.

Symbolwort: Sonne

Was gezeigt wird: Die Gesetzmäßigkeiten des Sonnenlaufs und die ewige Anwesenheit
                            der Sonne entweder auf der einen oder auf der anderen Seite der Er-
                            de.

Biblische Anklänge: Gottes Gegenwart, die nicht an einem bestimmten Ort fixiert ist:
                            „Von allen Seiten umgibst du mich und hältst deine Hand über mir.
                            Diese Erkenntnis ist mir zu wunderbar und zu hoch, ich kann sie
                            nicht begreifen." (Psalm 139, 5+6)

Vorlesezeit: 3 Minuten   •

Für das Schulfest übte Frau Kirschbaum mit ihrer Klasse 3a ein Theaterstück
ein. Es handelte von den Tageszeiten: Morgen, Mittag, Abend und Nacht.
Die Klasse 3a war sehr stolz darauf, daß ihre Lehrerin, Frau Kirschbaum, das
Stück selber geschrieben hatte.
Jedes Kind sollte darin eine Rolle spielen.
Frederic spielte die „Sonne". Dafür hatte er sich aus Pappe eine große runde
Scheibe ausgeschnitten und sie rot angemalt. Stolz trug er sie auf der Bühne
vor sich her. Sie hatte die Aufgabe, die Menschen morgens aus dem Schlaf zu
wecken und ihnen mittags so sehr auf den Kopf zu brennen, daß sie zu
schwitzen begannen und über die Hitze klagten. Und abends, da mußte sie
eben untergehen, wie es sich für die Sonne gehörte.
Dann trat Patrick auf die Bühne. Er spielte den Mond, der nachts scheint,
wenn die Menschen schlafen.
Aber Frederic, die Sonne, wollte nicht untergehen. Er weigerte sich ganz ein-
fach, von der Bühne zu verschwinden.
„Es ist Abend", sagte Patrick, der Mond, wütend.
„Nachts scheine ich, da hat die Sonne nicht mehr zu scheinen."
Trotzig blieb Frederic mit seiner Sonne aus Pappe auf der Bühne stehen.
„Ich will nicht untergehen", sagte er. „Ich will weiter mitspielen."
„Du gehst sofort von der Bühne herunter", rief Patrick erbost. „Das ist jetzt
mein Auftritt."
Er ballte schon die Fäuste zum Kampf.
„Frag' doch Frau Kirschbaum!" sagte Frederic. „Die Sonne ist immer am
Himmel. Man kann sie nachts nur nicht sehen."

„Und warum kann man sie nachts nicht sehen, wenn sie doch am Himmel ist?"

Darauf wußte Frederic keine Antwort. So wurde Frau Kirschbaum um eine Entscheidung gebeten: Scheint die Sonne auch nachts?

„Es ist so", erklärte Frau Kirschbaum. „Die Sonne bleibt immer am Himmel. Aber die Erde dreht sich um sich selber. So scheint die Sonne zwar auch nachts, aber auf der anderen Seite der Erde. Bei den Menschen, die dort wohnen, ist es dann Tag, solange bei uns Nacht ist."

„Siehst du", sagte Frederic.

„Aber du hast doch gehört, daß sie nachts nur auf der anderen Seite der Erde scheint", rief Patrick. „Also mußt du verschwinden."

Aber Frederic blieb stehen.

„Ihr habt beide recht", mischte sich Frau Kirschbaum ein. „Die Sonne ist immer da. Wenn sie nicht mehr am Himmel stünde, könnten wir hier auf der Erde gar nicht leben. Darum darf Frederic auch „nachts" auf der Bühne bleiben. Aber er dreht uns mit seiner Pappsonne den Rücken zu. Dann weiß jeder: Es ist Nacht, die Sonne scheint jetzt für die Menschen auf der anderen Seite der Erdkugel. Aber bald wird es auch bei uns wieder hell werden, darauf können wir uns schon freuen."

Frederic und Patrick sahen einander an.

„Na schön", brummte Patrick. „Stell dich dort in die Ecke, damit endlich der Mond scheinen kann!"

Andreas Kleinschmidt

Entwarnung

Inhalt:	Anläßlich eines Probealarms erzählt die Mutter ihrem Sohn von der Zeit im Luftschutzkeller, von Not, Gefahr und der Erleichterung nach der Entwarnung, wenn sie gerettet in den Tag zurückkehren konnten.
Symbolwort:	Sonne
Was gezeigt wird:	Das Erlebnis der Errettung aus tödlicher Bedrohung verbindet sich in der Erinnerung mit der lebenserhaltenden Kraft der Sonne. Sie wird für die Menschen zur Sonne in der Nacht der Not. Gerade die Erfahrung der inneren und äußeren Finsternis befähigt zu einer solchen tieferen Sicht der Sonne. Die Wahrheit des oft mißbrauchten Sprichworts: Not lehrt beten.
Biblische Anklänge:	Alle Psalmen, die nach überstandenem Leid das Gotteslob singen. Zum Beispiel Psalm 116 oder mit den Worten von Psalm 136: „Danket dem Herrn, der große Lichter gemacht hat, denn seine Güte währet ewiglich." Es ist wichtig, daß wir Geschichten von erfolgter Rettung weitererzählen, damit unsere Jugend angesichts der globalen Bedrohung ihrer Zeit nicht resigniert, sondern die Kraft zum Gestalten der Zukunft hat – so wie Israel in schlimmen und guten Zeiten davon gelebt hat, daß die Geschichte seiner Rettung Herz seiner Glaubensüberlieferung geblieben ist. Christus, das Licht in der Finsternis, ist in diesem selben Sinn das Herz der christlichen Überlieferung.
Vorlesezeit:	3 Minuten ••

Peter unterbrach seine Hausaufgaben und ging in die Küche. Hier, bei seiner Mutter, die gerade Wäsche bügelte, wollte er sich ein wenig entspannen. Er nahm sich einen Apfel, biß genießerisch hinein, griff nach der Tageszeitung und blätterte darin.

„Ha, morgen früh, kurz nach zehn, werden die Sirenen ausprobiert! Das heißt ja Alarm mitten in der Deutschstunde! Und wir sollen ein Diktat schreiben! Bestimmt wird das nun verschoben. Was für herrliche Aussichten!"

Die Mutter setzte das Bügeleisen so heftig ab, daß die metallene Halterung in klirrende Schwingung geriet, und schaute zu ihrem Sohn hin. „Wenn deine Großeltern wüßten, daß du dich auf den Alarm freust! Die hatten andere Gefühle damals im Krieg, wenn die Sirenen heulten."

Peter legte die Zeitung beiseite. „Kannst du dich daran noch erinnern?"

„Ein wenig. Den Luftschutzkeller sehe ich jedenfalls deutlich vor mir. Es war ein hoher, finsterer und kalter Raum mit dunklen Stühlen. Alle Leute aus dem ganzen Haus gingen dort hinunter, wenn Fliegeralarm war.

Einmal saßen wir da unten und dachten, eine Bombe hätte das Haus getroffen. Darum kletterte ein Junge zu dem kleinen Fenster hinauf, das auf den Hof ging. Er meldete freien Blick nach draußen. Also waren wir wieder einmal davongekommen!

Wenn die Sirenen Entwarnung gaben, stiegen wir die Kellertreppe hinauf und traten auf den Hof hinaus.

Nach den vielen Stunden im düsteren, kalten Keller kam es mir draußen wunderbar hell und warm vor.

Ich erinnere mich noch heute daran, was für ein Gefühl es war, die Sonne am Himmel zu sehen. Als ob man wieder neu zu leben anfing! Einmal hat mich mein Vater nach einem Aufenthalt im Luftschutzkeller fotografiert. Warte, ich zeige dir das Bild."

Die Mutter ging ins Wohnzimmer. Sie kehrte mit einem Album zurück, schlug es vor Peter auf und deutete auf ein Schwarzweißfoto. Peter blickte auf ein kleines Mädchen in einem völlig zerknitterten Kleid. Es hatte die Arme ausgebreitet und den Kopf in den Nacken zurückgelegt, als wolle es die Sonne umarmen.

Die Mutter sah auf das Bild nieder und sagte: „Ich glaube, viele Menschen hätten den Krieg und all die Angst und Not nicht überstanden, wenn es nicht manchmal solche Augenblicke gegeben hätte: Sonnen-Augenblicke. Die Sonne – das war etwas, das blieb. Das konnte man uns nicht wegnehmen."

Nachdenklich stand Peter auf. „Ich geh nochmal raus", sagte er.

„Wohin denn?"

„Ach, nur so. Sonne tanken."

Ingrid Abou-Rikab

Wer lenkt die Sonne?

Inhalt:	Martin und seine Oma erleben bei einer Flugschau den Absturz eines vollelektronisch gesteuerten Großraumjets, dem sie deshalb entkommen sind, weil Großmutter ein ungutes Gefühl hatte: Sie wußte von Sonnenexplosionen, die den Funkverkehr stören. Keiner von beiden nutzte daher die Freikarte für den Flug aus.
Symbolwort:	Sonne
Was gezeigt wird:	Die bei Sonnenexplosionen freiwerdenden Kräfte können Computerprogramme stören. Menschlicher Erfindergeist und menschliche Tüchtigkeit haben diese Kräfte unseres Zentralgestirns nicht im Griff: Der Mensch an der Grenze. Die Sonne paßt sich keinem Kalkül und keinem Programm an. Das Geschöpf ist vom Schöpfer abhängig – ob wir das wahrhaben wollen oder nicht. Die destruktive Seite der Sonne. Oder: die Sonnenwirkung als Warnung Gottes?
Biblische Anklänge:	Manchmal lernen Menschen erst aus Katastrophen. Zwei Beispiele: Sie übernehmen sich mit dem Hochbauprojekt „Turm zu Babel", und Gott zerstört das ehrgeizige Projekt. – Sie haben nichts als böse und negative Gedanken im Kopf, und Gott schickt die große Flut, um das Böse auszulöschen. Muß es denn immer wieder unschuldige Opfer geben? Zumal nach dem unschuldigen Opfer Christi am Kreuz?
Vorlesezeit:	8 Minuten •••

Die Meldung von dem Unglück eilte binnen Stunden um die Welt. Ausgerechnet an einem sonnigen Sonntag war es passiert, vor den Augen Tausender fröhlicher Menschen. Auch Martin war unter ihnen, in diesem Jahr mit seiner Oma. Nach „Oma" sah die sportliche ältere Dame allerdings nicht aus.

Martin verstand sich gut mit ihr. Sie interessierte sich für moderne Technik fast so lebhaft wie er. Noch berufstätig, arbeitete sie in ihrem Büro an einem Computer. Ihren Wagen steuerte sie selbstverständlich selbst.

Sie fuhr mit Martin zu dem früheren Militärflugplatz weiter außerhalb ihres Städtchens, wo eine Luftfahrtschau stattfand, wie jedes Jahr. Die verschiedensten Fluggeräte durften von außen und innen besichtigt werden. Tolle Flugnummern wurden über dem Platz vorgeführt. Am Platzrand standen Würstchen-, Pizza-, Getränke- und Glücksbuden.

Zu den Hauptgewinnen der Glückslose zählten kurze Rundflüge in bestimmten älteren wie nagelneuen Maschinen. Kurzum: Es war jedes Jahr ein Volksfest mit viel Rummel. Tausende Neugieriger pilgerten von nah und fern herbei. Jeder wollte zuschauen, mitmachen, dabeisein.

„Und etwas dazulernen", sagte Martins Oma, „man lernt nämlich nie aus. Auf was bist du dieses Jahr besonderes scharf?"
„Auf den neuen vollelektronischen Großraumjet", sagte Martin. Sie suchten einen halbwegs schattigen Parkplatz. Das Autoradio lief, weil gerade Nachrichtenzeit war. Nachrichten verpaßte die Oma ungern. Martin hörte nur mit halbem Ohr auf das übliche politische Quak-Quak. Plötzlich stand die Oma auf der Bremse und das Auto mitten im Staub. Der Nachrichtensprecher berichtete von Sonnenexplosionen. Sie lagen schon einige Tage zurück. Inzwischen hätten die so schädlichen Auswirkungen des Sonnenspektakels in riesigen unsichtbaren Wellen mit Röntgenstrahlen den Weltraum durcheilt und die Erde erreicht. Der allgemeine Funk- und Kurzwellenverkehr drohe erheblich gestört zu werden.
Der Sprecher fuhr geübt gleich weiter mit Meldungen aus Wirtschaft und Kultur. Die Oma schaltete ab. Nachdenklich sagte sie:
„Und ich habe übers Wochenende ein kompliziertes Programm eingespeichert. Vier Wochen Arbeit!"
Martin wußte sofort, daß sie von ihrem Dienstcomputer sprach.
„Na und?" fragte er. Sie sagte: „Computer sind verflixt empfindlich, weißt du? Die reagieren manchmal noch zickiger als unsere Nerven. Sogar auf Wetterspannungen! Vor oder bei Gewittern zum Beispiel."
„Na, und?" fragte Martin wieder. Die Oma zuckte die Achseln, steuerte die nächste Parklücke an und antwortete:
„Denk mal nach. Wenn diese Sonnenexplosionen sogar unseren Funkverkehr stören können! Die Kurzwellensender! Und das Zeug enthält nicht so viel Elektronik wie manche zimperlichen Computer. Denk mal nach!"
Das wollte Martin ja. Doch vom nächsten Moment an verschluckte ihn und die Oma das laute Treiben neben und auf den Flugpisten.
Martin vergaß die Sonnenexplosionen und Röntgenstrahlen und hatte nur noch Augen für die tollen Flugzeuge, die es hier zu sehen gab. Am meisten begeisterte er sich für den neuen vollelektronischen Großraumjet. Im Cockpit sah es da aus wie in einem geisterhaften Schaltlabor. Die raffiniertesten Bordcomputer nahmen dem Pilot so gut wie alle Arbeit ab. Selber zu fliegen, selber zu steuern, selber zu reagieren wurde kaum noch von ihm verlangt.
Die Oma schwieg bei der Besichtigung merkwürdig finster. Das entging Martin nicht. Sie begeisterte sich kein bißchen, wie er.
„Was ist los?" fragte Martin.
„Mir gefällt nicht", sagte die Oma, „daß das Flugzeug total von Computern geflogen wird, statt von einem Flugkapitän. Ich vertaue mich lieber einem Menschen an statt Apparaten."

„Hm", machte Martin.

Am Ende ihres Rundgangs kaufte jeder für sich ein Glückslos, und sie konnten es kaum fassen: die Oma gewann einen Freiflug, und zwar für den nagelneuen, supermodernen, vollelektronischen Großraumjet!

„Solche Zufälle kommen nicht zweimal daher", sagte die Oma und schenkte Martin den Glückstreffer.

„Nee", sagte Martin, „ohne dich fliege ich nicht. Und überhaupt… Weißt du was: wir verschenken den Freifahrtschein."

Aber die Menschen, die Martin anredete, hielten das für einen Jux, für Fopperei. Manche tippten sich an die Stirn. Und auf einmal war es zu spät, weil der Jet startete. Martin und die Oma sahen vom Platzrand aus zu, wie er elegant abhob.

Dann ging auf einmal alles ganz schnell, furchtbar schnell.

Den fürchterlichen Aufprall würde Martin nie vergessen. Der ohrenzerfetzende Knall, Stichflammen, ein Feuermeer, die riesig aufschwelenden Rauchwolken. Ein Wunder, daß überhaupt jemand lebend herauskam. Übrigens auch der Pilot. Martin drückte den ungenutzten Freiflugschein in seiner feuchten, verkrampften Hand zu Krümeln.

In den folgenden Tagen gab es viele Meldungen über die Unglücksursache. Experten stritten, ob Mensch oder Maschine versagt hatten. Schließlich lautete die Nachricht, die von dem Unglück in alle Welt ging: Menschliches Versagen vom Piloten. Nagelneuer Jet unmittelbar nach dem Start auf freiem Feld zerschellt, einige Tote, Schwerverletzte, viele Verletzte bei den weit über hundert Insassen.

Lebend davon kamen die meisten, weil die Katastrophe kurz nach dem Start passierte und Rettungsmannschaften sofort zur Stelle waren.

Martins Oma war abends allein heimgefahren, sie wohnte woanders. Alles ging weiter, auch die Schule.

An einem der nächsten Abende telefonierten sie miteinander. Die Oma klagte über Ärger in ihrer Dienststelle:

„Erinnerst du dich an die beiläufige Nachricht von den Sonnenexplosionen, Martin? Wie ich mir's gedacht habe: Mein schwieriges Computerprogramm war am Montag total im Eimer. Soll auch anderen passiert sein. Weißt du, was mir seitdem durch den Kopf geht, Junge? Denk mal nach…"

Eva Rechlin

Herr Zinnober erzählt eine Gutenachtgeschichte

Inhalt:	Eine Gutenachtgeschichte malt aus, warum der Mond einmal dicker und ein andermal dünner wird.
Symbolwort:	Mond
Was gezeigt wird:	Der Mond wechselt seine Gestalt in immerwährendem Rhythmus.
Biblische Anklänge:	Die Wandelbarkeit des Mondes wird im negativen Sinn als Wankelmütigkeit gedeutet in Jesus Sirach 27, 12: „Ein Narr ist wandelbar wie der Mond".
Vorlesezeit:	1 Minute

Herr Zinnober erzählt eine Gutenachtgeschichte:
„Jeden Abend", erzählt Herr Zinnober, „ging der Mond über der großen Stadt auf und sah hinab auf die vielen Lichter, den Verkehr und die grellen Reklamesprüche.
,Nach mir sieht keiner mehr, die Menschen haben mich vergessen', dachte der Mond und wurde ganz traurig.
Und vor Traurigkeit aß er nicht mehr und wurde dünn und immer dünner. Erst wurde er eine Sichel und irgendwann war er gar nicht mehr zu sehen.
Doch dann merkte er, daß die Menschen ihn suchten, nach ihm ausschauten und, wenn er sich ein bißchen zeigte, sogar vor Freude in die Hände klatschten. Darüber war er so froh und glücklich, daß er sich rund und dick aß.
Da waren die Menschen zufrieden und keiner kümmerte sich mehr um ihn...
Da wurde der Mond wieder traurig und nahm ab. Und so ging es immer weiter. Mal war er traurig, mal war er froh....."
Die Kinder sind eingeschlafen...
„Tschüß", sagt Herr Zinnober, und wie er hinausgeht, huscht sein Schatten über die Gesichter der Kinder, und es sieht aus, als lächelten sie und sagten auch „tschüß".

Elisabeth Zöller

Das Treffen auf dem Mond

Inhalt:	Lisa wird erstmals außerhalb des Elternhauses übernachten. Um ihr die Angst vor dem Heimweh zu nehmen, verabreden die Eltern mit ihr, daß sie alle zu einer bestimmten Zeit zum Mond hinaufschauen wollen.
Symbolwort:	Mond
Was gezeigt wird:	Nachts, wenn Menschen einsam sind, kann der Anblick des Mondes Menschen über Grenzen hinweg miteinander verbinden. So reflektiert er unsere Gedanken, gleichsam wie er das Sonnenlicht reflektiert.
Biblische Anklänge:	Gott, der die Menschen behütet, herrscht über Himmel und Erde; unsere Gedanken an ihn müssen über die höchsten Bergspitzen hinausgehen − auch über den Mond hinaus. Für Gott gilt: Er schläft und schlummert nicht. Der Glaube an diesen Gott verbindet die Menschen. (Psalm 121)
Vorlesezeit:	6 Minuten ••

Lisa wird in der Nacht vom Mittwoch zum Donnerstag nicht daheim schlafen. Zum ersten Mal in ihrem Leben wird sie eine ganze lange Nacht weit weg von ihren Eltern sein. Wenn sie rufen wird: „Mutti, komm!", wird die Mutti nicht kommen. Wahrscheinlich wird nicht einmal Frau Bartsch, Lisas Lehrerin, kommen. Denn Frau Bartsch schläft sicher in einem anderen Zimmer und hört Lisa nicht. Nur die Mädchen, die mit ihr im selben Zimmer schlafen, werden sie rufen hören. Aber die werden Lisa auslachen, wenn sie sagt: „Ich will bei Vati und Mutti sein."

Lisa kann sich diese Nacht noch gar nicht richtig vorstellen. Sie versucht, nicht an sie zu denken. Aber ab und zu muß sie doch daran denken, und dann wird ihr ganz kalt vor Angst. Sie ist ja erst acht Jahre alt. Sie ist zwar sehr stolz, als Vati zu Tante Lotte sagt: „So groß ist unsere Tochter schon, daß sie in der Jugendherberge übernachtet!" Aber am Abend vor dem Abreisetag bricht sie doch in Tränen aus, umarmt abwechselnd Vati und Mutti und schluchzt: „Ich will nicht mit in die Jugendherberge! Ich will bei euch bleiben!"

„Da wäre Frau Bartsch aber sehr traurig", meint Mutti.

„Aber ich seh' euch dort ja nicht, wenn's dann im Zimmer dunkel ist!" jammert Lisa.

„Was hältst du von einem Treffen mit uns − morgen nacht?" fragt Vati und zwinkert ihr zu.

„Treffen?" ruft Lisa hoffnungsvoll. „Kommt ihr mit? Oder fahrt ihr uns nach?"

„Nein", sagt Vati, „wir bleiben hier. Aber wir können uns auf dem Mond mit dir treffen..."

Lisa schaut Vati an: Macht er sich über sie lustig? Aber er ist ganz ernst. Und Mutti nickt.

„Ja", sagt sie, während sie in ihren Kalender schaut, wo die Vollmonde und Neumonde und Mondaufgänge und Monduntergänge verzeichnet sind, „in der Nacht vom Mittwoch zum Donnerstag geht er schon am frühen Abend auf. Um zehn Uhr nachts wird er hoch am Himmel stehen. Und die Nacht soll auch klar werden."

Lisa begreift noch immer nicht, wie sie sich mit ihren Eltern auf dem Mond treffen soll.

„Ganz einfach", erklärt Vati. „Genau um zehn Uhr schauen Mutti und ich zum Mond hinauf. Und du tust das auch. Dann treffen sich dort oben unsere Blicke, und wir sind uns ganz nah!"

Das leuchtet Lisa ein, und sie spürt, wie die Angst nachläßt. „Stellt den Wekker", mahnt sie die Eltern, „sonst vergeßt ihr's." Sie versprechen es ihr.

Aber als Lisa am andern Tag im Bus sitzt und der Fahrer schon den Motor anläßt, kommt ihr ein schrecklicher Gedanke: Was, wenn der Himmel doch nicht klar ist? Wenn der Mond verborgen bleibt?

„Was sind schon Wolken!" ruft ihr Mutti rasch zu. „Eigentlich gar nichts, nicht wahr? Du wirst schon merken, wo's hinter ihnen heller ist als am übrigen Himmel. Dort guckst du einfach durch. Wir daheim machen es genau so. Da werden wir uns schon irgendwie treffen. Und morgen abend bist du ja wieder da..."

Dann fährt der Bus ab. Lisa zweifelt doch ein bißchen daran, daß die Wolken das Mondlicht durchlassen.

Aber die Nacht ist so klar, wie eine Nacht nur sein kann. Als die anderen Mädchen, die in ihrem Zimmer untergebracht sind, herumtoben und Kissenschlacht machen und mit Wasser spritzen und kreischen, steht Lisa am Fenster und beobachtet den Mond. Immer höher steigt er aus den Baumwipfeln.

„Marsch ins Bett!" ruft Frau Bartsch und scheucht die Mädchen in den Waschraum. „Und was ist mit dir?" fragt sie Lisa, die die Nase an die Scheibe drückt und ihre Hände an die Schläfen hält, um ihren Blick vom Lampenlicht abzuschirmen.

Lisa schaut auf ihre Armbanduhr. Es ist fünf vor zehn. Jetzt kann sie unmöglich in den Waschraum gehen, sonst kommt sie nicht pünktlich zum Treffen. Der Waschraum hat seine Fenster hoch unter der Decke.

„Bitte", sagt Lisa zu Frau Bartsch, „ich hab noch was ganz Wichtiges vor – um zehn. Darf ich mich fünf nach zehn waschen – ausnahmsweise?"

„Du hast noch was vor?" fragt Frau Bartsch erstaunt. „Jetzt um zehn?"
Lisa stellt sich auf die Zehenspitzen und flüstert Frau Bartsch ins Ohr: „Ich
treff mich um zehn mit Mutti und Vati auf dem Mond!" Da nickt Frau
Bartsch und flüstert zurück: „Ich hab mich auch oft auf dem Mond getroffen
– mit meinem Freund. Da war ich sechzehn Jahre alt. Nein, das Treffen
darfst du nicht versäumen. Wasch dich danach."
Lisa bedankt sich froh.
„Das muß unser Geheimnis bleiben", flüstert Frau Bartsch, bevor sie sich
wieder um die anderen kümmert.
Endlich, endlich ist es zehn Uhr. Lisa ist allein im Zimmer. Frau Bartsch ist
mit den anderen im Waschraum. Die Bäume, die Wiese, das Schuppendach
– alles schimmert im Mondlicht. Der Bach glitzert. Und Lisa, die Augen voller Mondschein, starrt auf die runde, helle Scheibe und spürt, daß ihre Eltern
ganz nah sind.

Gudrun Pausewang

Beschützt

Inhalt:	Karin hat einen Lieblingsstern, der ihr die Angst nehmen kann.
Symbolwort:	Stern
Was gezeigt wird:	Ein Stern erhält die Funktion eines Schutzengels, der immer da ist.
Biblische Anklänge:	„Denn er hat seinen Engeln befohlen, daß sie dich behüten auf allen deinen Wegen" (Psalm 91,11).
Vorlesezeit:	2 Minuten

Es war schwer, Karin an den langen, warmen Sommerabenden früh ins Bett
zu schicken. Die Mutter hatte schon mehrmals gerufen und ging schließlich
in den Hof, um das Kind zu holen.
„Siehst du den goldenen Stern da hinten?" rief Karin. „Er leuchtet viel heller
als alle anderen. Bitte, jetzt möchte ich noch nicht schlafen! Vielleicht scheint
der Stern nur heute so schön, und ich sehe ihn nie wieder!"
Die Mutter lächelte und sagte: „Aber er kommt doch jeden Abend wieder.
Weißt du was? Ich schenke ihn dir! Er soll dein guter Stern sein und dich jetzt
ins Bett begleiten. Vom Schlafzimmerfenster aus gucken wir ihn noch mal zusammen an."
Einige Stunden später wurde Karin wach. Ein Schreck durchfuhr sie von
oben bis unten, denn es fiel ihr ein, daß heute der Tag war, an dem die Eltern
immer ausgingen.

Starr lag sie im Dunkeln und wagte nicht, sich zu rühren. Nur ihre Augen wanderten hin und her und auf und ab. Langsam fanden sie einen nebligen Fleck. Etwas großes Graues tauchte auf. Das war der Schrank. Oder war es der Spiegel an der Wand? Sie wußte nicht sicher, wo die Lampe hing. Und war das da so weit links die Tür? Vielleicht lag sie gar nicht in ihrem Zimmer? Wenn sie nur das Fenster sehen könnte! Das würde ihr helfen!
Und dann war er plötzlich da, ihr guter Stern, den die Mutter ihr geschenkt hatte. Hell stand er im dunklen Viereck des Fensters. Karin wußte sofort, daß er es war, denn kein anderer Stern funkelte so golden wie dieser. Er strahlte vom Himmel herunter direkt in ihr Zimmer. Ihre Augen hielten ihn ganz fest, bis sie wieder einschlief.

Gretel Fath

Vor dem Einschlafen

Inhalt:	Christiane hat Angst vor der Dunkelheit und möchte beim Einschlafen ein Licht sehen.
Symbolwort:	Stern
Was gezeigt wird:	Der Sternenhimmel vermittelt die Vorstellung großer Schönheit und überstrahlt die alltägliche Angst und die Sorgen.
Biblische Anklänge:	Die Zeit des Friedens und des Heils, die alle Dunkelheit und jedes Chaos hinter sich lassen wird, beschreibt Sacharja mit den Worten: „Um den Abend wird es licht sein" (14,7). Es ist wie ein Abendgebet.
Vorlesezeit:	2 Minuten

Wenn Christiane abends im Bett liegt und die Gute-Nacht-Geschichte gehört und ihr Abendgebet gesprochen hat, bittet sie immer darum, daß die Tür des Kinderzimmers einen Spalt offen bleibt, so daß sie das kleine Licht im Flur noch sehen kann.
Die Eltern haben schon oft versucht, Christiane zu überreden, daß die Tür geschlossen werden kann. Dann hat Christiane geweint und geschrien und sich am Ende wieder durchgesetzt. Aber auch die Eltern geben es nicht auf. Sie versuchen immer wieder, die Tür zu schließen. Schließlich ist Christiane jetzt schon so groß, daß sie auch hinter der geschlossenen Tür in ihrem Zimmer schlafen kann.
„Ich habe Angst!" sagt Christiane, als ihr Vater heute die Tür schließen will.
„Wir sind doch nebenan im Wohnzimmer. Da ist es doch gleich, ob die Tür geöffnet oder geschlossen ist!" meint der Vater.

„Eigentlich habe ich auch keine Angst!" sagt Christiane nach einigem Über-legen. „Es ist nur so schön, wenn ich das Licht im Flur in meinem Bett sehen kann. Dann schließe ich meine Augen zu einem winzigen Spalt. Dann beginnt das Licht zu verschwimmen, so daß es wie ein goldener Stern mit vielen hellen Strahlen aussieht. Und das ist schön."

Der Vater lächelt. Dann sagt er: „Aber richtige Sterne sind noch schöner, viel, viel schöner. Findest du das nicht auch?"

„Richtige Sterne stehn am Himmel und nicht in meinem Zimmer!" sagt Christiane lachend.

Da geht der Vater zum Fenster und zieht den Vorhang auf.

Von ihrem Bett aus kann Christiane mitten in den Sternenhimmel hinein-schauen.

Sogar den Mond kann sie sehen.

„Ist das schön!" sagt Christiane leise. „Darf der Vorhang jetzt abends immer aufbleiben?"

„Ganz bestimmt!" sagt der Vater. Dann zeigt er Christiane die Sternbilder, die sich aus besonders stark leuchtenden Sternen zusammensetzen. Den gro-ßen Bären und den kleinen Bären und viele andere. Christiane kann sich nicht sattsehen.

Sie hat ihren Kopf zum Fenster gedreht und schaut und schaut in den Sternen-himmel hinein.

Sie bemerkt nicht einmal, daß der Vater aus dem Zimmer geht und leise die Tür hinter sich schließt.

Rolf Krenzer

„Die gucken doch den Stern an!"

Inhalt:	Sandra formt Tonfiguren für eine Krippe, die die Familie als Weihnachtsgeschenk für Oma bastelt. Keiner versteht, warum die Köpfe der Figuren merkwürdig verdreht sind.
Symbolwort:	Stern
Weiterer Aspekt:	Weihnachten
Was gezeigt wird:	Der Stern enthüllt die wahre Bedeutung des Geschehens an der Krippe. Manchmal enthüllt der Blick nach oben mehr als der von den irdischen Unzulänglichkeiten gefangene Blick.
Biblische Anklänge:	Die Weihnachtsgeschichte.
Vorlesezeit:	8 Minuten ●●

Bald ist Weihnachten. Oma geht es nicht gut.
„Wer weiß, wie oft sie noch mit uns feiert", meint der Vater.
„Wir müssen ihr was ganz Schönes schenken!" sagt Timmi. Das finden Sandra und Florian auch.
Aber Oma weiß nicht, was sie sich wünschen soll. Sie sieht schlecht. Sie hört schlecht. Sie kann kaum noch sitzen. Eigentlich liegt sie meistens im Bett. Was kann man so einem Menschen schenken?
„Ich habe mir was überlegt", meint Mutter. „Habt ihr nicht Oma schon sagen hören: ,Als ich noch ein Kind war, gab es kein Weihnachtsfest ohne Krippe! Sonst fehlte uns was!'"
„Ja, Krippenfiguren!" Das spüren alle: Darüber würde Oma sich freuen!
Die Arbeit wird aufgeteilt. Mutter meldet sich zu einem Kurs bei einer Frau Bickel an. Sie will lernen, Figuren zu formen. Aus Ton. Vater und Florian wollen einen Stall bauen. Sandra wird Heu und Stroh besorgen. Timmi kann Moos suchen.
„Und irgendwas, das wie Bäume aussieht!" Der Stall soll doch richtig im Grünen stehen.
Alles ist wirklich gut vorbereitet. Aber zwei Tage vor dem Beginn ihres Kurses rutscht Mutter aus auf der Kellertreppe und verstaucht sich das Handgelenk. Gerade das rechte! Was nun?
„Wir schicken Sandra!" meint der Vater. „Die kann doch gut zeichnen."
„Nein! Nein!" sagt Sandra erschrocken. „Ich geh nicht in ein fremdes Haus mit lauter Leuten, die ich nicht kenne. Und aus Ton hab ich auch noch nie was geformt. Bloß aus Fimo."
„Aber ganz hübsche Katzen!" piepst Timmi. „Und noch ein Nilpferd, das lacht!"

„Bitte, Sandra!" sagt Mutter.

„Hmm. – Nein, es geht nicht! Die olle Frau Kremser geht da ja auch hin: Die mit der Brille, die so oft schimpft... Wenn die mich anguckt, krieg' ich ganz zittrige Hände. Nein, Mutti, ich kann nicht. Ich kann nicht."

„Aber du brauchst doch Frau Kremser nicht anzusehen", antwortet Mutter. „Guck deinen Ton an und denk an Oma. Wie die sich freuen wird! Was gehen die andern Leute dich an?"

„Hmm", brummelt Sandra, „ich kann's ja versuchen."

Zwei Tage später wundert sich Frau Bickel. In ihrem Krippenkurs sitzt zwischen sechs Frauen und drei jungen Mädchen, die dauernd kichern, ein Kind. „Höchstens acht Jahre alt!" denkt Frau Bickel. „Ich werde mich um sie kümmern müssen."

Sie fragt:

„Wie heißt du?"

Das Kind sagt:

„Sandra."

Aber bald wird Frau Bickel dauernd gerufen:

„Was muß ich jetzt tun?" „Ist das so richtig?" „Ach bitte, Frau Bickel, ich weiß nicht weiter. Helfen Sie mir?"

Sandra fragt nicht. Sie ruft nicht. Sie spricht überhaupt nicht. Sie bewegt ihren Ton – und ihre Gedanken: Maria und Joseph. An einem Ort, wo sie keinen kennen.

Als Frau Bickel einmal zu der Kleinen hinüberschaut, sieht sie, wie Sandras Bäckchen glühen. So eifrig ist sie bei der Sache. Da entsteht etwas Hübsches, denkt die Leiterin und geht zur nächsten, die ruft.

Erst nach einer Stunde bleibt sie dann doch mal bei Sandra stehen – und ist ein bißchen enttäuscht.

„Wer soll das sein?"

„Maria."

„Hm, hm."

Frau Bickel sieht einen länglichen Klumpen, nach unten hin breiter. Daran sind zwei Tonrollen als Arme gedrückt. Na, und dann eine Kugel als Kopf drauf. Ein Gesicht, wie Kinder es formen: Zwei Löcher als Augen, zwei Striche als Nase und Mund. Na ja, da hat sie schon Besseres gesehen.

Außerdem sitzt der Kopf schief. „Darf ich mal?" fragt sie und fängt auch schon an, das Mißglückte zurechtzurücken. Aber Sandra reißt ihr die Figur aus der Hand.

„Das gehört so!" ruft sie.

„Wie du willst", sagt Frau Bickel.

Von da an hört Sandra zwar aufmerksam zu, wenn die Leiterin etwas erklärt. Aber das, was sie formt, zeigt sie niemandem mehr. Was fertig ist, stellt sie ganz hinten aufs Bord. Da warten schon viele Dinge aufs Brennen.
Kurz vor Weihnachten erst schiebt Frau Bickel die letzten Schülerarbeiten in ihren Brennofen.
„Ah", sagt sie, als sie Sandras Figuren sieht. „Die passen gut in den Zwischenraum links!"
Sandras Christkind kommt unter den Henkel vom Milchtopf, Maria und Joseph zwischen zwei Vasen. Frau Bickel freut sich: Die füllen den Ofen!
Zweimal läuft Sandra vergeblich. Am Heiligen Abend ist's endlich soweit!
Die Glocken läuten schon, als sie endlich angerannt kommt – die gebrannten Krippenfiguren dick eingewickelt im Korb. Mutter baut alles auf – so gut sie nur kann in der Eile. Dann gehen alle gemeinsam in die Kirche. Außer Oma natürlich. Die wartet zu Hause.
Und irgendwann später kommt die Minute: Da stehen alle sechs vor der Krippe für Oma. Den Stall hat vorher längst jeder gesehen. Oma ist zweimal darüber gestolpert. Er hat eine Lampe, die – manchmal – brennt. Die Landschaft ist sehr hübsch mit Moos und Steinen, mit roten Beeren und Kiefernzweigen: Wirklich, die sehen wie Bäume aus!
Nur die Figuren, die kennt ja noch keiner. Alle gucken gespannt.
„Hm", meint der Vater, „naja", die Brüder.
Sie denken dasselbe, was schon Frau Bickel gedacht hat: Da sind ja die Köpfe verrutscht! Aber keiner bringt's fertig, das auszusprechen. Etwas liegt in den Augen der Tongesichter: Das hindert selbst Florian, Freches zu sagen.
„Die stehen so nicht richtig", sagt Sandra. „Die gucken doch den Stern an!"
Sie verrückt Maria und Joseph ein wenig. Sie tippt an die Stallwand. Und richtig: Jetzt leuchtet das Lämpchen wieder, das oben am Dachfirst aufgehängt ist. Nun sieht man fast nur noch ein paar Gesichter, die aus dem Dunklen ins Helle gucken. Sogar das Schaf schaut den Stern an.
„Oh, Kind", sagt Oma und nimmt ihr Enkelkind fest in die Arme: „Das ist die schönste Krippe, die ich je gesehen habe! ,Den Stern anschauen.' Das will ich mir merken. Wer weiß, wie oft ich das brauchen kann."
Florian dachte noch eben: „So'n Quatsch! In 'nem Stall ohne Fenster kann man doch gar keine Sterne sehen!" Aber nun sagt er nichts mehr.
Nur Timmi findet: „Sandras Nilpferd aus Fimo ist aber schöner! Die hier lachen ja gar nicht."
Na ja, er ist neulich vier Jahr alt geworden. Wie soll der begreifen, wie Oma das mit dem Stern gemeint hat?

Friderun Krautwurm

Milchstraßen

Inhalt:	Bei einer Nachtwanderung während eines Schulausflugs erklärt der Lehrer den Kindern den Sternenhimmel.
Symbolwort:	Stern
Was gezeigt wird:	Die Unendlichkeit des Kosmos und die innere Verbindung von Menschen zu einzelnen Sternen.
Biblische Anklänge:	Der hohe Wert des einzelnen Menschen gegenüber dem Kosmos (Psalm 8,4–6).
Vorlesezeit:	7 Minuten ••

Regelmäßig bewegt sich die Kolonne im dunklen Wald vorwärts. Die Kinder sind still. Nur ein leichtes Reiben der Wanderschuhe auf dem Weg ist zu hören. Für Fatima ist es die erste Nacht im Wald. Ihre Eltern, die fremd sind in diesem Land, würden sich nie in den Wald wagen! Sie spazieren an sonnigen Sonntagnachmittagen im Park am See zwischen den gepflegten Blumenbeeten.

Auf der Waldwiese scharen sich alle Kinder der Klasse um den Lehrer. Er zeigt nach oben zu den Sternen, die sich zu merkwürdigen Bildern zusammensetzen: Bilder, denen der Lehrer Namen gibt, die Fatima völlig sinnlos erscheinen. Selbst den großen Wagen, der keine Räder hat, entdeckt sie erst, nachdem es der Lehrer zum dritten Mal erklärt hat. Dennoch: Sie kann nicht mehr wegschauen von den fernen kleinen Lichtern, die sie in der Stadt noch nie gesehen hat.

Besonders gut gefällt Fatima ein sehr heller Stern. Er scheint mit einem schwächeren Nachbarstern beinahe zusammengewachsen zu sein. Fatima wählt sich nur dieses Sternenpaar aus, als der Lehrer alle Kinder auffordert, sich ein bestimmtes Sternbild als ihr eigenes auszusuchen und es möglichst lange anzuschauen, um es nicht zu vergessen. Fatimas Sternenpaar ist das hellste – da ist sie sicher, auch wenn nur sie es merkt. Je länger sie es anblickt, desto näher scheint es ihr zu rücken. Sie wünscht sich, daß sie den großen goldenen Stern herunterangeln könnte – oder auch nur den kleineren, schwächeren. Wenn doch einer in ihre Hand fallen würde wie ein Goldtaler. Da wäre sie reich! Sie öffnet ihre Hände und ruft lachend:

„Schaut, es ist wie im Märchen von den Sterntalern. Gleich fallen die Sterne vom Himmel!"

Thomas und Martin, die Überklugen, lachen:

„Die – mit ihren Märchen; sie versteht ja doch nichts von den Sternbildern!"

Fatima verstummt. Ja, sie versteht immer alles als letzte, was der Lehrer erklärt. Sie ist die dümmste der Klasse, alle wissen es. Auch für die Sterne ist sie zu dumm! Aber sie behält den großen Stern mit seinem kleinen Begleiter dennoch im Auge. Sie sind meine Freunde, sagt sie sich. Aber müssen Freunde nicht näher sein? Müßte man ihnen nicht die Hand geben können? Die andern würden sie auslachen, wenn sie solche Fragen laut stellen würde! Und dann erzählt der Lehrer von Lichtjahren, als ob er Fatimas geheime Fragen erraten hätte.

„Diese Sterne sind Lichtjahre entfernt", sagt er.

„Lichtjahre", wiederholt Fatima, „Licht-Jahre, ich weiß, das ist länger als mein Arm. Wie lang denn ist es?"

„Ein Lichtjahr ist der Weg, den das Licht in einem Jahr zurücklegt."

Alle Kinder hören zu. Sie denken nach. Armin seufzt und sagt dann: „Dann hat ein Stern, der hundert Lichtjahre entfernt ist, also vor hundert Jahren sein Licht zu uns geschickt. Hundert Jahre hat er gebraucht. Und vielleicht −", er stockt, „vielleicht ist dieser Stern jetzt ausgelöscht, verbrannt − also kein Stern mehr."

Und Michael fährt fort:

„Dafür glühen und brennen jetzt vielleicht Sterne, die erst unsere Urenkel in hundert Jahren sehen werden."

Fatima ist stumm geworden. Sie kann sich dies alles nicht vorstellen. Sie hört: Es gibt ganze Straßen von Sternen − Milchstraßen. Nicht weiß wie Milch, doch ein riesiges Band von Sternen, das sich über den Himmel zieht. Und viel weiter weg gibt es noch andere Milchstraßen, die nie ein Mensch entdecken wird. Vielleicht glühen jetzt, irgendwo in unendlicher Ferne, Sterne, die man erst sieht auf der Erde, wenn hier keine Menschen mehr leben. Wie soll sie das alles verstehen? Ihre Gedanken fliegen von dieser sichtbaren Welt in eine fernere, in eine noch fernere. Fatima bekommt Angst vor dieser Weite, vor der unendlichen Ferne. Gibt es keinen Rand, kein Ende der Welt?

„Schaut euer Sternbild nochmals genau an. Dann gehen wir zurück", sagt der Lehrer.

Fatima erschrickt. Sie kommt von einer weiten Reise zurück. Alles hier ist anders, winzig und klein im Vergleich zu jener Unendlichkeit. Zum Glück ist Fatimas Stern noch da: der leuchtende Stern und sein Begleiter. Beide sind weit weg und doch greifbar nah. Ob sie noch leuchten, wenn meine Urenkel leben? Urenkel? Wieder beginnt sich alles in Fatima zu drehen. Sie ist froh, auf dem Rückweg die Stiefel hinter sich und vor sich zu hören, ja zu spüren. Die Erde riecht gut; sie ist nah. Und Fatima freut sich auf die Eltern. Sie wird ihnen vom großen und vom kleinen Stern erzählen, nicht aber von den Lichtjahren oder Milchstraßen. Dafür wüßte sie nicht einmal das türkische Wort!

Regine Schindler

Regenbogen

Inhalt:	Ein alter Mann und ein kleines Mädchen entdecken miteinander die kleinen und großen Wunder der Natur; sie entziffern das Geheimnis des Regenbogens.
Symbolwort:	Regenbogen
Was gezeigt wird:	Wie ein Regenbogen entsteht und daß er in unserer Wahrnehmung zugleich etwas Unwirkliches und etwas Wirkliches hat. Die Flüchtigkeit der Erscheinungen.
Biblische Anklänge:	Es gibt den erfüllten Augenblick, die „angenehme Zeit", in der wir offen sind für das Heil. Die Erinnerung daran bewährt sich in schweren Zeiten: 2. Korinther 6,1 ff.
Vorlesezeit:	8 Minuten ●●●

„Gleich, gleich!"
Weit vorgebeugt schleicht das kleine Mädchen, ohne die Hand aus der Hand des alten Mannes zu lassen, schmiegt die flinken Sohlen in das Moos, späht in die Furchen des Weges, der Stämme, des von Laub durchpflügten Himmels.
„Weißt du, wie gespannt ich bin! Ge − spannt."
Jetzt löst sie ihre Hand und springt los, wirft die Beine in die Luft, überspringt Wurzeln, schlüpft unter tief herabhängenden Zweigen hindurch, purzelt, aber fällt nicht….
„Zinta! Wart auf mich. Ein alter Mann ist doch kein D-Zug!"
Lachend hüpft sie zurück, stillvergnügt geht sie ein gutes Weilchen neben ihm her. Dann, sehr ernst, bedeutet sie ihm, ihr zuzuhören:
„Das Tal, das du mir heute schenkst, am Ende des Waldes, wie ist es eigentlich?"
„Braungelbgrün."
„Und?"
„Weich."
„Und?"
„Tief. Sehr."
Sie nickt. „Ja, ich kann es mir vorstellen."
Wieder rennt sie voraus; doch, als wolle sie den Augenblick der Entdeckung hinauszögern, schlingert sie um Bäume, balanciert auf liegenden Stämmen hin und her, kehrt schließlich zu ihrem Begleiter zurück, faßt seine Hand und flüstert: „Jetzt! Jetzt!"
Und als das Tal sich vor ihnen öffnet, stehen beide und schauen.
Stumm.

Lange.

„Wie schön es ist! Und schau nur: Mitten in meinem Tal steht ein großer bunter Regenbogen. Wie ein Tor! Nicht wahr, das hast du gewußt, daß er da sein würde, der Bogen, als du mir sagtest, der einsame Wanderer würde heute der kleinen Königin ein besonders schönes Tal schenken!"

Schon oft sind in diesem Sommer der alte Mann und das kleine Mädchen spazierengegangen. Jedes Mal entdecken sie beide, einer dem anderen, etwas Besonderes: einen gurgelnden Bach, eine winzige Blume zwischen Steinen, ein Stück Rinde wie ein Boot, einen Baumwipfel. Alle diese Dinge waren auch schon das letzte Mal da. Aber wenn einer sie dem anderen entdeckt, ist es, als entstünden sie gerade erst in diesem Augenblick. Manchmal schenken sie einander etwas von dem, was sie entdeckt haben. Der Regenbogen aber …

„Von hier oben gesehen", stellt Zinta fest, „steht er tief, tief im Tal. Er wurzelt in der feuchten Wiese. Meinst du, daß ich darunter stehen kann? Und weiter gehen und auf der anderen Seite herauskommen?"

„Es ist dein Tal, Zinta."

„Aber ob das denn geht? In deinem Lexikon habe ich gelesen, daß der Regenbogen eine Erscheinung ist, zu sehen für den, der die Sonne hinter sich hat und vor sich die Regentropfen. Du … wenn er bloß *erscheint,* ist er dann nicht … *wirklich?*"

„Natürlich ist er wirklich! Sieh mal!"

„Du siehst sie auch, all die Farben, gell? Innen ist violett und blau, dann grün, dann kommt gelb, dann orange, dann rot und noch was anderes, so wie lila Flieder. Eins, zwei, drei, vier, fünf, sechs, sieben …; du, dein Lexikon ist falsch. Da steht drin, es gibt nur sechs Farben im Regenbogen."

„Steht das da?"

„Ja, sechs Speckfarben oder so."

„Spektralfarben. Hm. Ich sehe auch sieben."

„Du mußt das den Leuten von dem Lexikon schreiben. Aber jetzt laß uns gehen."

„Weißt du, Zinta, ich bin doch der Wanderer, der dein Tal viele Male umwandert hat. Ich kann nicht hinein. Du aber …"

„Aber wenn ich es dir doch erlaube!"

„Du bist die Königin. Es ist dein Tal. Entdecke es und erzähle mir, wie es duftet, wie es klingt. Erzähle mir von den sieben Farben deines Tals."

„Gut. Warte hier auf mich, hier auf dem Baumstumpf."

Über einen Zaun ist sie geklettert, den Hügel hinuntergekullert, einen Bach hat sie übersprungen, und dann ist sie dem schmalen, sich am Bach schlängelnden Pfad gefolgt: Da läuft sie, die kleine Zinta mit den schwarzen Ratten-

schwänzen und roten Schleifen, die über dem blauen Mantel tanzen. Der
Mann, der ihr nachschaut, sieht sie kleiner werden auf den Bogen zu, im Lauf
schließlich fast unbewegt, winzig wie eine Blume in der Wiese.
Sie bleibt eine ganze Weile fort.
Als sie schließlich den Hügel wieder hinangekeucht kommt, sieht der Mann,
daß sie geweint hat. Er steigt ihr entgegen, setzt sie neben sich auf den Baumstumpf und wischt ihr mit großen Händen die Tränen ab.
„Ich konnte nicht unter dem Regenbogen durchgehen!" schluchzt das Mädchen. „Er ist immer vor mir hergelaufen, als wollte er mich necken. Auf einmal fing es heftig zu regnen an, und als ich mich umdrehte, hatte ich dich, und
als ich mich wieder umdrehte, den Bogen aus den Augen verloren. So eine Erscheinung, die geht weg. Du … auch. Ich bin immerzu gestolpert. Mein
braungrüngelbes Tal war auf einmal ganz schrecklich geworden."
„Aber du bist doch hindurchgegangen, Zinta. Ich habe dich gesehen. Du bist
auf der anderen Seite herausgekommen, beschenkt mit allen Farben des Regenbogens. Weißt du, ich habe sie in deinen Tränen gesehen. Du hast lauter
Perlen und Geschichten mitgebracht aus deinem Tal. Nach und nach wirst du
sie begreifen und mir erzählen. Daß du unter dem Regenbogen hindurch-
gehst, das ist immer nur für den anderen sichtbar, für den, der dir mit den Augen folgt und dich so begleitet, weil er dich lieb hat. Für dich selbst, die du im
Tal wanderst, ist der Bogen wie ein Stern, der vorausgeht."
„Wohin aber führt er wirklich?"
Der alte Mann lächelt. „Das nächste Mal werden wir ihm gemeinsam folgen.
Vielleicht können wir es nur gemeinsam erfahren. Sieh mal, da ist es wieder,
dein Tor!"
„O ja, und darunter ist noch ein Bogen — gespiegelt; da ist das Violett außen
und das Lila innen. Wie schön das ist! Dieses Tor mit dem Spiegel, das hat ge-
wiß ein großer König gebaut. Darum ist es nicht nur eine Erscheinung."
Sie blickt ihn an. Lange. Forschend. „Und du bist auch nicht nur eine Erschei-
nung."

Barbara Tichy

Die anderen Brücken

Inhalt: Ein Brückenbauer erklärt einem Kind, daß es zweierlei Brücken gibt:
                   sichtbare und unsichtbare.
Symbolwort: Regenbogen
Was gezeigt wird: Der Regenbogen als Bild für die Brücke von Mensch zu Mensch.
Biblische Anklänge: Von der Ewigkeit her wird eine Brücke in die Zeit errichtet werden
                   – der alte Bund des Friedens (Jesaja 54,10), der im neuen Bund des
                   Friedens (Kreuz und Auferstehung Jesu) bestätigt wird.
Vorlesezeit: 1 Minute   ••

„Du hast einen schönen Beruf", sagte das Kind zum alten Brückenbauer, „es
muß sehr schwer sein, Brücken zu bauen."
„Wenn man es gelernt hat, ist es leicht", sagte der alte Brückenbauer, „es ist
leicht, Brücken aus Beton und Stahl zu bauen. Die anderen Brücken sind sehr
viel schwieriger", sagte er, „die baue ich in meinen Träumen."
„Welche anderen Brücken?" fragte das Kind.
Der alte Brückenbauer sah das Kind nachdenklich an. Er wußte nicht, ob es
verstehen würde. Dann sagte er:
„Ich möchte eine Brücke bauen von der Gegenwart in die Zukunft. Ich möchte eine Brücke bauen von einem zum anderen Menschen, von der Dunkelheit
in das Licht, von der Traurigkeit zur Freude. Ich möchte eine Brücke bauen
von der Zeit in die Ewigkeit über alles Vergängliche hinweg."
Das Kind hatte aufmerksam zugehört. Es hatte nicht alles verstanden, spürte
aber, daß der alte Brückenbauer traurig war. Weil es ihn wieder froh machen
wollte, sagte das Kind:
„Ich schenke dir meine Brücke."
Und das Kind malte für den Brückenbauer einen Regenbogen.

                                                                   Anne Steinwart

Wolken über Hinterwussen

Inhalt:	Die Kinder fahren in den Ferien mit den Eltern ins Gebirge und sind bei der Ankunft enttäuscht, weil sie keine Berge sehen. Hat Vater gelogen, der ihnen hohe Berge versprochen hatte?
Symbolwort:	Wolke
Was gezeigt wird:	Wolken verdecken das, was oben ist, gegenüber dem, was unten ist – und umgekehrt, wenn wir die Wolken unter uns haben. Wer von der einen auf die andere Seite will, muß durch die Wolke hindurchgehen.
Biblische Anklänge:	Niemand kann Gott unmittelbar schauen, er ist immer bedeckt und verhüllt, oft mit einer Wolke (2. Mose 24,12 ff.). Unsere Gebete aber durchdringen die Wolken (Jesus Sirach 35,21). Was den Glauben betrifft, sind die Wolken vor Gott weggezogen durch das Angesicht Jesu Christi: Wenn wir Jesus anschauen, schauen wir Gott ins Gesicht (2. Korinther 4,5–6).
Vorlesezeit:	6 Minuten ••

Immer wieder haben die Kinder zu Hause die schönen Bilder von Wussen besehen: „So hoch sind die Berge! Oh, guck mal, Markus, auf denen da hinten liegt oben noch Schnee! Und unten im Tal, da blühen lauter Blumen. Mann, muß das da schön sein!"

Sie haben es gar nicht mehr abwarten können, bis endlich die Ferienreise losging: „Morgen sehn wir die Berge. Ob sie wirklich so aussehen? Ich mein', so mit Schnee und Blumen zugleich?"

„Klar", hat Tim gerufen. „Wenn's Vati doch sagt!"

Und nun fahren sie wirklich durch Oberwussen und noch ein Stück weiter hinauf.

„Jetzt sind's nur noch fünf Minuten!" sagt Vater. Die Straße wird steiler. Sie liegt voller Steine. Rechts fließt ein Gebirgsbach. Der rauscht.

Da vorn stehen Häuser. Der Wegweiser hier zeigt nach Hinterwussen. Vater fährt langsam.

„Oh! Oh!" ruft Tina. „Ich seh' unser Häuschen! Da rechts muß es sein!"

Wahrhaftig! Dort ist es, das Haus der Frau Huber. Genauso wie auf dem Bild sieht es aus. Aber dahinter ist nur eine Wiese. Es sollte doch vor lauter Bergen stehen! Wo sind die geblieben? Hier sind nur drei Hügel, vier alte Schuppen und gar nichts weiter. Nirgendwo ist ein Berg zu sehen.

„Steigt aus", sagt der Vater. Da stehn sie. Es regnet. Sie schauen auf Pfützen, maßlos enttäuscht.

„Ist das doof hier", brummt Markus.

Da kommt Frau Huber. Die sieht ganz nett aus. Das Haus ist gemütlich. Sie

laufen herum. „Sind dies unsere Zimmer?" „Wo soll ich denn schlafen?"
„Und ich?" „Und ich?"
Sie holen die Koffer. Sie räumen und packen. Dann sagt der Vater:
„Wir haben noch reichlich Zeit bis zum Essen. Wir können noch einen Spaziergang machen."
„Wohin denn?" brummt Timmi. „Hier gibt's doch bloß Wolken. Sonst gar nichts."
„Macht nichts", sagt Vater. „Durch Wolken kann man hindurchgehn."
Tims Stirn bewölkt sich. Durch Wolken hindurchgehn? Wo gibt's denn sowas? Nein, nein. Tim glaubt nichts mehr. So hohe Berge hat Vater versprochen – und nun sind keine da! Das wird er sich merken.
„Oller Lügner", murmelt er. „Ich geh' nicht mit."
„Na schön", meint Vater. „Du kannst ja hier bei Frau Huber bleiben."
Die vier ziehen los. Tim bleibt vor dem Haus stehen.
„Doofer Vati!" brummt er, und nochmal: „Lügner!"
Da gehen die andern, werden kleiner und kleiner. Tim schimpft noch immer.
„Der Olle! Der Doofe! Der Kinderanschwindler." Er ist böse auf Vati. Sehr böse!
Jetzt sind da nur noch vier kleine Punkte. Tim steht allein an der Gartenpforte.
Können Wolken bis auf die Erde reichen? Hier sieht's fast so aus. Das Ende der Straße verschwindet im grauen Gewuschel dort hinten.
Wo sind denn nur die vier Pünktchen geblieben? Da ist nur noch einer beim Brunnen dort drüben. Au weia, und jetzt ist der auch weg. Na, sowas: Der ist in der Wolke verschwunden! Kann man doch da durchgehn? Das muß er sich mal genauer ansehn! Timmi läuft los.
Er kommt an den Brunnen. Da ist keine Wolke: Nur ein ganz kleines bißchen Nieselregen. Aber vier Punkte kann er entdecken. Die bewegen sich. Da nach rechts geht's bergauf.
Tim saust hinterher. Doch die andern sind schneller. Schon gleiten sie in die nächste Wolke, bei der riesigen Tanne, die über den Zaun schaut.
Die vier gehn jetzt nur noch mit Mäuseschritten. Es macht keinen Spaß, ohne Timmi zu sein.
„Da kommt er ja endlich. Mann, muß der geflitzt sein!"
„Hier sind wir schon über den Wussener Wolken", sagt Vater. „Glaubst du mir nun?"
„Wie – so?" fragt Timmi, noch außer Atem. „Die Wolken sind doch längst weggeflogen! Beim Brunnen war keine. Und auch die bei der Tanne war weg, als ich hinkam."

„So, so", meint der Vater. „Na, guck dich mal um!"
Tim dreht den Kopf und... Ja, was ist denn das? Hinter ihm ist eine Wand
aus Wolken, mal mehr grau, mal mehr weißlich, mal dunkler, mal heller. Das
Haus von Frau Huber, ganz Wussen ist weg!
Tim ist durch die Wolken hindurchgegangen — und hat's gar nicht gemerkt.
„Wolken verschwinden, wenn man auf sie zugeht!" lacht Vater.
„Und manchmal kommt dann was Schönes zum Vorschein", sagt Mutter.
Sie zeigt in die Höhe.
Alle schauen nach oben. Hoch über ihnen ist ein kleines Loch in der Wolken-
decke. Da schaut ein Stück blauer Himmel heraus — und noch etwas Graues,
Gezacktes. Es sieht wie ein Stein aus. Wie kommt der da 'rauf?
„Na, Timmi?" fragt Vater. „Was meinst du: Was kann das wohl sein?" Tim
starrt auf die Zacken.
„Ja, wenn die nicht so sehr hoch oben wären..."
„Was wär' dann?"
„Ja, dann — — — — würd' ich sagen: Das sind die Spitzen von Bergen."
Der Vater lächelt.
„Wenn man etwas nicht sehen kann", sagt er, „dann heißt das noch lang
nicht: Das gibt's nicht. Vielleicht sind nur Wolken davor!"
Auf einmal begreift Tim: Nichts war gelogen. Es ist alles genauso, wie's Vati
gesagt hat. Hier ganz in der Nähe gibt es doch lauter Berge, ganz hohe! Sie
sind höher, als Tim sich hat ausdenken können!

                                                            Friderun Krautwurm

Der Windvogel

Inhalt:	Jens kann nicht einschlafen, weil der Sturm unheimliche Geräusche hervorbringt. Und am Wochenende ist der Wind so heftig, daß der Windvogel, den Vater gebastelt hat, abstürzt.
Symbolwort:	Wind
Nebenaspekt:	Pfingsten
Was gezeigt wird:	Wir hören und sehen die Auswirkungen des unsichtbaren Windes: im Guten und im Bösen.
Biblische Anklänge:	Die körperliche Geburt bringt unsere sichtbare Gestalt ans Licht. In uns muß aber auch etwas Geistiges geboren werden, das unsichtbar ist und das man an seinen Wirkungen (oder mit anderen Worten: an seinen Früchten) erkennen kann (Johannes 3,8).
Vorlesezeit:	5 Minuten ●●

Jens lag in seinem Bett und konnte nicht einschlafen. Draußen tobte der Sturm, heulte ums Haus und rüttelte an den Rolläden.

An diese Geräusche hätte er sich mit der Zeit schon gewöhnt. Aber da war noch ein anderer, gar nicht so lauter, aber um so durchdringenderer Ton, der Jens umheimlich war. Es hörte sich fast so an, als jaule ein Hund. Aber er war sich auch nicht ganz sicher, ob das Geräusch wirklich von einem Hund kam, der jetzt vielleicht draußen in der Dunkelheit fror.

Jens zog die Bettdecke über den Kopf, um nichts mehr zu hören. Aber da war es wieder: jenes hohe, pfeifende Geräusch, das sich so klagend und unheimlich anhörte.

Sollte er zu seinen Eltern hinuntergehen und sie bitten, draußen vor dem Haus einmal nachzusehen?

„Ich kann nicht einschlafen", sagte Jens, als er die Wohnzimmertür geöffnet hatte. „Draußen ist solch ein furchtbarer Sturm. Und immer heult es so unheimlich."

Er durfte sich zwischen Vater und Mutter auf das Sofa setzen. Mutter legte tröstend den Arm um ihn. Vater hob den Kopf und lauschte nach draußen.

„Da – hört ihr es? Da ist das Geräusch wieder. Es hört sich an, als ob ein Hund jault", sagte Jens.

Da lachte Vater.

„Jetzt weiß ich, was du meinst", sagte er. „Es ist der Wind. Er streicht durch die Teppichstange. Sie ist innen hohl, deshalb gibt es dieses hohe, pfeifende Gräusch."

„Ich hasse den Wind", sagte Jens. „Es hört sich richtig unheimlich an."

„Ich werde morgen die Öffnungen verschließen. Dann kann der Wind nicht mehr durch die Teppichstangen pfeifen. Und am Wochenende werde ich dir einmal zeigen, wofür solche Herbstwinde gut sein können."

Am Samstag bastelte Vater mit Jens einen Windvogel, und am Sonntag ließen sie ihn auf einer Anhöhe in die Luft steigen.

Es machte Jens großen Spaß zuzusehen, wie der Windvogel immer höher in die Luft stieg.

„Willst du ihn einmal halten?" fragte der Vater.

„Aber du mußt ganz fest halten, sonst zieht ihn der Wind davon."

Jens sah zu dem Windvogel hinauf, der immer kleiner wurde, je höher er stieg. Stolz hielt er die Schnur in seiner Hand und ließ sie nicht los, so sehr der Wind auch an ihr zerrte.

„Jetzt schicken wir ihm einen Brief", sagte der Vater.

Jens sah seinen Vater ungläubig an.

„Wie soll der denn zu ihm hinaufkommen?" fragte er.

„Das macht alles der Wind, warte ab."

Und tatsächlich: Das Stück Papier, das Vater unten um die Schnur legte, wurde in Windeseile in die Höhe getragen.

Jens staunte nicht schlecht.

Dann sahen sie eine Weile zu, wie der Windvogel oben am Himmel stand. Plötzlich jedoch kam eine Böe auf. Der Wind, der den Windvogel eben noch in der Luft gehalten hatte, stieß ihn jetzt mit Gewalt auf den Boden hinunter. Vater versuchte zwar noch, ihn vor einer Bruchlandung zu retten — aber vergeblich.

Traurig stand Jens vor dem zerfetzten Windvogel.

„Wir basteln am nächsten Wochenende einen neuen", tröstete Vater ihn.

„Ich hasse ihn doch, den Wind", sagte Jens wütend.

Vater lachte und schüttelte den Kopf.

„So ist er nun einmal: Wechselhaft und launisch. Man muß sich nur nicht von ihm unterkriegen lassen."

                                                                                        Andreas Kleinschmidt

Gewitterangst

Inhalt:	Timo steht im Gewitter Todesängste aus. Der Onkel hilft ihm, indem er ihm das Phänomen erklärt, und Timo malt ein Bild; so löst sich die Angst.
Symbolwort:	Blitz/Gewitter
Was gezeigt wird:	Wir können Schicksalsschläge nicht von uns fernhalten, aber wir können sie verstehen und bewältigen lernen. Zudem: Sie gehen vorüber.
Biblische Anklänge:	„Gott donnert mit seinem Donner wunderbar und tut große Dinge, die wir nicht begreifen" (Hiob 37,5). Eine solche Einstellung fordert Ehrfurcht vor dem Herrn der „Unwetter" und „Schicksalsschläge", und sie setzt die Überzeugung voraus, daß Gott die Menschen durch solche Erfahrungen sozusagen erziehen will. Es ist nicht immer möglich und sinnvoll, vor „Gewittern" aller Art davonzulaufen. Eine mögliche Form des Standhaltens ist der Aufschrei im Gebet, für den der 88. Psalm ein ergreifendes Beispiel bietet.
Vorlesezeit:	5 Minuten ●●

Während die Mutter im Krankenhaus war, wohnte Timo bei Onkel und Tante. Er hatte es dort sehr gut. In dieser Zeit zeigte sich zum ersten Mal seine furchtbare Gewitterangst.

Als sich einmal dicke, schwarze Wolken am Himmel zusammenballten, die ersten Blitze zuckten und der Donner grollte, klammerte sich Timo weinend an die Tante. Er zitterte, bekam blaue Lippen, und sein Herz hämmerte. Die Tante nahm ihn auf den Arm und versuchte, ihn zu beruhigen, aber es half nichts. Erst als sie ihn ins verdunkelte Schlafzimmer trug und ihm seinen Bären in den Arm drückte, löste sich die Angst in einem langen, wilden Schluchzen.

„Das Kind hatte Todesangst", sagte die Tante später zum Onkel.

Timo wollte nach diesem Erlebnis nicht mehr mit der Tante spazierengehen. Erst als sie ihm fest versprach, sofort umzukehren, wenn ein Gewitter käme, willigte er ein. Immer wieder blickte er zum Himmel, und sobald er eine Wolke sah, wollte er nach Hause.

Beim nächsten Gewitter faßte die Tante Timo, der schon wieder ganz verängstigt in einer Ecke saß, bei der Hand und ging mit ihm in den Keller. Sie nahm einen alten Kochtopf und zwei Kochlöffel mit und sagte: „Nun wollen wir doch sehen, wer lauter ist, der Donner oder wir!"

Und sie trommelten miteinander um die Wette. Es war wirklich so laut, daß sie den Donner draußen fast nicht mehr hörten.

Später öffneten sie die Fenster und atmeten die kühle Luft.

„Siehst du, wie die Blumen wieder frisch dastehen? Der Regen hat ihnen so gut getan."

„Gegen Regen habe ich ja auch nichts", meinte Timo, „nur gegen Blitz und Donner."

In diesem Sommer gab es häufig Gewitter und Timo mußte noch manches Mal gegen den Donner antrommeln. Aber an einem Sonntagnachmittag, als wieder ein Gewitter aufzog, war der Onkel zu Hause. Timo mochte ihn sehr. Er war groß und stark, er lachte gern und machte mit Timo Späße.

„Wir beide gehen in den Garten, bis das Gewitter wirklich da ist", sagte der Onkel. Timo wollte nicht.

„Ich gehe lieber ins Bett, stecke die Finger in die Ohren und lege mir den Bären übers Gesicht", sagte er leise.

„Glaubst du denn, daß ich beim Gewitter draußen bleibe? Das ist mir auch zu gefährlich. Ich verspreche dir, daß wir sofort ins Haus zurückkehren, wenn es wirklich da ist."

Der Onkel faßte Timo bei der Hand. Sie war heiß und feucht. Am Himmel leuchtete ein Blitz auf. Timo zuckte zusammen. Der Onkel begann zu zählen: „Eins, zwei, drei, vier, fünf, sechs, sieben." Nun donnerte es.

„Das Gewitter ist noch über zwei Kilometer von uns entfernt. Es ist jetzt erst dort drüben, wo du den Kirchturm siehst."

Der Onkel erklärte, daß zwischen Licht und Schall 300 Meter lägen, aber das verstand Timo noch nicht. Eifrig beobachtete er nun mit dem Onkel die Blitze und zählte den Abstand bis zum Donner. Als sie nur noch auf drei zählen konnten, gingen sie ins Haus.

„Mensch Timo, du bist aber mutig", rief die Tante. Timo freute sich und war stolz.

Während draußen das Gewitter tobte, malte Timo ein Bild. Wilde Wolken, aus denen Blitze zuckten, füllten das Blatt. Ein paar Mal brach der Bleistift ab, weil Timo so fest aufdrückte, damit Wolken, Sturm und Regen auch richtig schlimm aussahen. Er atmete schwer dabei, aber er zitterte und weinte nicht mehr.

„Schreib unter das Bild: Das Gewitter ist schlimm", sagte er zur Tante.

Aber während es draußen wieder heller wurde, der Donner nur noch von weitem zu hören war und der Regen nun ruhig niederging, malte Timo noch ein Bild. Eine Blume war darauf zu sehen, die sich der Sonne entgegenstreckte.

„Nach dem Gewitter ist es gut", mußte die Tante darunterschreiben.

                                                                    Mechtild Theiss

Das Gewitter

Inhalt:	Berni ist allein im Haus und erlebt ein Gewitter; eine alte Frau nimmt ihn mit in ihre Wohnung.
Symbolwort:	Blitz/Gewitter
Was gezeigt wird:	Wenn wir nicht allein sind, ist auch das Schlimmste nicht mehr gar so schlimm.
Biblische Anklänge:	„Einer trage des anderen Last" (Galater 6,2). „Ich bin bei dir, daß ich dir helfe" (Jeremia 15,20).
Vorlesezeit:	3 Minuten

Berni war allein zu Hause. Die Mutter war schon am Morgen zur Arbeit gegangen, und Meiers mußten in der Stadt Einkäufe besorgen. Berni setzte sich auf die kleine Treppe vor der Haustüre und schaute die Straße auf und ab. Kein Mensch war zu sehen. Wer nicht hinausgehen mußte, blieb zu Hause, so heiß war es. Berni war es langweilig, aber zum Spielen hatte er auch keine Lust. Im Hausgang war es noch am kühlsten. Berni setzte sich im Gang auf die Treppe und wartete.

Er sah nichts von der dunklen, schweren Wolke, die langsam, ganz langsam am Himmel hinter den Häusern heraufzog. Die Sonne schien noch immer. Aber plötzlich war sie verschwunden. Im gleichen Augenblick fegte ein starker Windstoß die Straße hinab, eine dichte Staubwolke fuhr auf und hüllte alles wie in Nebel ein. Irgendwo klirrte eine große Fensterscheibe und fiel zerbrochen auf die Straße. Türen und Fenster wurden geschlossen. Berni machte die große Haustüre auch zu.

Er saß ganz still. In der Ferne donnerte es dumpf. Es gibt ein Gewitter, dachte er. Wenn doch nur Meiers wieder da wären! Das Donnern wurde lauter und lauter. Alle Augenblicke fuhr eine Staubwolke am Hause vorbei. Plötzlich zuckte ein greller Blitz, und gleich darauf folgte ein Krachen und Poltern und Brummen, daß Berni zusammenfuhr und sich vor Angst am Treppengeländer festhielt. Er glaubte, das ganze Haus stürze zusammen.

Schon zuckte wieder ein Blitz, und wieder folgte ein furchtbarer Krach. Berni weinte und wußte vor Angst nicht, was er anfangen sollte. Der ganze Himmel war jetzt grau, und es goß in Strömen. Blitz folgte auf Blitz und Donner auf Donner. Es war ein furchtbares Unwetter.

Da wurde die Haustüre geöffnet. Eine alte Frau, die im gleichen Haus wohnte, trat herein. Sie trug einen Regenschirm und hatte ein Tuch um den Kopf gebunden.

„Kind, Kind, was machst du da?" fragte sie und trat auf Berni zu.

Berni weinte leise und sagte: „Ich habe so Angst, und Meiers sind auch ausge-
gangen."
„Komm nur mit mir", sagte die alte Frau und stieg langsam die Treppe hinauf. Sie wohnte einen Stock tiefer als Berni und seine Mutter. Berni trug ihren
Regenschirm und freute sich, daß er mitgehen durfte. In der Wohnung nahm
Tante Betti, so nannte Berni die alte Frau, ihr Kopftuch ab. Den Schirm stellte
sie in den Schüttstein. Berni lief ihr auf Schritt und Tritt nach. Er wollte nicht
allein in der Stube bleiben, wo man die Blitze so grell aufzucken sah.
Und dann saßen beide in der Stube. Tante Betti tröstete Berni und sagte: „Sei
nur ruhig, es ist bald vorüber. Der Donner ist schon viel schwächer."
Draußen wurde es ruhiger. Der Regen strömte immer noch gleichmäßig wei-
ter, aber die Blitze waren schwächer, und der Donner tönte fern und leise.
„Es ist über uns hinweggezogen", sagte Tante Betti und öffnete ein Fenster.
Herrlich frische Luft kam herein. Und Berni schlief in der Sofaecke ein...

                                                              Heinrich Scharrelmann

„Ich war ja so alleine..."

Inhalt:	Regine und ihre Klasse machen einen Schulausflug. Regine hat eine dumpfe Ahnung – und wirklich: Ein Gewitter bricht los. Alle rennen den Weg zur Bushaltestelle zurück. Regine kommt nicht so schnell nach...
Symbolwort:	Blitz/Gewitter
Nebenaspekt:	Wolken
Was gezeigt wird:	Am Himmel zeichnet sich drohendes Unheil ab. Wer kann die Zeichen lesen? Manchmal dauert es zu lange, bis wir die Botschaft ernstnehmen.
Biblische Anklänge:	Jesus wirft den Pharisäern vor, daß sie zwar am Himmel sehen können, wenn ein Unwetter kommt, daß sie aber darüber hinaus die Zeichen der Zeit nicht verstehen (Markus 16,1–4). Welche Zeichen kündigen ökologische, politische, soziale und persönliche Unwetter und Katastrophen an?
Vorlesezeit:	6 Minuten ••

„Regine, komm doch endlich. Wir kommen noch zu spät!"
Erikas Stimme klingt ungeduldig.
„Ja, ja, ich bin ja fertig."
Regine schnappt sich ihren Rucksack mit dem Proviant und schlägt gleich
darauf die Haustür hinter sich zu. Ein etwas scheuer Blick zum Himmel...

Und sie läuft mit der Freundin zum Treffpunkt, der Bushaltestelle in der Ringstraße. Heute machen sie endlich den heißersehnten Klassenausflug. Schon zweimal ist er im wahrsten Sinne des Wortes ins Wasser gefallen.

Regine freut sich darauf. Sie wandert gern und wird auch nicht schnell müde. Bald sind alle Kinder zusammen. Sogar Ulla hat es rechtzeitig geschafft. Ein Bus wartet ja nicht.

Als sie an der Endhaltestelle ankommen, ist es schon recht heiß. Aber im Wald merkt man nicht, daß die Sonne so brennt.

Sie wollen zum Waldgasthaus „Armeleuteberg". Da muß allerdings auch geklettert werden. Doch das macht den Kindern nichts aus. Sie haben viel Zeit. Frau Brandt hat die Klasse für drei Uhr nachmittags angemeldet. Denn bei solch schönem Wetter gibt es in einem Ausflugslokal nicht für soviele auf einmal Platz.

„Die haben einen tollen Pflaumenkuchen", meint Erika. „Hoffentlich gibt's den heute auch."

„Mhm, Pflaumenkuchen mag ich gern", antwortet Regine. Doch es klingt, als sei sie nicht recht bei der Sache.

„Was hast du? Du hörst ja gar nicht richtig zu?"

„Doch... doch...!"

Aber Regine ist mit ihren Gedanken ganz woanders. Schon wieder guckt sie zum Himmel.

Das Stück, das durch das dichte Laub zu sehen ist, ist strahlend blau. Um die Mittagszeit kommen sie an eine Waldwiese. Die liegt schön im Schatten. Es wird Pause gemacht. Alle haben Hunger und Durst. Die meisten haben etwas zu trinken mit. Nur Ulla und Andrea gucken betrübt. Sie haben zwar Geld für Kaffee und Kuchen mit. Das löscht den Durst aber nicht, den sie jetzt haben. Regine und Erika geben ihnen von ihrer Brause etwas ab.

Nach einer Stunde geht es weiter. Langsam steigt der Weg an. Kurz vor zwei Uhr sind sie oben.

„Uh, das war aber steil!" stöhnt Ulla. Alle sind froh, daß sie da sind.

„Wir haben noch Zeit", sagt Frau Brandt. „Setzen wir uns unter die Bäume da." Die Klasse lagert sich. Einige strecken sich lang aus und machen die Augen zu.

Regine findet nicht recht Ruhe. Sie blinzelt zum Himmel hinauf – schon wieder!

Kommt da nicht eine große dunkle Wolke? Nein, die Wolke ist weiß und ganz klein. Und doch – irgendwie ist es Regine ein bißchen mulmig.

„Was hast du bloß? Warum guckst du immer zum Himmel?" fragt Erika. Sie hat Regine beobachtet.

„Ach nichts", murmelt die. Wirklich nichts? Warum guckt sie dann immer wieder hinauf? Sucht sie da was? Hat sie Angst? Angst! Wovor? Schließlich sitzen alle im Lokal beim Kaffee. Es gibt tatsächlich den Pflaumenkuchen, sogar mit Schlagsahne. Darüber vergißt Regine, aus dem Fenster zu sehen. Als alle satt sind, machen sie sich auf den Rückweg.

Die Sonne brennt nicht mehr so sehr. Im Wald ist es richtig kühl. Aber am Himmel stehen schwarze Wolken, die immer größer werden. Regine seufzt tief. Vor schwarzen Wolken hat sie Angst – große Angst.

Aber sie ist ja mit der ganzen Klasse zusammen. Dann wird es vielleicht nicht ganz so schlimm!

Es ist gut, daß es jetzt bergab geht. Ganz von selbst laufen alle schnell und immer schneller. In der Ferne brummt es. Regine zuckt zusammen. Und ein helles Band läuft die dunklen Wolken entlang. Bis zur Bushaltestelle ist es noch ein ganzes Stück.

Regine kneift die Augen zu. Sie will die Blitze nicht sehen! Sie merkt gar nicht, daß die andern schon weit weg sind. Sie hält sich die Ohren zu. Sie will den Donner nicht hören!

Doch das nützt wenig. Sie sieht die hellen Blitze durch die zusammengekniffenen Augen und hört den Donner durch die zugehaltenen Ohren.

Nun merkt sie auch, daß die andern schon weit weg sind! Ihr Herz klopft wie ein Hammer! Und dazu gießt es in Strömen. Regine ist im Nu bis auf die Haut naß. Der leichte weite Sommerrock klatscht ihr um die Beine. Den Weg sieht sie kaum noch. Es ist ein Wunder, daß sie nicht über Wurzeln und Steine fällt. Sie hat die Augen immer noch zusammengekniffen und die Hände an den Ohren. So stolpert sie weiter. Wie lange weiß sie nicht. Plötzlich macht Regine die Augen weit auf. Sie sieht etwas. Das ist kein Blitz mehr! Nein, das ist eine Straßenlaterne! Jetzt fängt Regine an zu rennen.

Und wirklich, da ist die Bushaltestelle. Die Klasse drängt sich klitschnaß und frierend im Wartehäuschen zusammen.

Völlig außer Atem kommt Regine an und ruft:

„Gut, daß ihr da seid! Ich war ja so … so alleine!"

Elinor Lange

Nach dem Gewitter

Inhalt:	Zwei Jungen erleben in einer Schutzhütte ein Gewitter und fühlen sich danach wie neugeboren.
Symbolwort:	Blitz/Gewitter
Nebenaspekt:	Pfingsten
Was gezeigt wird:	Die erneuernde Kraft des himmlischen Feuers. Das Aufleben nach der Angst, das uns aufschließt für neue Erfahrungen.
Biblische Anklänge:	Die Pfingstgeschichte.
Vorlesezeit:	6 Minuten •••

Eigentlich war es kein Wetter zum Spazierengehen. Die Wolken türmten sich am Himmel. Es sah aus, als würde es gleich regnen. Aber Thomas hatte keine Angst, solange Johannes mit ihm ging. Johannes war schon zwölf Jahre, und Thomas hatte ein nahezu unerschütterliches Vertrauen zu ihm.

Die beiden waren sicherlich schon über eine Stunde im Wald unterwegs, als die Fliegen und Bremsen so richtig angriffslustig wurden. Der Wind trieb die Wolken auf einen riesigen Haufen zusammen, und der Horizont verfärbte sich, wurde dicht und schwer. Die Umrisse der Wolken traten gelblich-braun hervor. Der Himmel stand unter großer Spannung.

„Da braut sich etwas zusammen", sagte Johannes und spornte Thomas zu größeren Schritten an. Er wollte die Hütte am See unbedingt noch erreichen, bevor das Gewitter über sie hereinbrach.

Sie schafften es gerade noch rechtzeitig. Als sie bei der Hütte ankamen, begann es heftig zu regnen. Der Regen ergoß sich aus den Wolken, wie Wassermassen aus geöffneten Schleusentoren. Ein Blitz nach dem anderen zerriß den dunklen Himmel. Johannes hatte trotzdem das Fenster zur Nordseite geöffnet, und sie schauten beide gegen eine Wand aus dahinjagenden Wolkenfetzen und graugelbem Licht. Die Blitze durchzuckten die aufgeladene Luft vor den Bergen, und der Donner knallte mit ohrenbetäubendem Lärm in die Felsbrocken, als wollten sie diese abspalten. Das vom Wind aufgewühlte Wasser zog die gewaltigen Stromstöße an und gab das Echo der Poltergeister in die Höhlungen der Gebirgstäler zurück.

Thomas rückte näher an Johannes heran. Der Ort des Gewitters war überhaupt nicht auszumachen. Es war überall. Der Himmel wurde von dem unaufhörlichen Leuchten der Lichtströme richtig aufgestoßen. Bald prallte ein Blitz aus den Gipfeln des Gebirges in die Schluchten, bald zog er eine glühende Furche in den zerwühlten See, und am Ende überspannte ein kurzes flirrendes Zucken in weitem Bogen die Himmelsenden.

„Ich habe Angst", sagte Thomas und drängte sich an Johannes. Johannes legte den Arm um ihn und erwiderte:

„Wenn du das Krachen hörst, ist die Gefahr schon vorüber. Schau, dort drüben sieht man schon einen Fetzen Blau durch die Wolken."

Tatsächlich beruhigte sich der Himmel, und das Grollen des Donners entfernte sich immer weiter. Der Wind begann den Himmel aufzureißen, Wolkenfetzen trieben vorbei, und die Sonne brach durch die nassen Wolkenschwaden. Es schien, als hätten die Himmelsfeuer mit ihrer reinigenden Kraft die Erde in ein neues Licht getaucht.

Die beiden Jungen zogen ihre Schuhe aus und liefen fröhlich durch das nasse Gras. Mit einem Mal fingen die Vögel wieder an zu singen – die Meisen mit ihren hellen Stimmen, der Teichrohrsänger im Schilf.

„Verstehst du, was sie singen?" fragte Johannes den Kleinen.

Der nickte.

„An einem solchen Tag versteht man alles!" fuhr Johannes fort. „Da erzählen die Blumen, die Bäume und die Tiere ihre Geheimnisse, und du kannst selbst in einer Sprache reden, die du vorher nie verstanden hast!"

Thomas nickte und horchte.

„Sie singen, daß sie sich freuen, weil das Leben schön ist", sagte er ernsthaft.

Johannes breitete die Arme aus, atmete tief ein und rief:

„Ah, die Luft ist ganz neu. Sie geht durch mich durch, daß ich's bis in die Zehenspitzen spüre."

„Ja", sagte Thomas und sah sich um. „Alles ist ganz neu – der Himmel, die Berge, der See...".

„Und ich! Ich auch!" lachte Johannes. „Ich bin ganz neu. Ich kann's nicht erklären, aber ich spüre es."

Thomas sah seinen Freund an, wie er lachend vor ihm im Gras stand und die Arme ausbreitete. Sein großer Freund Johannes! Eine Welle von Zuneigung und Zärtlichkeit durchströmte ihn. Er nickte.

„Ich spür' es auch", sagte er. „Hier!" Und er legte die Hand aufs Herz.

Danach gingen sie weiter. Mit leichten Schritten liefen sie barfuß über die Wiese und fühlten sich einander auf eine ganz besondere Weise nah.

Kurt Hock

Das Schmiedefeuer

Inhalt:	Ein Junge beobachtet in einer Schmiede das Beschlagen von Pferdehufen und das Schmieden von Metall, z.B. zu einem Kreuz.
Symbolwort:	Feuer
Nebenaspekt:	Kreuz
Was gezeigt wird:	Die beeindruckende elementare Gewalt des Feuers, das dem Formlosen Form geben und das Grobes in Feines verwandeln kann.
Biblische Anklänge:	Der Prophet Maleachi stellt sich das Gericht Gottes über sein ungehorsames Volk wie das Feuer des Gold- und Silberschmieds vor, das das Metall reinigt und läutert, so daß es eine edlere Form bekommen kann (Maleachi 3,2+3). Das geschieht mit jedem Menschen, der – bildlich gesprochen – durchs Feuer geht.
Vorlesezeit:	8 Minuten •••

„Es gibt nichts, das vom Feuer nicht verbrannt werden kann."
So sagte mein Vater früher, und er mußte es wissen, denn er war Schmied. Es hat mich immer wieder begeistert, wenn die Luft durch die Kohlen zischte und die Eisenstücke hellglühend und weißlich rauchend aus der Esse gerissen wurden.
Besonders aufregend war es, wenn die Bauern ihre Pferde zum Beschlagen in den Hof führten, vor allem bei den jungen Hengsten, die voller Unrast den Kopf zurückwarfen, zu tänzeln begannen und die Nüstern blähten, wenn sie das versengte Horn von den Hufen ihrer Vorgänger witterten.
Die Pferde wurden sehr nervös und steckten mit ihrer Angst und der aufkommenden Ungeduld viele andere an.
Anders mein Vater, er wirkte sehr besonnen und mächtig, sprach geduldig und beruhigend auf die Tiere ein, ging zurück zur Esse, holte das hellrote, glühende Eisen mit der Zange hervor, schmiedete es rund und flach, daß die Funken nur so stoben, drehte es immer wieder kunstfertig mit der Greifzange und gab mit dem schweren Hammer und wenigen Hieben dem Stück die endgültige Form. Dann ging er seelenruhig dicht an das Pferd heran und riß ihm blitzschnell die linke Hinterhand hoch. Der Bauer, der danebenstand, übernahm das angewinkelte Bein, und das Tier konnte nun nicht mehr davongaloppieren. Jetzt brachte der Gehilfe das glühende Hufeisen aus der Esse, ließ es kurze Zeit kühlen, so daß es eine dunkelrote Farbe annahm, dann vermochte Vater das brandheiße Eisen auf den Horngrund des Hufes einzubrennen. Es roch scharf, und der fliehende Rauch schlug beißend und durchdringend in die Nase.
Das Hufeisen schmolz in die Hornmasse hinein und konnte unmittelbar da-

nach mit einigen kurzen Eisenstiften befestigt werden. Dieser Vorgang wiederholte sich an jedem Bein, bis das Pferd vollständig beschlagen war und mit klirrenden Hufen aus dem Hoftor trabte. Das Hochreißen des jeweiligen hinteren Beines mußte mit viel Entschlossenheit und Kraft und vor allem zum richtigen Zeitpunkt geschehen, und es war ganz wichtig, daß es von der Seite erfolgte, damit das nervöse und mißtrauisch gewordene Tier nicht nach hinten ausschlug und Vater verletzte.

Ich war immer ganz stolz auf ihn, wenn er die Hufe hochriß, so als wäre es nichts. Auch wenn die Bauern nichts sagten, so hatten sie doch großen Respekt vor ihrem Schmied. Das konnte man spüren.

Oft saß ich auch allein vor der Esse und bediente den Blasebalg. Die Luft fauchte durch die Kohlen und das hochschießende Feuer wirbelte gegen den Rauchfang.

Die Leuchtkraft hatte etwas Ursprüngliches, Bedrohliches und Hoffnungsvolles zugleich. Das Feuer veränderte zwar seine Farbe und seine Gestalt, aber es blieb immer klar und eindeutig. Vielleicht war es dieses Eindeutige, diese Kraft, welche von ihm ausging, jenes Geheimnis von Licht und Wärme einerseits und die Gefahr des Verbrennens andererseits, was mich so anzog. Ich erinnere mich an einen Spätsommertag. Mein Vater hielt ein schönes Stück Eisen in der Esse und schimpfte nicht, wenn ich den Blasebalg übermächtig trat. Das glühendgelbe Feuer durchdrang das Eisen, durchwanderte das grobkristalline Gefüge wie ein Flammenrad, verdichtete die Masse, damit sie dehnbar und feinkörnig werde. Danach riß er den glühenden Werkstoff blitzartig herunter auf den Amboß und hieb auf das weiche und formbare Stück Eisen. Nach wenigen Sekunden hatte er ihm eine grobe Form verliehen, und später nahm ich wahr, daß es ein Wetterhahn wurde. Der Körper blieb schlank und langgezogen, die Schwanzfedern waren vom Wind gezaust, an das Standbein hatte er einen Dorn geschmiedet. Den angewinkelten Fuß trug der Hahn hocherhoben, als wolle er gerade weglaufen. Kamm und Backenlappen fertigte Vater aus angekrümmten Kleinteilen.

Es ging alles sehr schnell und doch hatte es Gesicht. Als Vater fertig war, senkte er den Hahn in den Löschtrog neben der Esse. Es zischte und dampfte wie immer, und das Wasser sprudelte und gischtete auf.

Bald durfte ich ihn herausholen.

„Er gehört dir!" sagte mein Vater.

Ich freute mich wie ein reicher König. Der Hahn war wirklich wunderschön, und es war eigentlich viel zu schade, daß ich ihn aufs Dach stellen sollte.

„Den hast du wirklich prima geschmiedet", lachte ich meinen Vater an.

„Das Feuer ist die Hauptsache", meinte er, „ohne Feuer kann ich das grobe

Metall nicht zum Feinen machen, ich kann nichts verwandeln, nichts verdichten, nichts verändern, verstehst du?"
Mein Vater schaute mich an. Damals habe ich es verstanden und doch nicht ganz verstanden. Heute verstehe ich es ein bißchen.
Eines Tages verstarb der beste Freund meines Vaters. Wir waren sehr betroffen, und Vater sprach nichts mehr. Er war traurig und sinnierte vor sich hin und war gleichzeitig gespannt bis zum Zerreißen. Er verkroch sich in die Schmiede. Plötzlich begann er mit besonderer Härte zu arbeiten. Mächtige Schläge dröhnten durch die Gewölbe. Ich sah, wie er zwei Riesenstücke schweren Eisens in die Esse stieß und den Blasebalg bediente, als wolle er den Rauchfang zum Glühen bringen. Das Feuer durchdrang das Metall gelbglühend. Die ganze Esse stand in einem hellroten Flammenmeer. Dann zog Vater die Eisen heraus, hieb mit Riesenkräften und mit unverminderter Wucht auf die Metallstücke. Seine ganze Ohnmacht, all seine Wut und Traurigkeit packte er in seine verzweifelten Hammerschläge. Trotz seiner Besessenheit und Stärke konnte er den Tod nicht rückgängig machen. Zum Schluß war er ermattet und erschöpft. Der Schweiß rann ihm in Strömen übers Gesicht, Haare und Nacken.
Er hatte ein großes Grabkreuz geschmiedet. Das senkrechte und waagrechte Eisen war so zusammengenietet, als wäre es eins. Es gefiel mir besonders gut, nicht nur weil es Vater gemacht hatte, sondern weil es so schön einfach und schlicht war.
Ich habe später nie mehr ein solches Kreuz gesehen, aber die erneuernde Kraft des Schmiedefeuers, seine flammende und durchscheinende Helligkeit sind mir im Gedächtnis geblieben.
Auch über den Satz, daß wir ohne Feuer das Grobe nicht zum Feinen hin verwandeln können, denke ich noch heute nach.

Kurt Hock

Die Erde,
die uns trägt

Einleitende Hinweise

Seit es Fotos aus dem Weltraum gibt, haben wir uns angewöhnt, die Erde „unseren blauen Planeten" zu nennen. Schwingt darin nicht eine Art bewundernder Zärtlichkeit mit — Indiz dafür, daß wir unseren Himmelskörper nicht nur als Basis immer weiter reichender interstellarer Abenteuer sehen, sondern wieder als jenen mütterlichen Urgrund, dem wir entstammen und von dem wir uns in Wahrheit niemals werden abnabeln können? Denn es ist unauflösliche Schöpfungsordnung, daß wir Menschen aus Erde gemacht sind, für das Leben auf dieser Erde geschaffen, und daß wir wieder zur Erde zurückkehren werden: Erde zur Erde. Jeder Augenblick, in dem uns unsere Körperlichkeit und unsere Schwere bewußt werden, erinnert uns daran. Gewiß: Dies sind seltene Momente der Erkenntnis und der Selbsterkenntnis. Häufiger neigen wir dazu, die Erde als unseren Spielball anzusehen, der uns ein Höchstmaß an touristischen Vergnügungen bescheren soll oder als eine frei verfügbare Masse von Handelswaren, die es zum größten Preis umzuschlagen gilt.

Noch immer ist die Erde der Planet der reichen Erdenbewohner, die die Macht haben, ihn unter sich aufzuteilen. Noch immer ist die Erde der Schauplatz sinnloser Zerstörungen und Kriege. Noch immer ist der Mensch dem Menschen und der Erde spinnefeind. Mag auch bei vielen Menschen in allen Ländern die Verzweiflung darüber wachsen, daß die Menschheit drauf und dran ist, an der Erde einen Muttermord zu begehen, mag auch der Zweifel an der Richtigkeit der Maxime, daß es besser sei zu herrschen, statt zu teilen, weltweit zunehmen — wir stehen erst ganz am Anfang eines Umdenkungsprozesses: Wir müssen diese Erde genauso lieben wie unseren Nächsten und uns selbst. Das ist die Voraussetzung, und zwar die allererste und die selbstverständlichste Voraussetzung dafür, daß unsere Kinder und Kindeskinder überhaupt irgendeine Hoffnung haben können. Die Zeiten und Weltenalter darüber hinaus stehen dahin, und es ist nicht Sache der Menschenkinder, sie zu gestalten. Gott sei Dank nicht: So haben wir den Rücken frei, uns um unsere Gegenwart und die nächste Zukunft zu kümmern. Der neue Himmel und die neue Erde sind Gottes Sache; sie sind in ihm noch genauso verborgen, wie es auch unsere Erde und unser Himmel waren, bevor er sie ins Leben rief. Uns mag genügen, was uns über sie gesagt ist: daß keine Nacht mehr sein wird, weil die Klarheit Gottes sie erleuchten wird und nichts mehr bedroht sein wird vom Tod. Unsere Sache wird die gute alte Erde bleiben müssen, denn wir Menschen und die Erde sind eins.

Erzählte Symbole zum Themenkreis Erde werden die Einsicht in die Ange-wiesenheit des Menschen auf Mutter Erde fördern und zu einem mutigen Eintreten für ihre Pflege anregen müssen. Niemand darf die Hände in den Schoß legen, niemand darf den Kopf hängen lassen, niemand darf Wolken-schlösser bauen, wenn es darum geht, daß die Erde auch in Zukunft Leben tragen kann.

Erklärungen zu den Symbolwörtern

Die *Erde* bedeutet den Erdkreis, der alle Menschen umfaßt und allen Men-schen Heimat bietet. Es kann keinen nationalen Mythos von der nationalen Heimaterde mehr geben. Der Engelsgesang in der Weihnachtsnacht „Friede auf Erden" gilt allen Menschen. Für alle Menschen ist die Erde Mutterschoß und Grab. Aus ihr werden alle Menschen auferstehen. Und die Erde trägt das Kreuz des Nazareners nicht für die Entlastung einer Handvoll Auserwählter, sondern als Sinnbild des irdischen und ewigen Lebens, das allen Nationen dieselbe Botschaft kündet: Gott ist Liebe.

Gilt in einem umfassenden Sinn von der Erde, daß sie der Stoff ist, aus dem wir selber sind, so gilt das im besonderen vom Wasser, das im engeren Sinn Träger der Lebenskräfte ist.

Das *Wasser* ist lebensnotwendig. Über eine derart banale Feststellung hätten die Menschen früherer, in einem tieferen Sinn aufgeklärtere Geschlechter zweifellos verwundert den Kopf geschüttelt. Für uns heute ist der Satz ein Notruf, denn wir beginnen zu ahnen, welches Gift da in die Erde einsickert und das Grundwasser ungenießbar zu machen droht. Als wäre Wasser nie das Element der Taufe gewesen, aus dem – in einem geistigen Sinn – das Le-ben des Christen hervorgeht. Als wäre die Taufe nie das Bild für das Wieder-auftauchen aus der Nacht des Todes und für das neu geschenkte Leben gewe-sen. Niemals mehr kann Wasser sein, wozu es in sorglosen Zeiten geworden ist: ein Allerweltsartikel, nicht der Rede wert.

Die *Quelle* bezeichnet den Ursprung dieses Lebensgutes, wo es frisch und rein aus der Erde tritt – gelegentlich an ganz und gar unvermuteten Stellen, sogar mitten im scheinbar ausgetrockneten Fels. Sie ist der Anfangspunkt für den Lauf des Wassers auf der Erde, der in den Kreislauf des Wassers zwischen Himmel und Erde übergeht. Wasser ist immer in Bewegung, es kann den här-testen Stein aushöhlen. Eine Quelle, zu verschiedenen Jahreszeiten beobach-tet, macht nicht nur die Verwandlungen des Wassers (Nebel, Eis) deutlich, sondern auch sein Wesen: es fließt. Es ist der Lebensfluß.

Im *Brunnen* sammelt sich das Wasser aus der Tiefe. An ihm versammelten sich in alter Zeit die Menschen. Der Blick in ihn hinein kann uns schwindeln machen: Es ist, als blickten wir in die tiefste Tiefe der Vergangenheit, hinab bis zum Ursprung der Dinge. Und doch kommt aus diesem Abgrund das Leben: „Gottes Brünnlein hat Wasser die Fülle" (Psalm 65,10).

Ist das Wasser das Weiche in Bewegung, so ist der *Stein* das Harte im Stillstand. Er ist sozusagen die Momentaufnahme von einem Werden und Verwandeln, das sich über eine unvorstellbare Zeitstrecke nach hinten (zur Vergangenheit hin) und nach vorne (zur Zukunft hin) erstreckt. Er erscheint ausgeglüht, erstarrt, erkaltet, verdichtet. Feuer und Wasser haben an ihm und in ihm gearbeitet. In seiner beeindruckendsten Form, der kristallinen Form, gibt er Auskunft darüber, daß arithmetische und geometrische Verhältnisse den Bauplan der Schöpfung bestimmen. „Du hast alles nach Maß, Zahl und Gewicht geordnet", stellt das Buch der Weisheit Salomos fest (11,20).

Versteinerte Formen aber bilden nicht nur ein Stückchen Ewigkeit ab, sondern auch im negativen Sinn die Verhärtung des Lebendigen, die Starre des Todes. „Ich will ihnen das steinerne Herz wegnehmen und ihnen ein fleischernes Herz geben", verheißt Gott durch Hesekiel seinem sozial verhärteten Volk (Hesekiel 11,19).

Der *Edelstein* ist der Inbegriff alles Schönen und Kostbaren und Seltenen, das – gemessen am kurzen Menschenleben – von ansehnlicher Dauer ist. Er drückt im materiellen sowie im ideellen Bereich die höchsten Werte aus. Der Edelstein ist eine der Hieroglyphen aus der Sprache der Liebenden: „Sein Leib ist wie reines Elfenbein, mit Saphiren geschmückt" (Hoheslied 5,14).

Der Acker

Inhalt:	Kinder helfen bei der mühevollen Bestellung eines Kartoffelackers von der Saat bis zur Ernte mit.
Symbolwort:	Erde
Nebenaspekte:	Sonne, Wasser
Was gezeigt wird:	Nicht alle Früchte fallen uns in den Schoß; in der Regel müssen wir der Erde etwas geben, bevor sie uns etwas gibt.
Biblische Anklänge:	„Im Schweiße deines Angesichts sollst du dein Brot essen, bis du wieder zur Erde werdest, davon du genommen bist" (1. Mose 3,19).
Vorlesezeit:	9 Minuten •••

Das Wort Acker birgt etwas Erdhaftes in sich, ist mit schwerem, gewichtigem Tun verbunden. Ich bin nicht stolz auf Besitztümer, aber einen einfachen Akker mein eigen zu nennen, bereitet mir große Freude.

Im Frühjahr überrede ich den alten Kampfmann, daß er mir mit seinem Pferd den Boden umpflügt. Es ist das letzte Roß im Dorf, und er zieht auch keines mehr nach, wenn das jetzige einmal eingeht. Das sollen die Jungen dann betreiben, meint er und lächelt.

Er kann mir nie genau sagen, wann er kommt, weil ihm häufig etwas dazwischengerät. Aber das ist ja auch nicht nötig, denn ich höre es nach Feierabend über die Straße, das dumpfe, klappernde Geräusch, das die Hufe auf dem Asphalt verursachen und das gemütliche Scheppern der Wagenpritsche.

Das eiserne Pfluggeschirr hat er hinter sich liegen, und er spannt den Gaul gemächlich ins Geschirr. Der will nicht immer so wie sein Gebieter, zupft hier und dort noch ein Kraut weg, bevor er endlich losgeht.

Der Acker wird langsam umgebrochen, die Erde fällt feucht und fett aus der Furche. Es riecht nach frischem, fruchtbarem Land.

Die Kinder heben die kleinen Eimer und lassen die Saatkartoffeln aus der Hand gleiten. Sie kollern noch ein wenig nach vorne, und wir achten darauf, daß der Abstand des Saatguts die richtige Weite hat, daß später die Stöcke nicht zu eng aufeinander wachsen. Das Pferd bleibt zuweilen stehen, dann schnalzt der Lenker mit der Zunge oder ermuntert das Tier durch einen Zuruf oder aber, wenn der Gaul störrisch wird und gar nicht mehr gehen mag, gebraucht er kurz die Peitsche, trifft das Pferd nicht richtig. Läßt vielmehr die Schnur am Kopf vorbeiflitzen, um zu zeigen, daß er es jetzt ernst meint. Dann legt sich das Tier erneut in die Sielen, das Kummet ächzt und das knirschende Pflugeisen sticht die Erde schneller aus, wirft sie schwungvoller aus der glatten Ackerstarre.

Zuweilen wird ein riesiger Kiesel herausgepflügt, makellos glatt, braungeädert bis rötlichweiß, als wäre es ein Schatz und bleibt doch unerkannt und schwerfällig liegen.

Nachts, wenn der Mond kommt, wird er als stiller Gefährte eingebettet und in den Verdunkelungen des Ackers zum Leuchten kommen. Noch aber ist es Tag, und es gilt, das Saatgut richtig zu handhaben.

Am Ende der Furche dreht sich das Pferd um die eigene Achse, die Pflugschar wird herumgeworfen und die Furche zugepflügt. Wenn nur alles so einfach ginge wie dies.

Die locker verteilte Erde schwappt auf die Frucht, deckt sie zu, macht sie schlaftrunken einen ganzen Sommer lang, schirmt sie ab von der trockenen Hitze der Hundstage, läßt den Platzregen, jene Fadenschwaden aus verwobener Nässe, nicht unmittelbar an sie heran, behütet jede einzelne wie einen Edelstein, daß sie in der herrlichen Dumpfheit von Schafsmist und Erdschwere still zu keimen vermag.

Aber soweit ist es noch lange nicht.

Zunächst stampft das Pferd noch etliche Male den Acker landauf und landab, legt sich mit seiner mächtigen muskelumspannten Brust in die Riemen. Schweiß tropft ihm aus dem glatten Fell. Die stechenden Bremsen und Dasselfliegen plagen den Gaul. Er wirft den Kopf in die Höhe, daß die Zugleine vorschnellt. Aber nach einiger Zeit ist die Arbeit doch getan. Ich entlohne den Bauer, der das Pferd ausspannt und die Pflugschar hinter der Pritsche verstaut, das Tier an die Deichsel pflockt.

Nun liegt der Acker umgebrochen da und gibt den Erdfrüchten Ruhe und Kraft. Raben und allerhand andere Vögel stellen sich ein, picken Larven und Gewürm aus dem frischen Boden. Die Erde dampft.

Die Sonne brennt den Schollen ockerfarbene Töne ein. Schmetterlinge tanzen über das weite Feld. Ein größerer Gegensatz ist kaum vorstellbar. Hier die Leichtigkeit des hüpfenden Taumelns, jene fast gläserne Durchsichtigkeit zwischen den Flügelschlägen, die Heiterkeit und Anmut losgelösten Tanzens, dort die ruhenden Schollen, vertieft in das fruchtbare Träumen von Lasten und Schweigen, jene brockenhafte Erdschwere und Mächtigkeit, eingebettet in Stein und Lehm.

Dies sehe ich, wenn ich den Acker auf meinen Wanderungen umgehe. Ich betrachte ihn argwöhnisch, bis das erste Grün der Pflanzen hervorbricht wie ein Willkommenheißen aus der gefurchten Fläche.

Am liebsten würde ich jede einzelne Pflanze begrüßen, daß sie es endlich geschafft hat, sich aus dem verlieshaften Dunkel herauszuwinden.

Bis das Unkraut kommt, dauert es noch eine Weile, und wenn ich Zeit habe an einigen Sommerabenden, komme ich zum Häufeln, hacke die Erde bei. Das tut den Knollenfrüchten gut, und sie werden dick und rund unter der Erde. Wenn es dann der milde Regen noch gut meint, schießen die Pflanzenstauden hoch, und die violettgelben Blüten verheißen ein gutes Gedeihen. Dabei geht der Sommer ins Land, und der Kampf mit dem Unkraut hebt von neuem an.

Die Bauern vertilgen es, indem sie Gifte spritzen, aber das verändert den Geschmack der Kartoffel, und so lassen wir es und hacken das Unkraut selbst. Im September dann verdorren die Stöcke, und wir warten einen heißen Tag ab, damit die Erde nicht klumpt. Mit Körben, Säcken und Hacken ausgerüstet, wühlen wir die Erde um und suchen nach den gehegten Schätzen. Es ist schon ein uriges Gefühl, mit der Hacke in den lockeren Boden zu fahren, um den Wurzelstock freizulegen.

Goldgelb und prall purzeln die Früchte durcheinander, manchmal auch wie im Boden festgebacken, erdig und mit rauher körniger Haut, nachtschattenhaft schön!

Viel zu oft spießen wir die Kartoffen mit der spitzen Hacke auf. Da ertönt dann ein kurzer Aufschrei, mitten in die Geschäftigkeit des Hackens, Grabens und Wühlens, weil es meistens die dicksten Früchte sind, die wir treffen. Immer neue Kartoffeln schimmern aus den Wurzelstöcken. Am meisten schätze ich die mittleren, unauffälligen. Sie brauchen nicht lange beim Garen und fallen beim Kochen nicht auseinander.

Andreas hat endlich Wasser zum Trinken geholt, wir greifen alle recht gerne zur kühlen Flasche und schütten uns die trockene Kehle mit Flüssigkeit zu, denn die Sonne steht inzwischen hoch und treibt den Schweiß aus allen Poren.

Der Kartoffelberg ist weiter gewachsen. Die Früchte liegen hart und kernig da. Ich lese sie ein. Die ungehackten Reihen nehmen ab. Das stachelt uns an. Wir sind ruhiger geworden, machen längere Pausen. Ich recke mich öfter aus gebückter Haltung hoch in die Hüfte, um den Körper zu dehnen, betrachte die Säcke mit Stolz.

Zu Hause trage ich meine Säcke die Stiege hinunter auf den Schultern. Lasse die goldgelben Knollenfrüchte in die Steige poltern, schlucke unweigerlich getrockneten Erdstaub, den die einfallende Sonne durch das Kellerfenster wie einen goldenen Nebel sichtbar macht.

Auch diese Ernte geht zu Ende. Krumm und müde sitzen wir später am Tisch, trinken kühles, schäumendes Bier, daß die Müdigkeit in die Waden sinkt. Ich denke über den Acker nach. Er ist klein und steinig und viel zu bucklig, als daß ihn ein Traktor bestellen könnte. Aber es ist immer wieder ein großes

Wunder, welche makellosen und schönen Früchte die dunkle Erde hervorbringt. Bald wird der Bauer wiederkommen, ihn umzupflügen. In den Wintermonaten wird der Acker sich erholen, neue Kräfte sammeln. Im Frühjahr aber wird er träumen von kommender Fruchtbarkeit.

Kurt Hock

Eine Gießkanne voll Gift

Inhalt:	Mutter wächst das Unkraut im Garten über den Kopf, und sie greift zu Pflanzengift. Die Wirkung ist schrecklich!
Symbolwort:	Erde
Was gezeigt wird:	Menschen sind Herrinnen und Herren über Leben und Tod der jeweils anderen Geschöpfe. Sie können sie am Leben lassen oder vernichten.
Biblische Anklänge:	Wie weit reicht das Gebot „Du sollst nicht töten"? Wieviele Ausnahmefälle sind erlaubt? Der Mensch kann töten, aber er kann nicht lebendig machen. Als ein König Israels einmal einen Aussätzigen heilen sollte, entgegnete er: „Bin ich denn Gott, daß ich töten und lebendig machen könnte?" (2. Könige 5,7)
Vorlesezeit:	4 Minuten ●●

„Ich hab das ewige Jäten satt!" sagte die Mutter zornig, als sie nach der Heimkehr von der Ferienreise die Ritzen zwischen den Terrassenplatten vollgewuchert wiederfand. „Jetzt ist Schluß damit!"

„Dagegen läßt sich nichts machen", seufzte der Vater. „Wo die Samen hinfliegen, da fangen sie eben an zu wachsen. Vergiß nicht: Das Unkraut ist lebendig."

„Nicht mehr lange", sagte die Mutter.

Am nächsten Tag ging sie in die Samenhandlung, kaufte eine kleine Packung, die UNKRAUT-FINIS hieß, füllte daheim eine Gießkanne mit Wasser und rührte das graue Pulver aus der Packung hinein. Als Silvia auch rühren wollte, durfte sie nicht.

„Das ist Gift", sagte die Mutter. „Nichts für Kinder. Wenn man's an die Finger bekommt und dran leckt, kriegt man Bauchweh, und wenn man davon trinkt, muß man ins Krankenhaus."

Silvia leckte nicht und trank nicht. Sie sah zu, wie die Mutter die ganze Terrasse begoß. Die Terrasse lag höher als der übrige Garten. Auf der Böschung

wuchsen wunderschöne Steingartenpflanzen und kleine Büsche. Und da
stand auch die junge Trauerweide, unter der Silvias Opa sehr gern saß. Sie
gab schon eine Menge Schatten − jedenfalls genug, um den Opa an heißen
Tagen zu kühlen, wenn er im Schaukelstuhl unter ihren Zweigen saß. Von
Jahr zu Jahr war sie gewachsen. Sie war Mutters ganzer Stolz.

Silvia durfte am nächsten Tag nicht auf die Terrasse. Durch das Fenster sah
sie, wie das Unkraut in den Ritzen gelb und schlapp wurde.

„Es wirkt schon", sagte die Mutter zufrieden.

Aber als Silvia am übernächsten Tag, nach einem kräftigen Nachtregen, wieder auf die Terrasse durfte, entdeckte sie, daß auch die Pflanzen auf der Böschung gelb und schlapp wurden. Sie rief die Mutter. Die beugte sich über die
Böschung und sagte „Oh Gott!" . Dann wurde sie sehr still.

Zwei Wochen später war alles, was auf der Böschung gewachsen war, verdorrt. Tot. Die Erde lag grau und verkrustet da, schrecklich anzusehen. Richtig unheimlich: so ohne das kleinste Unkraut.

„Du bist eine Pflanzenmörderin", sagte Silvia zur Mutter.

„Sag doch sowas nicht!" rief die Mutter und schüttelte Silvia.

„Hab ich dir nicht gesagt, du sollst deine Finger von diesem Teufelszeug lassen?" schimpfte der Opa.

Er war untröstlich, denn die Trauerweide, deren Wurzeln unter der Terrasse
entlangliefen, verlor ihre Blätter wie im Herbst, obwohl es erst August war.
Und einen Monat später war auch sie tot. Opa sägte sie ab.

„Jetzt erinnert mich die Terrasse an einen Friedhof", sagte er und trug seinen
Schaukelstuhl unter die Birke neben dem Holzschuppen. Aber die gab noch
kaum Schatten.

Die Mutter weinte.

„Nimm dir's doch nicht so zu Herzen", sagte der Vater. „Pflanz' eben einen
neuen Baum. Und neue Blumen und Büsche auf die Böschung."

Die Mutter schüttelte den Kopf. „Hier wächst jetzt lange nichts mehr",
seufzte sie.

Und sie schloß die Tür zur Terrasse und zog den Vorhang zu, damit alle, die
sich im Wohnzimmer aufhielten, von diesem traurigen Anblick verschont
blieben.

Als es schon dunkel wurde, schlich Silvia hinaus zur Böschung, kauerte sich
nieder und strich über die harte, verkrustete Erde.

„Entschuldige, Erde", flüsterte sie. „Entschuldigt, ihr Pflanzen alle, die ihr
dran gestorben seid. Meine Mutter wird so etwas nie wieder tun. Und auch
ich werde solches Gift nie, nie in meinem Leben gebrauchen. Eher laß ich
meinen Garten verunkrauten. Unkraut lebt. Ich bin fürs Leben!"

Dann schlich sie wieder ins Haus. Die Mutter saß im Wohnzimmer – ganz
allein. Der Opa war schon zu Bett gegangen, der Vater hatte Nachtschicht.
Die Mutter stützte den Kopf in die Hände. Silvia ging zu ihr hin und legte die
Arme um ihren Hals.
„Wenn's dir nur leid tut", flüsterte sie.

Gudrun Pausewang

Die Besucher

Inhalt:	Europäische Reisende besuchen zur Zeit des Kaisers Theodor Äthiopien. Vor der Abreise müssen sie die äthiopische Erde von den Schuhen abwaschen, damit sie zurückbleibt.
Symbolwort:	Erde
Was gezeigt wird:	Die Menschen sind in Leben und Tod mit ihrem Stück Erde untrennbar verbunden.
Biblische Anklänge:	Mit der Bewahrung des Landes bewahrt der Mensch sein Wohlergehen auf Erden (1. Mose 2,15). Mit der Verheißung des Landes ist Wohlergehen verheißen (1. Mose 12).
Vorlesezeit:	2 Minuten ●●

Während der Regierungszeit des Kaisers Theodor kamen vielerlei Besucher
nach Äthiopien. Die Besucher kamen aus Europa. Sie bereisten ganz Äthiopien, von Norden nach Süden, und von Osten nach Westen. Sie überquerten
Flußläufe und Ströme, durchzogen tiefe Täler, erstiegen hohe Berge und
durchschritten heiße Wüsten. Sie fertigten Landkarten des Landes an. Diese
Landkarten zeigten die Flüsse, Berge, Wüsten und Straßen.
Nach einigen Jahren beendeten sie ihr Werk. Sie zeigten ihre Karten dem Kaiser Theodor. Der Kaiser sah sich die Karten an.
„Diese Karten sind sehr gut", sagte er. „Wir können die Quellen des Nil sehen am Tanasee. Wir können die Berge und Flüsse unseres Landes sehen. Ich
bin sehr dankbar für euer Werk."
Der Kaiser gab den Europäern ein großes Fest. Es gab „Wat" und „Injera"
zu essen und „Tej" und „Tella" zu trinken. Nach dem Fest gab der Kaiser den
Gästen Geschenke von Gold und Silber.
Die Europäer bereiteten sich zur Abreise vor. Der Kaiser sandte viele Diener,
die den Europäern helfen sollten, ihre Sachen und die Geschenke auf das
Schiff zu bringen.

Als die Europäer zum Hafen kamen, brachten sie ihre Habe auf das Schiff. Dann bereiteten sie sich vor, an Bord zu gehen und nach Europa zurückzukehren. Bevor sie das Land verließen, hielt ein Diener sie an. Er zog ihnen die Schuhe aus und wusch sie sorgfältig. Dann gab er sie den Besuchern zurück. Die Europäer waren sehr verwundert. Sie fragten den Diener: „Warum hast du unsere Schuhe gewaschen?"
Der Diener antwortete:
„Ihr habt ganz Äthiopien gesehen. Ihr wißt, daß es ein schönes Land ist. Ihr wißt, daß wir unser Land sehr lieb haben. Wir säen unser Getreide und bauen unsere Nahrung in der äthiopischen Erde an. Wir beerdigen unsere Toten in der Erde von Äthiopien. Die Straßen und Pfade, die ihr gesehen habt, haben die Füße unserer Vorfahren getreten. Diese Erde ist unser Vater und unsere Mutter. Wir haben euch Gold und Silber gegeben. Aus diesem Grund hat mir der Kaiser befohlen, eure Schuhe zu waschen, bevor ihr Äthiopien verlaßt."

Verfasser unbekannt

Unter der Erde

Inhalt:	Stefan besichtigt ein Schaubergwerk und entdeckt zu seiner Überraschung, daß die Stollen bis unter sein Elternhaus reichen.
Symbolwort:	Erde
Nebenaspekt:	Haus
Was gezeigt wird:	Der Aufenthalt im „Bauch" der Erde vermittelt sowohl das Gefühl der Geborgenheit (Mutterschoß) wie der Angst (Grab). Auch *unter* uns gibt es eine geheimnisvolle Welt.
Biblische Anklänge:	Jonas Aufenthalt im Bauch des Wals und seine Befreiung aus dieser „Grabeshöhle". Jesu Auferstehung aus dem Felsengrab.
Vorlesezeit:	4 Minuten ●●

Stefan mußte nur den Berg hinunterlaufen, um zum Eingang des neuen Schaubergwerks zu kommen. Früher hatte man hier nach Eisenerz gegraben. Stefans Urgroßvater war noch Bergmann gewesen. Doch dann hatte sich der Erzabbau nicht mehr gelohnt, das Bergwerk war stillgelegt, die Stolleneingänge verschlossen und zugemauert worden. In den letzten Jahren aber hatten die Mitglieder eines Vereins das Bergwerk in vielen Arbeitsstunden wieder zugänglich gemacht. Nun konnte man mit einer kleinen Bahn in den Berg fahren und die alten Stollen und unterirdischen Hallen besichtigen.

Stefan nahm in der kleinen Grubenbahn Platz, die von einer Elektrolok gezogen wurde. Er mußte einen Schutzhelm aufsetzen. Zunächst fuhren sie ein langes Stück wie durch einen Tunnel in den Berg hinein. Es war nur Platz für die kleine Bahn. Die Decke war niedrig, große Leute mußten den Kopf einziehen. Der Zug schaukelte und holperte, und Stefan war froh, als er endlich in einer großen Halle anhielt. Von hier aus zweigten Gänge in die verschiedensten Richtungen ab. Es war kühl, Stefan zog den Reißverschluß seiner Jacke hoch.

„Hier im Berg ist die Temperatur im Sommer und Winter immer gleich", erklärte der Mann, der sie führte. Er ging ihnen voraus in einen schmalen Gang hinein. Die Wände waren glatt. Hier hatte also der Urgroßvater Steine abgehauen, die dann auf Wagen in die Halle geschoben, dort in größere Wagen umgeladen und früher von Pferden, dann von Bähnchen herausgezogen worden waren.

Die Steine der Wände waren oft rotbraun gefärbt.

„Eisenerz", sagte der Führer, der auch sonst vieles von der Arbeit im Bergwerk berichtete. Stefan hörte nicht mehr richtig zu. Er mußte immer wieder die Steinwände anfassen, an denen sie vorbeigingen. Oft tropfte Wasser herab. Sie liefen durch Gänge und Hallen, an Höhlen und Nischen vorbei.

Einmal blieb Stefan stehen und ließ die anderen vorgehen. Es war so ruhig hier unter der Erde! Er wäre gern hier geblieben und hätte sich in einer der Höhlen ein Lager gebaut. Er stellte sich vor, wie er das Bergwerk erforschte, hier unten eine große Entdeckung machte oder auch, wie er die Steinwände mit einer Lampe beleuchtete und die Farben betrachtete oder dem Tropfen des Wassers lauschte. Vielleicht würde er eine unterirdische Quelle oder gar einen See finden.

Plötzlich aber überkam ihn Furcht. Die Dämmerung und Stille wurde ihm unheimlich, und er rannte wie gehetzt der Gruppe nach.

„Raten Sie mal, wo wir herauskämen, wenn wir jetzt geradewegs in die Höhe steigen würden", fragte der Führer eben. Keiner konnte antworten.

„Beim letzten Haus des Dorfes", sagte der Führer. Die Leute staunten. So weit befanden sie sich im Berg!

Stefan erschrak. Das war ja sein Haus! Da stand er also tief unten in der Erde unter seinem Haus! Er stellte sich vor, wie er sich durch die Gänge und Höhlen einen Weg in die Höhe graben würde, durch Felsschichten, immer höher, bis er im Keller landen würde. Welche Räume lagen unter seinem Haus, und er hatte es bisher gar nicht gewußt!

Fast zwei Stunden hatte der Besuch unter der Erde gedauert, und Stefan war ganz benommen, als er wieder draußen im Tageslicht stand.

Vor dem Einschlafen aber stieg er oft in Gedanken in das alte Bergwerk unter seinem Haus, durchwanderte die Höhlen und Gänge, sah die rötlichen Steine vor sich und lauschte dem Tropfen des Wassers. Er hatte das Gefühl, daß die Erde, die sein Haus trug, viele Geheimnisse barg.

Mechtild Theiss

Kann Wasser aufhören?

Inhalt:	Susi verschwendet Wasser beim Spielen in der Küche, und Mutter verbietet es ihr.
Symbolwort:	Wasser
Was gezeigt wird:	Wasser ist kostbar und steht nicht beliebig zur Verfügung.
Biblische Anklänge:	Was Wasser wert ist, wird erst deutlich, wenn es fehlt – eine leidvolle Erfahrung Israels bei seinem Zug durch die Wüste (2. Mose 15,22ff.u.ö.). Durst nach dem Trinkwasser bedeutet immer auch Durst nach dem Wasser des Lebens im geistigen Sinn (Psalm 42,2).
Vorlesezeit:	2 Minuten

Suddel-Susi kommt in die Küche und will ihre Hände waschen. Sie schiebt einen Stuhl an die Spüle, klettert hinauf und dreht den Wasserhahn auf. Aber es ist keine Seife da.

Susi läßt das Wasser laufen, klettert wieder hinunter und holt ein Stück Seife. Sie seift ihre Hände ein, bis sie ganz voll Schaum sind, und hält sie unters Wasser. Zuerst die linke Hand, dann die rechte, dann alle beide. Händewaschen macht Spaß.

Aber das Wasser läuft.

Susi nimmt ein Glas vom Abtropfbrett und stellt es unter den Wasserstrahl. Im Nu ist es voll. Susi holt einen Topf und gießt das Wasser aus dem Glas in den Topf.

„Jetzt koche ich", sagte sie. Aber dazu braucht sie noch einen Kochlöffel. Das Wasser läuft und läuft.

Susi schüttet ein Glas nach dem anderen in den Topf und rührt emsig mit dem Kochlöffel darin herum. Als der Topf voll ist, leert sie ihn mit einem Schwupp aus.

„Blubb-blubb-blubb", gurgelt das Wassser im Abflußrohr.

„Hui!" macht Susi und horcht. Dann füllt sie den Topf von neuem und leert ihn noch einmal aus. Und füllt ihn und leert ihn. Und füllt ihn und leert ihn.

Und jedesmal rumpelt und grunzt es im Abflußrohr, daß es das reinste Vergnügen ist.
Und das Wasser läuft und läuft und läuft.
Da kommt Mama herein.
„Was machst du da? Du läßt ja das ganze Wasser weglaufen!" ruft sie und dreht sofort den Wasserhahn zu. Sie ist ärgerlich. Susi schaut sie erstaunt an.
„Aber es ist doch nur Wasser!" sagt sie. Mama hebt Susi herunter und stellt den Stuhl weg.
„Tu das nie wieder!" sagt sie. „Wasser ist kostbar und teuer. Wenn wir es verderben und verschwenden, dann haben wir eines Tages keins mehr."
Suddel-Susi schaut Mama mit großen Augen an.
„Aber Mama", fragt sie ganz erschrocken, „kann Wasser denn aufhören?"

Renate Schupp

Die waschen sich nicht

Inhalt:	Christine erfährt allerlei über die Reinigungsrituale ihrer Freundin, die zu den Moslems gehört.
Symbolwort:	Wasser
Was gezeigt wird:	Die reinigende Funktion des Wassers, die über das äußerliche Säubern hinausgeht.
Biblische Anklänge:	Der Prophet Jesaja predigt: „Wascht euch, reinigt euch, tut eure bösen Taten aus meinen Augen, laßt ab vom Bösen! Lernet Gutes tun, trachtet nach Recht...! (Jesaja 1,16).
Vorlesezeit:	6 Minuten ●●

Bei Kasavoglus duftete es nach frischem Fladenbrot. Frau Knemeier und ihre Freundin Frau Kasavoglu hatten den ganzen Morgen gebacken.
Frau Knemeier holte gerade die letzten beiden Fladenbrote aus dem Ofen, als es heftig klingelte.
„Das werden die beiden Mädchen sein", sagte Frau Kasavoglu und ging zur Tür.
Aische und Christine liefen die Treppe des Hochhauses, in dem die Knemeiers und die Kasavoglus seit langer Zeit zusammen wohnten, hinauf. Frau Kasavoglu schüttelte den Kopf, als sie die beiden vor sich sah, und fragte:
„Habt ihr euch geärgert? Es sieht so aus. Aber kommt rein. Christine, deine Mutter ist bei mir, wir haben Brot gebacken."

Jetzt bemerkten die Kinder, wie gut es roch. Sie bekamen Hunger.
In der Küche gab Frau Knemeier jedem ein Stück frisches Brot und eine Tasse heißer Milch.
„Hier, ihr Hitzköpfe", sagte Frau Knemeier, „ist etwas zu essen. Eure Schultaschen legt dorthin, neben die Balkontür. Und dann erzählt einmal."
Die Mädchen legten ihre Schultaschen ab; dann tranken sie die Milch. Aische war als erste fertig. Sie holte tief Luft und begann.
„Stellt euch vor, unsere Klassenlehrerin, Frau Böttcher hat mich heute in den Religionsunterricht mitgenommen. Die Klasse 4 b, in der ich sonst bin, wenn die anderen ihren Religionsunterricht haben, schrieb eine Mathe-Arbeit."
„Das ist doch nicht schlimm", meinte Frau Knemeier. „Du konntest doch nicht allein auf dem Flur bleiben."
„Ja, schon, aber wißt ihr, worüber Frau Böttcher gesprochen hat?"
„Nein, wie sollten wir."
„Es ging um das Beten", berichtete Christine. „Warum wir Christen beten und wie wir es machen. Händefalten und so. „Christine konnte nicht weitersprechen, weil Aische ihr ins Wort fiel.
„Und dann hat mich Frau Böttcher gefragt, wie wir Moslems beten. Wir waschen uns zuerst, habe ich gesagt. Und da flüsterte Rolf Christine ins Ohr, jeder in der Klasse hat es gehört, sonst waschen die sich auch nicht. Die ganze Klasse hat gelacht – auch Christine."
Aische war wütend.
Christine war aufgeregt: „Und du hast geschrien, daß wir dreckig sind, weil wir uns vor dem Gottesdienst nicht waschen."
Frau Kasavoglu und ihre Freundin Frau Knemeier sahen sich erstaunt an, dann lachten sie.
„Das darf doch nicht wahr sein! Da lebt ihr nun schon seit Jahren zusammen und habt noch nicht bemerkt, daß jede von euch sich täglich die Zähne putzt und daß ihr euch jeden Abend unter die Dusche stellt." Frau Knemeier fragte noch immer lachend: „Aische, hast du schon einmal erlebt, daß Christine schmutzig zum Kindergottesdienst ging?"
„Und du, Christine, hast du gesehen, wie Aische mit einem schmutzigen Kopftuch zum Koran-Unterricht ging?"
Die Mädchen schüttelten die Köpfe.
Frau Knemeier wandte sich an ihre Freundin: „Aber sagt mal, warum wascht ihr Moslems euch eigentlich vor dem Gebet? Ihr seid doch sowieso sauber."
Frau Kasavoglu lächelte: „Es geht uns nicht in erster Linie um die Sauberkeit, sondern um die Reinheit. Das Waschen ist ein äußeres Zeichen für unser Bemühen, rein zu werden, um danach das Bekenntnis und die Lobpreisung zu

sprechen. So wäscht sich ein Moslem nicht einfach, sondern wendet sich vor dem Waschen bewußt Gott zu, indem er einige Worte aus dem Koran spricht."

In diesem Augenblick fiel Frau Kasavoglus Blick auf die Uhr. Es war kurz nach eins – Zeit für das Mittagsgebet.

„Mehmet! Kenan!" rief sie.

Mehmet antwortete aus dem Nebenzimmer: „Wir haben uns schon gewaschen."

„Aische, gehst du ins Bad? Aber bummele nicht so wie gestern."

„Christine, kommst du mit?" fragte Aische.

Als Christine zögerte, sagte Frau Knemeier: „Du kannst ruhig mitgehen. Wasch' dir auch die Hände. Wir essen in ein paar Minuten."

Im Badezimmer schob Aische die Ärmel ihrer Bluse hoch. Und während sie den Wasserhahn aufdrehte, sagte sie leise: „Bismillah."

„Was heißt das?"

„Im Namen Gottes. Ein guter Moslem, so sagt man bei uns, soll immer mit ‚Bismillah' beginnen."

Aische wusch ihre Hände, danach spülte sie den Mund, Nase und das Gesicht. Indessen wusch auch Christine ihre Hände und griff dann zum Handtuch.

„Und jetzt muß man sich die Arme waschen. Die Gläubigen sollen bei den Ellbogen anfangen", erzählte Aische munter. Sie hatte ihren Ärger vergessen.

„Ist es egal, mit welchem Arm du beginnst?"

„Nein, zuerst kommt immer der rechte Arm und dann der linke. Siehst du, so ist das auch bei den Füßen."

Als Aische fertig war, zog sie sich ein Paar Hausschuhe an und ging mit Christine ins Wohnzimmer. Dort warteten Mehmet und Kenan.

„Das dauerte lange", brummelte Kenan.

Christine erwiderte: „Sie hat sich aber beeilt."

Frau Knemeier sah in das Zimmer: „Christine, wir müssen rüber. Vater kommt gleich. Tschüß, ihr drei."

Christine zwinkerte Aische zu und sagte leise zu ihr: „Ich komme gleich wieder, dann können wir zusammen Schularbeiten machen."

Wolf D. Aries

Die Sonnenblume

Inhalt:	Während des 2. Weltkriegs, in Polen, gewinnt ein Mann seine Liebe zum Leben zurück, die er unwiederbringlich verloren glaubte.
Symbolwort:	Wasser
Was gezeigt wird:	Blumen brauchen Wasser, der Mensch braucht Hoffnung und Zuversicht. Die Sonnenblume wird zum Lebenssymbol.
Biblische Anklänge:	Jeremia fordert das Volk auf, als Zeichen der Hoffnung Weinberge zu pflanzen (Jeremia 31,5) – ähnlich dem Apfelbäumchen, das Luther trotz des eventuell kommenden Weltendes zu pflanzen empfahl.
Vorlesezeit:	5 Minuten •••

Wenn ich nachts über alles nüchtern nachdachte, dann gelangte ich zu dem Ergebnis, daß ich nicht die geringste Chance hatte zu überleben. Ich war eben über die Vierzig und hatte ein schweres Leben hinter mir, weil ich immer mittellos und verbissen gewesen war, und „die" gaben mir nun den Rest.

Anfang Juni ging ich zum Friseur. In dem engen, vollgequalmten Salon ließ ich mir seit Jahren die Haare schneiden. Eine Bombe hatte ihn knapp verfehlt, und das Nachbarhaus war getroffen, auf dessen Ruinen hohes Unkraut wucherte und dünnstämmige, junge Bäumchen hochstrebten.

Nach dem Weg durch die Stadt setze ich mich erleichtert in den Sessel und überließ den Kopf der Schere und die Ohren dem Sturzbach von Worten, der unaufhaltsam auf mich herabprasselte. Der gute Herr Józef plapperte nach Barbiersart sehr viel und sehr ungereimt. Er wob ein wunderliches Gewebe aus Anekdoten und übertriebenen Rundfunknachrichten, flüsterte sie mir ins Ohr, kicherte verhalten und sagte an der Stelle, wo nach einem Satz der Punkt kommt: „Gut, was?" Ich lauschte ihm, während er mir die Nerven mit Öl salbte. Eigentlich, sann ich, ist es nichts als langjährige Gewöhnung, daß ich mir die Behaarung scheren und das Kinn rasieren lasse, ich habe doch im Grunde nicht die geringste Aussicht davonzukommen.

Ein achtjähriger kleiner Junge, dessen Aussehen das finsterste Elend verriet, betrat den Laden. Er trug aus Gummireifen gefertigte Sandalen, die mit Strippen verschnürt waren, eine aus einem Sack genähte Hose und eine unsäglich schäbige Militärbluse ungarischer Herkunft. In der ausgestreckten Hand hielt er eine leere Blechbüchse.

„Was willst du?" knurrte der Herr Józef. „Almosen spenden wir bloß am Freitag."

„Ich hätte gern etwas Wasser", bat der Junge und streckte die Büchse noch weiter vor.

„Der Wasserhahn ist in der Ecke", antwortete Herr Józef und behielt den Jungen im Auge, bis die Klingel an der Tür schellte. „So einer maust, was nicht niet- und nagelfest ist", sagte er.
Ich nickte. Dem Äußeren nach war dem Jungen alles zuzutrauen. Bald darauf erschien er wieder und kündigte sich mit einem leise perlenden Klingelton an.
„Ich hätte gern noch etwas Wasser."
Er füllte die Büchse, trug sie, den Blick auf die schwankende Wasseroberfläche gerichtet, behutsam vor sich her und entfernte sich, um gleich darauf wiederzukommen. Der leise Klingelton beunruhigte mich nicht, im Gegenteil, er flößte mir Ruhe ein, wie das goldene Licht der untergehenden Sonne, das durch die Scheibe fiel, auf der in übertriebenen Schnörkeln zu lesen war: ruesirF-nemaD dnu -nerreH.
„Du bist ja schon wieder da! Wozu brauchst du denn so viel Wasser? Ich gönne es dir ja, aber sag mal, was machst du damit?"
„Da hat einer den Schlüssel vom Hydranten geklaut, und der Hausmeister meint, ich bin's gewesen, und gibt mir kein Wasser mehr ab. Was sollte ich mit einem Hydrantenschlüssel? Ich habe auf den Klamotten fünf Sonnenblumen gesät. Sie wachsen nun und brauchen Wasser."
Nach diesen Worten wurde es in dem Friseurladen warm und frohgemut. Herr Józef griff lächelnd nach dem Zerstäuber mit Kölnischwasser und sah kopfnickend dem Jungen zu, der die Büchse füllte. Beide lächelten einander an. Im Weggehen blieb der Junge neben meinem Sessel stehen, reckte den Hals und sah zu Herrn Józef auf, der mir den Kopf bestäubte.
„Spritzen Sie mich auch mal, ja?" bat er und riß die Nase noch höher.
Herr Józef drückte auf den Zerstäuber und hüllte den Kopf des Jungen in eine Wolke winziger, duftender Tröpfchen.
„Ah", seufzte der Junge selig, den Duft einatmend. Dann klingelte er leise und entschwand.
Ich habe die Okkupation überlebt, obwohl ich mir bei nüchterner Überlegung nicht die geringste Chance gegeben hatte. Oft gedenke ich des kleinen Gärtners, denn er hat, glaube ich, die Liebe zum Leben, die in mir gestorben war, neu geweckt.

Bohdan Czeszko

Die Überschwemmung von Città morta

Inhalt:	Ein Unwetter bewirkt die Überschwemmung einer kleinen Stadt.
Symbolwort:	Wasser
Was gezeigt wird:	Die vom Menschen nicht beherrschbare Kraft der Elemente, hier des Wassers, das unvorhersehbare Katastrophen auslösen kann.
Biblische Anklänge:	Naturkatastrophen wie die Sintflut, Dürrezeiten oder auch die Schrecken, die in der Offenbarung des Johannes beschrieben werden, werden als Werk Gottes gedeutet – Instrumente seines Strafgerichts, Aufforderungen zur Umkehr vom (bösen) Wege. Ziel ist in jedem Fall der Hinweis, daß menschliche Handlungen oder auch deren Unterlassung konkrete Folgen haben. Es wird kein Zweifel daran gelassen, daß am Ende der Zeit nicht das Chaos, sondern das Reich des Friedens Umfeld des Menschen sein wird. Das bewahrt die Menschen vor panischer Furcht vor der Zukunft und appelliert an ihre Bereitschaft, Mitarbeiterinnen und Mitarbeiter des Friedensreiches zu werden. Gegenbilder zur Wasserkatastrophe: Verheißungen dieses Reiches z.B. in Jesaja 44, 2-4 und Offenbarung 22.
Vorlesezeit:	6 Minuten ●●●

Der Gießbach tobte, es war, als ob trunkene und fröhlich-zornige Riesen sich darin träfen, ihre Hände und Bärte fuhren ineinander, ihre Leiber umschlangen sich, und sie verharrten einen Augenblick sich erprobend auf der Stelle. Das Wasser hatte nämlich aus Oliven, Rebranken, Steinen und Erde in wenigen Augenblicken einen Damm gebildet, der zwar nicht alles Wasser staute, doch weitaus das meiste. Und derweil schoß es johlend weiter von oben herab in den Gießbach, Wogen ritten auf Wogen, und immer noch stieß der schlangenhafte Zustrom von der Seite her in den schnell wachsenden Hexenteich, in diese neue, viel größere Zisterne. Es entstand ein Strudel, in welchem das Wasser als gewaltige Gewichtsstücke im Kreise herumgeschleudert wurde. Der Damm aber hielt, hielt so lange, bis sich in der hier bereits buchtartigen Einkerbung des Gießbaches ein richtiger Teich gebildet hatte, eine kleine Talsperre auf halber Bergeshöhe mit einer Sperrmauer aus Bäumen und Erde und Reisig, eine mehr geflochtene Mauer, die sich wie ein Korb immer mehr nach außen bog und dann brach.

Die Wasserwoge pfiff durch die freie Luft, viel lauter als der Sturm, und prallte dann auf, etwa fünfzig Meter tiefer am Berghang. Felsblöcke stürzten mit, der Berg bebte. Der Gießbach war eine Sturzflut geworden, er rauschte nicht mehr mit nassem, lamentierendem Tosen, er brüllte, donnerte; die herabpolternden Felsen klangen wie der Galopp einer Herde von Pferden, und der Bug dieses zu einer Einheit gewordenen Wesens aus Wasser und Steinen ließ die

Luft zerbersten in einem dumpfen Fauchen. Eine Meereswoge auf dem Trok-
kenen, sauste es auf dem nächsten Weg, wie von der Brandung drunten heim-
gerufen, über die Steilhänge, wo der Gießbach gestern noch seine, wie die
Fremden sagten, so idyllischen und japanisch anmutenden Wasserfälle bildete. Felsbrocken schleudernd und Bäume knickend fegte die Flut nun, ehe sie
noch den „großen Wasserfall" erreichte, schräg über den Berg und stürzte in
der Nähe des Tunnelausganges auf die Schienen, von den Stationslichtern
aus der Ferne angeleuchtet. Zuerst erschien der Gischt des Wogenaufpralls
wie eine nicht von oben, sondern aus der Erde emporspringende Wassersäu-
le. Das Gleis war sofort mit Felsbrocken bedeckt und von der bohrenden
Strahlung des Wassers unterhöhlt; und quer über den Schienenstrang donnerte das wilde Element weiter hinab, nun am Osthang der Mittelstadt die
Terrassengärten hinunter, durch die Türen und wieder zum Fenster hinaus.
Hier wurde ein altes Kuppeldach von den Hufen des Wassers, den mitgerisse-
nen Steinen nämlich, zusammengetreten; dort drückte der weiche Bug des
Wassertieres eine Wand ein, und mit dem Schlagen des Schweifes legte es in
einer jähen Windung eine Hausecke um.
Endlich fanden sich die aus der Bahn gehobenen Wasser unterhalb des „großen Wasserfalles" in der Schlucht wieder, im Bachbett, wurden zu einem
„Fluß", der diesmal auf eine schreckliche Weise den Namen verdiente, indes
höchstens fünf Minuten lang. Doch in dieser kurzen Zeit und eigentlicch erst
hier in der Schlucht, wurde das Element den Menschen zum Verderben, hier
erst ersäufte es die Schlafenden und floh zum Meer. Und nach kurzer Zeit gab
es nur noch oder wieder den Gießbach, ein bißchen geschwollen zwar von
Regen und Schmelzwasser, aber gegen Morgen schon wieder ganz der alte
wohlbekannte „Fiume" zur Winterzeit, der die östliche Schlucht mit seinem
leisen Geplätscher erfüllt.
Die verirrte Woge aus der Höhe kam so überraschend zu Besuch nach Città
morta, daß die Betroffenen sie erst bemerkten, als sie unter den Haustüren,
die ja in dieser Gegend meist unmittelbar in die Zimmer führten, herein-
schoß: zuerst wie ein gegen die Tür geworfener Eimer Wasser, dann wie ein
starker Strahl aus einem Sprengschlauch, und schließlich wie ein einziger
weicher großer Muskel, der gegen die Tür drückte, bis sie knackte, stöhnte
und schließlich aus dem Rahmen brach. Und das ging so schnell, daß die Leute keine Zeit hatten, aus ihrer Verwunderung dem Schreck zu verfallen. Zu
allem Unglück hatte das Unwetter auch noch die elektrische Lichtleitung zerstört, und so stießen jene, die, durch irgend etwas gewarnt, flüchten wollten,
gegen die weiche Mauer der Finsternis drinnen in den Häusern wie draußen.
Der Himmel war von Wolken ganz zugewachsen, und die Menschen tapsten

und schlüpften umher wie Kaninchen unter den Tannenästen bei Neumond. Und das Wasser packte sie aus dem Dunkel her, wickelte sie ein, trieb sie wie Kreisel. Die Stimme des Wassers füllte die Schlucht, es wurde kein Geschrei gehört, nur einige Hunde heulten.

In dieser Nacht verloren in der kleinen Stadt Città morta über siebzig Menschen ihr Leben, sie wurden ersäuft, erschlagen, irgendeine Treppenstufe herabgespült, und das Wasser herrschte kaum eine Viertelstunde lang über der Stadt.

Stefan Andres

Wasser

Inhalt:	Weit von jeder Oase entfernt graben Ziegenhirten in einem Wüstental ein Loch und finden Wasser.
Symbolwort:	Wasser
Nebenaspekt:	Quelle, Wüste
Was gezeigt wird:	Der unschätzbare Wert des Wassers für das Leben auf der Erde.
Biblische Anklänge:	1. Mose 26,19 finden die Knechte Isaaks eine Quelle. In der Heilszeit sollen „Wasser in der Wüste hervorbrechen" (Jesaja 35,6) — ein kaum überbietbares Hoffnungsbild, bedenkt man die Verhältnisse in der Wüste.
Vorlesezeit:	3 Minuten ●●

Wir waren tagelang durch die Sahara gefahren. Immer wieder staunten wir, wie die einheimischen Fahrer unserer Jeeps den Weg durch die sich so sehr gleichenden Trockentäler und Sandwüsten fanden. Es war uns, als lebten wir in einer anderen Welt. Der Weg führte an Felsen vorbei, die im Morgen- und Abendlicht in herrlichen Farben leuchteten. Manchmal lag die Wüste topfeben vor uns, so daß man sich völlig verloren und nichtig vorkam. Dann wieder erhoben sich die Sanddünen wie gewaltige, vom Wind wunderschön geformte Berge rechts und links der Piste. Wie glücklich war man über das Grün der Oasen, wie genoß man dort das Wasser der Brunnen! Ja, daß Wasser wichtiger als alles andere ist, haben wir in der Wüste erfahren. So teilten wir auch unsere Wasservorräte gut ein und füllten sie in jeder Oase sorgfältig auf.

Eines Tages machten wir in einem Wadi, einem Trockental, Rast. Zu beiden Seiten erhoben sich kahle Berge, das Flußtal lag wie eine Sandstraße dazwi-

schen, und man hätte nie geglaubt, daß hier in dieser Öde je ein Fluß geflos-
sen sei. Es dauert ja oft Jahre, bis es hier einmal regnet. Dann allerdings sammelt sich das Wasser in solch einem Tal und wird zu einem reißenden Strom.
Als wir nun in der Mittagshitze vor uns hindösten, näherte sich von fern eine
Ziegenherde mit ihren Hirten. Im weiten Umkreis gab es keine Oase. Nie hätten wir gedacht, daß die Tiere hier noch irgendwelche Nahrung finden könnten. Sie zogen durch das Tal und hielten an. Neugierig gingen wir auf die Herde zu.
Da sahen wir, wie ein Hirte sich daranmachte, ein Loch in den Sand zu graben. Flink warf er den Sand mit einer einfachen Schaufel hoch. In etwa zwei
Meter Tiefe wurde die Erde feucht, und auf einmal sah man am Grund der
Grube Wasser. Der Hirte begann zu rufen, und die anderen Hirten versammelten sich lebhaft und freudig erregt um die Grube. Sie brachten Blech-
schüsseln herbei, reichten sie dem Hirten hinunter, und dieser füllte die
Schüsseln immer und immer wieder mit Wasser. Dies wurde oben in ein großes Gefäß gegossen, aus dem die Tiere gierig tranken. Erst als die Tiere versorgt waren, begannen die Hirten selbst zu trinken, Gesicht und Hände zu
waschen. Sie lachten und freuten sich, das alles wirkte wie ein Fest.
War es nicht auch ein Fest? Ich blickte um mich. Da gab es nichts als Sand,
Steine, eine sengende Sonne, totale Wüste. Und hier mitten drin, nur zwei
Meter unter der Erde Wasser! Wasser, das Leben ermöglichte, Wasser, das
hier mehr wert war, als alle Schätze der Welt! Man mußte es nur zu finden
wissen.

Mechtild Theiss

Der Strom

Inhalt:	Während des Aufenthalts im Hafen stürzt ein kleines Kind vom Schiff ins Wasser.
Symbolwort:	Wasser
Was gezeigt wird:	Die kulturelle Nutzung der Wasserstraßen als völkerverbindender Handelsweg und die Gefährlichkeit dieses Lebensraums.
Biblische Anklänge:	Das Wasser fließt unaufhaltsam dahin und wird so zum Bild des Vergänglichen und des Todesschicksals. „Wasser wäscht Steine weg, und seine Fluten schwemmen die Erde weg, so machst du die Hoffnung des Menschen zunichte" (Hiob 14,19).
Vorlesezeit:	6 Minuten ●●●

Wie ein Schleier liegt der Herbstnebel über der Stadt.
Im Rheinhafen tauchen die Ausleger der Kräne verschwommen aus dem
Grau. Nur für einen Augenblick ist das schwarze Eisengerippe sichtbar.
Dann verschwindet es wieder. Das Summen der Elektromotoren vermischt
sich mit den andern Geräuschen: Ganz in der Nähe manövriert ein Chauffeur
seinen Lastwagen an eine Rampe. Vom Rhein her hupt immer wieder ein
Schiff, und ein Matrose, der das Reibholz oder die Taue nicht findet,
schimpft über das Wetter. Eine Rangierlokomotive rattert über eine Weiche,
und bald darauf prallen die Puffer zweier Güterwagen zusammen.
Das Grau des Nebels verwandelt sich in Gelb. Die Sonne drückt. Bald ist der
Himmel blau. Der Wind fegt die Nebelfetzen, die noch auf dem Wasser tan-
zen, weg. Was vorher traurig und geheimnisvoll war, wird im Licht der
Herbstsonne farbig und klar. Am Klybeckquai stehen zwei Zöllner in grünen
Umhängen. Sie überwachen das Löschen der Tankschiffe und haken mit gel-
ben Kugelschreibern Positionen auf ihren Dokumenten ab. Deklaranten
eilen mit Frachtbriefen und Warenmustern geschäftig von den Büros ins
Zollgebäude und von den Schiffen in die Lagerhäuser. Ein Lehrling sitzt am
Rheinbord und beißt in ein Wurstbrot.
Vom holländischen Kahn bellt der dunkelweiße Spitz eine Tigerkatze an, die
auf einem Poller am Ufer liegt und faul in die Sonne blinzelt. Die Laderäume
des Kahns sind leer, der Schiffsrumpf ragt weit über den Wasserspiegel. Der
Kapitän steht in Pantoffeln und unrasiert auf der Brücke vor dem Steuerhaus.
Er gähnt und schaut verloren auf die Kirche von Hüningen am andern Ufer.
Die Bäume auf dem kleinen Platz vor dem Gotteshaus sind bunt und verlieren
die ersten Blätter.
Über die Quaistraße kommt die Schiffersfrau. Sie ist klein und dick. Sie hat
in Kleinhüningen eingekauft und schleppt schwitzend drei volle, schwere Ta-

schen, aus denen oben heraus Spaghettis, einige Dosen, ein Kopfsalat und eine Tüte Bonbons gucken. Neben und hinter der Frau trippeln, wie Küken um die Henne, vier Kinder. Die Mutter hat im Kaufhaus jedem eine kleine Plastiktrompete gekauft. Die Kinder strahlen. Solche Geschenke gibt's nicht jeden Tag.

Die Laufplanke biegt sich unter dem Gewicht der Mutter tief gegen das Wasser. Wie Flaumfedern folgen ihr die Kinder.

Die Schiffersfrau verschwindet in der Wohnung. Der Kapitän kommt vom Steuerhaus herunter und folgt ihr. Die Kinder formieren sich zu einem Umzug. Sie marschieren auf dem Gangbord rund ums Schiff: vorne das etwa siebenjährige Mädchen. Es ist bleich, trägt einen kurzen verwaschenen Rock, und seine Arme und Beine sind mager. Ihm folgen zwei jüngere Knaben, und am Schluß watschelt die wohl vierjährige Kleinste, rund wie die Mutter, mit schwarzen Haaren.

In den Lärm des Hafenbetriebs und ins Rauschen des Stroms mischen sich jetzt die heiseren Töne der Plastiktrompeten. Für einen Moment wird der Kinderumzug zum Mittelpunkt des Hafens. Die Zollbeamten lachen. Der Kranführer winkt aus seiner Kabine. Der Lehrling pfeift durch die Finger. Der Spitz bellt.

Aber bald wenden sich die Männer wieder ihrer Arbeit zu. Sie laden ein und aus. Sie kontrollieren. Sie deklarieren.

Da: ein Schrei. Drei Kinder hasten zur Wohnung. Eines fehlt: das kleinste, das runde mit den schwarzen Haaren.

Der Vater stolpert aus der Wohnung. Er ist barfuß. Alle hasten zum Bug des Schiffes. Die Kinder zeigen aufs Wasser. Dorthin, wo ihre kleine Schwester hineingefallen ist.

Der Vater stürzt sich in den Strom. Er taucht unter. Eine Ewigkeit vergeht. Jetzt erscheint sein Kopf über dem Wasser. Er holt Luft. Wie ein Wahnsinniger schwimmt er gegen den Strom, will ihn mit seinen Armen teilen, damit er auf den Grund sieht. Dann taucht er wieder unter. Immer wieder holt er Luft, immer wieder taucht er. Stumm und verbissen kämpft er mit dem Strom, der ihm sein Kind entrissen hat. Endlich klammert er sich erschöpft ans Steuerruder, das am Heck aus dem Wasser ragt. Sein Hemd klebt am Körper. Das Wasser läuft ihm aus den Haaren. Sein Gesicht ist kreideweiß.

Jetzt schreit er. Der Schrei ist voll von Verzweiflung, voll von Schmerz. Einer der Zöllner wirft einen Rettungsring ins Wasser. Ein Deklarant eilt mit einer Stange herbei. Der Lehrling rennt ins Büro und telefoniert mit dem Notfalldienst. Alle wollen helfen. Und alle wissen, daß sie nicht helfen können.

Draußen auf dem Strom fährt ein kleines Passagierschiff vorbei. Schüler ste-

hen auf dem Deck. Sie lärmen, lachen und winken. Aus dem Bordlautsprecher tönt Musik. Möwen treiben auf den glitzernden Wellen oder fliegen hinter dem Schiff her.
Kräne drehen sich. Eine Rangierlokomotive pfeift. Und auf den Wellen schwimmt eine rote Plastiktrompete.

Werner Laubi

Christof findet Wasser

Inhalt:	Beim Graben in seinem Sandkasten stößt Christof auf Wasser.
Symbolwort:	Wasser
Nebenaspekt:	Brunnen
Was gezeigt wird:	Das Wasser, das aus der Erde kommt, ist ein ganz besonderes Wasser. Es ist beinahe etwas Heiliges.
Biblische Anklänge:	Das Heilige im Wasser wird besonders deutlich in der Geschichte von Jesus und der Samariterin. „Wer von dem Wasser trinken wird, das ich ihm geben werde", sagt Jesus, „den wird ewiglich nicht dürsten, sondern dieses Wasser wird in ihm ein Brunnen des Wassers werden, das in das ewige Leben quillt." (Johannes 4,13f.).
Vorlesezeit:	4 Minuten ••

Christofs Eltern hatten ein Haus am Waldrand gebaut, noch ein gutes Stück vom Dorf entfernt. Und Christofs Vater hatte hinter dem Haus einen Sandkasten mit allerfeinstem, sauberem Flußsand angelegt.
Und nun saß Christof im Sandkasten und grub. Erst grub er mit der Sandschaufel, dann holte er aus der Garage eine uralte Kohlenschaufel. Das Loch wurde immer tiefer. Schließlich mußte er es verbreitern, damit er noch bis auf den Grund reichen konnte. Er lag platt auf dem Bauch und kratzte und schabte.
„Wo willst du denn noch hin, Junge?" fragte der Vater.
„Bis dorthin, wo kein Sand mehr ist", antwortete Christof.
Die Plastik-Sandschaufel zerbrach, die Kohleschaufel wurde zu schwer. Christof arbeitete mit einem ganz gewöhnlichen Suppenlöffel weiter. Es sollte ein ganz tiefes Loch werden, tiefer, als er je bisher ein Loch gegraben hatte. Und bald langte er dort an, wo kein Sand mehr war, und stieß auf eine braungelbe, schmierige Schicht.
„Lehm", sagte der Vater, der Christof zusah.

„Gib acht", meinte Herr Walzel, der Nachbar, der hinter dem Zaun stand,
„bald wirst du auf der anderen Seite der Erdkugel wieder herauskommen."
Aber das sollte nur ein Witz sein.
Es war ganz merkwürdig: auf dem Grund des Lochs wurde es immer kühler
und feuchter. Der Lehm ließ sich formen. Formen läßt sich nur etwas, was
mit Wasser angerührt ist. Christof spießte einen spitzen Stock in den Boden
seines Lochs. Als er ihn wieder herauszog, hatte der Stock eine nasse Rinde.
Aber nun rief ihn die Mutter zum Kaffee ins Haus. Als er eine halbe Stunde
später wieder zu seinem Loch kam, stand Wasser darin, so hoch, wie sein
Zeigefinger lang war.
„Ich hab Wasser gefunden, ich hab Wasser gefunden!" rief er aufgeregt und
ließ sich von der Mutter ein Likörglas geben. Das senkte er ins Loch und füllte es mit Wasser. Das war trüb und gelblich-bräunlich. Er zeigte es Vater,
Mutter und Herrn Walzel.
„Laß es eine Weile stehen", sagte der Vater, „dann setzt sich der Schmutz."
Christof stellte das Glas auf den Wohnzimmertisch und setzte sich davor. Er
ließ das Wasser nicht aus den Augen. Er beobachtete, wie es langsam, langsam immer durchsichtiger wurde und wie sich langsam, langsam eine braungelbe Schicht auf dem Boden des Likörglases absetzte.
Er hielt lange neben dem Glas aus, obwohl es ein so heißer Tag war, daß ihm
der Schweiß über die Schläfen lief. Und obwohl ihn der Vater eingeladen hatte, mit ihm in den Supermarkt zu fahren, zum großen Einkauf. Da war er
doch immer gern dabei. Sicher hätte ihm der Vater dort ein Eis spendiert.
Aber das wäre ein Eis aus fremdem Wasser gewesen.
Christof beobachtete das Glas, bis das Wasser ganz klar war. Er betrachtete
das Wasser andächtig: sein Wasser! Vorsichtig, ohne die braune Schicht auf-
zuwirbeln, hob er das Glas und trank. Er trank das ganze Klare über dem
Schmutz. Danach fühlte er sich kühl und wohl. Er wusch das Glas in der Küche aus und lief mit ihm hinaus, um es auch für seine Eltern zu füllen.

                                                                    Gudrun Pausewang

Wasserwege

Inhalt:	Während der Ferien im Gebirge entdeckt Karin in der Nähe einer Kapelle eine Quelle; aber diese Quelle ist bedroht…
Symbolwort:	Wasser
Nebenaspekt:	Quelle
Was gezeigt wird:	Der Weg des Wassers von der kleinen Quelle bis in das Meer. Die Reinheit des Quellwassers. Die Notwendigkeit, die Quellen zu beschützen.
Biblische Anklänge:	Ein sehr schönes Beispiel sowohl für die leibliche wie für die geistliche Bedeutung des Wassers als Bedingung äußerlichen und innerlichen Wachstums findet sich in der Josephsgeschichte. Der väterliche Segen, der Josephs segensreiches Wirken in Ägypten zusammenfaßt und ein Ausblick in die Zukunft ist, lautet: „Joseph wird wachsen, er wird wachsen wie ein Baum an der Quelle…" (1. Mose 49,22). Oder in der Sprache der Psalmen: „Bei dir ist die Quelle des Lebens" (Psalm 36,10).
Vorlesezeit:	7 Minuten ●●

In den Sommerferien verreiste Karin mit ihrer Mutter ins Gebirge nach Schöntal. Bisher hatten sie den großen Jahresurlaub jedesmal an Meeresstränden verbracht. Längst aber wimmelten ihnen dort auf den sandigen oder steinigen Stränden zu viele laute Menschen. Die Meeresluft roch trotz mancher Umweltkatastrophen zwar immer noch angenehm frisch. Aber die Mutter hatte gesagt: „Einmal möchte ich viel, viel Grün sehen und riechen!" Und sie hatte Schöntal vorgeschlagen.

Zuerst war Karin ja nicht begeistert. Inzwischen jedoch freute sie sich auf jede neue Wanderung, sogar bei Regen, wenn die Luft mindestens so würzig duftete wie am Meer. Das kam wohl von den weiten, sich auf- und abwellenden Wiesen, durch die Karin am liebsten spazierte. Es führten helle, grobsandige Wege hindurch, ganz anderer Sand als am Meer.

In ihrer vorletzten Urlaubswoche gerieten Mutter und Tochter auf den Kapellenweg. Dort stand zwischen hügeligen Wiesen an einer Wegkreuzung ein weißes, halboffenes Häuschen. In seinem zierlichen Dachtürmchen hing gut sichtbar eine blumentopfgroße, richtige Kirchenglocke. In der höhlenartigen Nische darunter gab es einen schulbankbreiten Altar und darauf, zwischen immer frischen Blumen Kreuz, Marienbild und allerlei Kerzen. Einige erhellten die etwas schummrige Altarnische. Man konnte sich davor auf die schmalen drei Bänkchen setzen. Vor Regen schützte das von stämmigen Holzsäulen getragene Schindeldach.

Beim ersten Mal hatten Mutter und Karin hier Schutz vor einem kurzen Gewitter gefunden. Nach dem einzigen Regenschauer entschieden sie sich, auf dem hügelansteigenden Pfad weiterzugehen. Er verlockte, weil an seinem Ende Wiese und Himmel scheinbar aneinandergrenzten. Das erinnerte ein wenig an Meereshorizonte, so viel riesiger sich diese auch weiteten. Nach der rechten Wegseite fiel das Gelände etwas steiler ab. Dort war es sumpfig, da wuchsen Knabenkraut, Wollgras, Federnelke, Teufelskralle und sogar einige steil gesträubte Binsenbüschel.

Und an dieser Stelle, mitten auf dem hellen kiesigen Weg, sah Karin zum ersten Mal im Leben eine Quelle aus der Erde sprudeln. Sie traute ihren Augen nicht, hockte sich nieder und fragte: „Es ist doch eine Quelle, nicht?"

„Das werden wir ja gleich feststellen", antwortete die Mutter und hockte sich neben Karin. Das Wasser bewegte sich wie bei kullerndem Kochen. Glasklar quoll es aus dem Boden. Und genau dort wirbelte es mit zarter Kraft grobe Sandkörner auf, die um den Sprudel kreisten.

„Steck mal an der Stelle den Finger in den Boden", riet die Mutter. Vorsichtig stieß Karin den Zeigefinger ins pfützenflache Wässerchen. Sie fühlte das kühle Quirlen. Als wollte sie sich das angenehme Gefühl für alle Zeiten einverleiben, machte sie die Augen zu und tastete mit der Fingerspitze etwas tiefer.

„Es ist ein richtiges Loch", erklärte sie der Mutter, „als ob das Wasser sich da unten von allen Seiten zusammenzieht und genau hier herauswill. Nicht dicker als mein Finger."

Als sie den zurückzog, sah man das Loch eine Weile, ein kleines rundes Dunkel, aus dem es quoll und quoll. Bis wieder Erdkörnchen hineinstrudelten und es locker abdeckten. Karin stieß daneben noch einmal in das kalte Naß. Es sah so rein aus, daß sie am liebsten davon getrunken hätte. Wieder spürte sie das lustige Gequirle, wieder blieb ein dunkles Löchlein zurück, als hätte sie soeben erst die Quelle gebohrt. Die wusch — Körnchen um Körnchen — ein kleines Becken in den Weg. Darin sammelte sich das Wasser, bis es nach rechts ins sumpfige Gelände abfloß.

Von nun an suchte Karin kein Wanderziel so oft und gern wie den Kapellenweg. Manchmal trafen sie dort andere Wanderer. Jeder hielt an vor der winzigen Quelle und hockte sich nieder und freute sich. Bei Regenwetter sprudelte die Quelle lebhafter, bei längerer Trockenheit spärlicher. Das kleine Sammelbecken um sie herum sah von Mal zu Mal größer aus. In den ansteigenden Wiesen sammelte sich das Wasser nach Regenfällen und drängte ausgerechnet auf dem Wanderpfade aus der kiesigen Erde.

„Es kommt sauberer heraus, als Regen und Schnee sind, die in die Wiese sickern", erklärte ein älterer Wanderer, „der Erdboden reinigt es wie ein Filter."

Karin rätselte, wohin es wohl flösse?

Lachend antwortete der Mann: „Man mag's kaum glauben: Ein Wasserweg von hier bis ins Schwarze Meer! Das ist kein Witz, Kind. Schau hinab in die Wiese. Der dünne Graben dort fängt das Quellwasser als erster auf. Von ihm rinnt es weiter unten in den Erlenbach. Der trägt es schon flotter in die breitere Bergache. In ihr schäumt es in die Salzach. Die mündet in den Inn, der in die Donau, und die Donau..."

„Fließt ins Schwarze Meer", rief Karin und wußte, daß es von da weitergehen konnte ins Mittelmeer, an dem sie voriges Jahr die Ferien verbracht hatten, und von da...

„Und ich steh an einer der Quellen, und sie ist so klar und rein", sagte sie andächtig.

Düster erwiderte der Mann:

„Die will der Bauer morgen verlegen und hier zuschütten. Er meint, eine Quelle gehört nicht auf einen Weg. Jemand könnte stolpern. Auch könnte bei der Heuernte ein Rad von seinem Traktor darin hängenbleiben. Na, du weißt schon."

Sekundenlang verschlug es Karin die Sprache. Der Wanderer verstand sie auch so. Etwas leiser, wie ein Verschwörer, versuchte er sie zu trösten:

„Wir Urlauber aus meinem Hotel wollen dagegen protestieren. Morgen ab sechs Uhr früh ziehen wir hier auf. Mindestens acht Mann! Verpflegung wird mitgebacht. Wasser gibt's hier ja gratis. Eine richtige kleine Demo, sozusagen. Und wenn es klappt, stiften wir eine Kerze für die Kapelle."

„Da sind wir aber dabei!" sagte Karin energisch und blickte auf ihre Mutter. Die nickte einverstanden: „Obwohl es unser letzter Urlaubstag ist. Wir sind dabei."

Eva Rechlin

Die Quelle

Inhalt:	Zwei Jungen erleben in den Ferien das gewaltige Schauspiel aus der Erde hervorschießender Wassermassen.
Symbolwort:	Wasser
Nebenaspekt:	Quelle
Was gezeigt wird:	In verschwenderischer Fülle hält die Erde Wasser bereit. Sie ist durchpulst von Wasserströmen, wie wir durchpulst sind vom Kreislauf des Blutes.
Biblische Anklänge:	„Weißt du nicht? Hast du nicht gehört? Der Herr, der ewige Gott, der die Enden der Erde geschaffen hat, wird nicht müde noch matt… Er gibt dem Müden Kraft…" (Jesaja 40,29).
Vorlesezeit:	6 Minuten ●●●

Letztes Jahr im Sommer war ich mit meinen Eltern in der Provence. Diese Landschaft in Frankreich ist sehr schön gelegen und von einer besonderen Helligkeit. Trotzdem habe ich gedacht, daß es bestimmt recht langweilige Ferien würden, weil Thomas, mein bester Freund, nicht mitfahren konnte. Wir wohnten in einem kleinen Ferienhäuschen an der Küste, und glücklicherweise lernte ich dort recht bald einen französischen Jungen kennen. Er war ein Jahr älter als ich und hieß Jacques.

Keiner verstand die Sprache des anderen, und trotzdem spürte ich von der ersten Stunde an, daß wir uns mochten.

Tagsüber streiften wir zusammen durch die Weidegründe und schauten den wilden Pferden zu, wie sie mit Leichtigkeit über Tümpel und Gräben hinwegsetzten. Und wenn die gesamte Herde floh, dröhnte die Erde unter den Hufschlägen, und dieses Geräusch, die heftige Erschütterung des Bodens, blieb noch lange in uns. Besonders zart wirkten die Flamingos im Morgenlicht. Auf einen einzigen Schrei breiteten sie ihre Schwingen aus und flügelten mit tänzerischen Bewegungen halb fliegend, halb vorwärtsflatternd über die Brandung hinaus.

Die Tage am Meer, die neuen Erfahrungen mit Tieren in der lichtvollen Landschaft mit dieser herrlichen Sonne und vor allem mit meinem Freund Jacques verliefen spannend und abenteuerlich. Wir verständigten uns über die Sinne, über Schmecken, Spüren, Deuten und Sehen. Gerade das Bedürfnis, einander nahe zu sein, und die Gemeinsamkeit im Erlebnis machte unsere Freundschaft so wohltuend.

Eines Tages kam mein Vater am frühen Morgen zu uns und meinte:

„Wir fahren heute zur „Fontaine de Vaucluse", der berühmtesten Quelle in

der Provence, und Jacques darf auch mit, ich habe bereits mit seinen Eltern gesprochen. "
Wir beide waren nicht gerade begeistert, aber Vater sagte das mit einer solchen Bestimmtheit, daß uns kein Einwand mehr blieb. Gewiß, eine Quelle ist immer etwas Außergewöhnliches. Vor Jahren sind wir dem Flußlauf der Kahl bis zu ihrem Entspringen gefolgt, und es war verblüffend, wie das Wasser langsam aus dem Boden quoll, sich in einer Vielfalt von kleinen Rinnsalen sammelte, plötzlich und ohne ersichtlichen Grund mit einer Klarheit und Stetigkeit zu fließen begann. Ich konnte trinken davon, und es schmeckte viel besser als anderes Wasser, weil es unmittelbar aus der Erde kam und mitten im Sommer erstaunlich kühl und erfrischend war.

Jacques und ich, wir wären beide zwar viel lieber an der Küste geblieben und hätten gerne die wilden Pferde belauscht, aber jetzt, da wir bereits im Auto saßen, war ich sehr gespannt auf die Quelle, die Vater uns zeigen würde. Die Fahrt dauerte lange, es war heiß im Wagen und wir schwitzten. Endlich kamen wir an. Wir parkten das Fahrzeug oberhalb eines Dorfes und stiegen zu Fuß durch eine hügelige, fast gebirgige Landschaft. Einzelne Felsblöcke lagen umher, und die Vegetation wurde karg und dürftig.

Als wir am Ende eines Pfades angelangt waren, hörten wir ein starkes Brausen und Gischten. Mitten aus grobem Felsgestein stießen die Wassermassen hervor und ergossen sich in einen dahinflutenden Bachlauf. Zuweilen brach eine mannshohe Fontäne aus der Erde, stürzte in ihrer Fülle gleich wieder zusammen, schwappte über die Findlinge am Ufer des Flußbettes. Wir erlebten ein gewaltiges Schauspiel, als bestünde das Erdinnere nur aus einem einzigen Wasserschwall und hätte es gerade an diesem Felsen geschafft, ein Loch in die Erdkruste zu reißen. Wie in einer dauernden Explosion schien sich das Wasser nach oben zu schleudern.

Dort warf es sich nun gewaltsam heraus wie ein fauchendes Tier, das sich in seinem Verströmen nur langsam beruhigt. Ohne Pause, rastlos in seinem dumpfen Geräusch, in seinem Hüpfen und Zerstieben quoll es den Berg hinab, und wenn man die Hand hineintauchte, war es kalt wie Eis.

Wir sprachen nichts, saßen auf einem Felsen und staunten. Selbst wenn wir uns bemüht hätten zu reden, die Laute wären verschluckt worden vom Brüllen des Wassers.

Ich konnte meinen Blick nicht von der Quelle wenden, wie sie energisch in die Luft stieß, als wolle sich das Wasser vom Stein befreien, als wäre es seit Jahrtausenden gefangen hinter den Quadern und käme mit seinem Entspringen ganz unverbraucht in ein neues Leben. Wie vom Puls einer geöffneten Ader getrieben schoß es aus dem Stein mit unverminderter Wucht.

Es war ein überwältigendes Erlebnis und wir wollten uns nicht trennen von diesem Ort, als könnte man gerade hier eine andere Kraft erfahren, das Herz füllen mit Leben. Und je länger ich in diese unversiegbare Quelle schaute, desto mehr spürte ich dieses Fließen durch mich hindurch, als wäre ich ein Teil dessen, was um mich herum geschah.

Später entfernten wir uns, setzten uns an den Rand einer Wiese, waren noch ganz erschöpft von der Plötzlichkeit des Erlebnisses. Noch jetzt drangen die dunklen Geräusche aus der Quelle an unser Ohr. Ich fragte Vater, woher die ungeheure Menge an Wasser und ihre Energie kommen könnte.

Er saß da, schaute in die Sonne, schwieg und dachte nach. Schließlich meinte er, daß ihn diese Fülle, dieses springlebendige Fließen oft an Gott erinnere, dessen Kraft nicht versiegt, dessen Vorhandensein immer gegenwärtig ist, obwohl wir ihn nicht sehen, der einfach da ist, auch wenn wir seinen Ursprung nicht verstehen und sein Dasein nicht ergründen können.

Jacques hörte meinem Vater sehr aufmerksam zu, während er dies sagte. Wenn mein Freund auch unsere Sprache nicht verstand, so bin ich ziemlich sicher, daß er über den Ton von Vaters Stimme vieles erahnte, was die Worte meinten.

Kurt Hock

Ein tiefes Geheimnis

Inhalt:	Bei Großmutters Geburtstag diskutieren die Kinder und die Erwachsenen über die naturwissenschaftlichen Gegebenheiten von Sonne, Wind und Sternen. Der alte Brunnen aber weiß es besser...
Symbolwort:	Brunnen
Nebenaspekte:	Stern, Wind
Was gezeigt wird:	Unter bestimmten Voraussetzungen spiegelt sich im tiefen Brunnen am hellen Tag der Sternenhimmel. Die tiefste Tiefe spiegelt die höchste Höhe. Oben und unten erscheinen vertauscht: Der Blick in die Tiefe gewährt Einsicht in das, was oben ist.
Biblische Anklänge:	Unten auf der Erde, im Niedrigsten und Schutzbedürftigsten, in elender Umgebung und in der Nacht offenbart sich der Gott des Himmels: „Ehre sei Gott in der Höhe!" singen die Engel in der Weihnachtsnacht, und sie meinen das Kind in der Krippe: ein tiefes Geheimnis.
Vorlesezeit:	5 Minuten ●●

Sie saßen um Großmutters Geburtstagstafel, alt und jung, groß und klein. Kaffee und Kakao waren ausgetrunken, auf den Kuchentellern lagen nur noch Krümel. Die Älteren und Großen waren in Fahrt gekommen, redeten laut, und die Kinder hörten zu.

„Alles läßt sich naturwissenschaftlich erklären", behauptete Onkel Erik, „sogar, wie ihr den Kakaofleck aus Brittas Bluse wieder entfernt. Oder warum die Milch bei dieser Wärme sauer wird!"

„Und wie ist das mit dem Wind?" fragte Ulrich. „Woher kommt der?"

Rasch antwortete seine Kusine Britta: „Das ist ein Atem aus dem Himmel, ganz lebendig, wie wenn ich puste."

„Komisch", sagte Ulrich, „ich denke immer, da rührt der liebe Gott mit seinem Finger in der Luft herum, bis sie loswirbelt."

Die Erwachsenen lachten über die Kinder. Onkel Erik rief:

„Ihr habt ja Flausen! Natürlich läßt sich auch der Wind naturwissenschaftlich erklären. Man spricht zum Beispiel von Magnetstürmen. Das hängt mit der Sonne zusammen, mit ihren feurigen Ausbrüchen..."

„Dann glaube ich lieber, daß es von den Sternen kommt. Wenn sie so flimmern!" sagte Britta.

„Ganz hübsch", meinte ihre Mutter, „aber Sterne flimmern nur nachts. Und Wind weht auch am Tage."

Ulrich wollte Britta beistehen: „Aber nachts scheint keine Sonne samt Magnetausbrüchen!"

„Doch nur über der einen Erdhälfte, Junge! Das wechselt ja ständig rund um den Globus! Der hat bekannterweise immer gerade eine Tag- und eine Nachtseite!"
So und ähnlich schallte es nun von allen Seiten der Kaffeetafel. Die verschiedenen Eltern, Onkel und Tanten beruhigten sich nicht so schnell. Jeder wollte hören lassen, wie gut er Bescheid wußte. So hörte keiner, wie Britta zu Ulrich sagte:
„Ich weiß einen Platz, wo die Sterne auch am Tage leuchten. Aber es ist ein Geheimnis!"
„Auch am Tag?" fragte Ulrich. „Die Sterne?"
„Ja", erwiderte Britta. „Soll ich dir's zeigen?"
Ulrich nickte.
Da führte Britta ihn an der Hand nach draußen in Großmutters Garten. Ulrich blieb nach wenigen Schritten stehen und blinzelte hinauf zum hellen Frühsommerhimmel. Aber Britta zog ihn weiter:
„Da siehst du sie nicht. Komm mit nach da drüben!"
Sie führte ihn an einen alten Brunnen, den niemand mehr nutzte, obwohl tief unten immer Wasser stand. Die alte Steinfassung um den Brunnenschacht bröckelte unter dem Moos, das sie wie grüne Pelzflicken umwuchs. Bei jedem Besuch in Großmutters Landhäuschen waren die Kinder vor dem alten Brunnen gewarnt worden: „Nie zu nahe rangehen! Was da alles passieren kann!"
Um so vorsichtiger hatten sie es öfter versucht, bis Britta eines Tages jenes Geheimnis entdeckte.
Ulrich folgte ihr mißtrauisch.
„Warte", sagte sie, „laß mich erst nachschauen. Vielleicht sieht es auch nicht jeder? Oh ja, sie sind da. Komm, schau!"
Neben ihr beugte sich Ulrich achtsam über das grüne Mäuerchen. Er starrte in das dunkle, tief hinabgetriebene große Erdloch. Fast schwarz und doch glänzend lag da unten der kreisrunde Wasserspiegel. Und darin spiegelte sich am hellen Junitag ein Nachthimmel, in dem es funkelte wie von Tautropfen und Sternen zugleich. Sterne sahen die beiden Kinder, Sterne. Im Abgrund der schwarzen Erde auf schimmerndem Wasserspiegel ein rundes Stück Nachthimmel.
„Aber in Wirklichkeit", flüsterte Ulrich, „sind zwischen Stern und Stern ganze Welträume mit Planeten, Monden, Sonnen. Wie kommt all das hier in den Brunnen? Weiß das noch jemand?"
„Nur wir und Oma", antwortete Britta. „Es ist ein Geheimnis. Behalten wir's?"
Ulrich lächelte und nickte.

Eva Rechlin

„Wir wecken diesen Brunnen auf, und er singt..."

Inhalt: Der kleine Prinz trinkt Wasser aus dem Brunnen und belehrt seinen Gefährten, wie man das Wesen der Dinge entdeckt.

Symbolwort: Brunnen

Nebenaspekt: Wasser

Was gezeigt wird: Dieser kleine Text von Antoine de Saint-Exupéry enthält die denkbar liebenswürdigste Hermeneutik des Symbols: „Die Augen sind blind. Man muß mit dem Herzen suchen." Die Augen sind geschaffen für die Wahrnehmung in der äußeren Welt, die innere Welt erschließt sich auf dem Wege geduldiger Einfühlung, gründlicher Betrachtung, liebevoller Versenkung (vor allem auch in uns selbst).

Biblische Anklänge: Als Jesus einmal gefragt wird, warum er Gleichnisse erzählt, weist er seine Freunde darauf hin, daß es Leute gibt, die Augen haben und doch nicht sehen, und andere, die mit ihren Augen sehen und mit ihrem Herzen verstehen. Den einen ist die Einsicht in das Wesen der Dinge gegeben, den anderen nicht. Jesus, der blinde Menschen sehend macht, macht sie auch in innerer, geistiger Weise sehend: Sie können von nun an die Welt mit den Augen des Glaubens sehen. Das 13. Kapitel des Matthäus-Evangeliums stellt die Zusammenhänge dar. In demselben Evangelium (6,22f.) werden unsere Augen als des Leibes Leuchte bezeichnet, die Finsternis hervorbringen, wenn das Licht, das in dem Menschen ist, erloschen ist. Dieses innere Licht, das die Welt in das Licht des Verstehens und der Liebe rückt – ist es das, was die Bibel und der kleine Prinz in diesem Zusammenhang mit „Herz" meinen?

Vorlesezeit: 2 Minuten ●●

Der Brunnen, den wir erreicht hatten, glich nicht den Brunnen der Sahara. Die Brunnen der Sahara sind einfache, in den Sand gegrabene Löcher. Dieser da glich einem Dorfbrunnen. Aber es war keinerlei Dorf da, und ich glaubte zu träumen.

„Das ist merkwürdig", sagte ich, „alles ist bereit: die Winde, der Kübel und das Seil…"

Der kleine Prinz lachte, berührte das Seil, ließ die Rolle spielen. Und die Rolle knarrte wie ein altes Windrad, wenn der Wind lange geschlafen hat.

„Du hörst", sagte der kleine Prinz, „wir wecken diesen Brunnen auf, und er singt…"

Ich wollte nicht, daß er sich abmühte:

„Laß mich das machen", sagte ich zu ihm, „das ist zu schwer für dich."

Langsam hob ich den Kübel bis zum Brunnenrand. Ich stellte ihn dort schön aufrecht. In meinen Ohren war noch immer der Gesang der Zugwinde, und im Wasser, das noch zitterte, sah ich die Sonne zittern.

„Ich habe Durst nach diesem Wasser", sagte der kleine Prinz, „gib mir zu trinken..."

Und ich verstand, was er gesucht hatte.

Ich hob den Kübel an seine Lippen. Er trank mit geschlossenen Augen. Das war süß wie ein Fest. Dieses Wasser war etwas ganz anderes als ein Trunk. Es war entsprungen aus dem Marsch unter den Sternen, aus dem Gesang der Rolle, aus der Mühe meiner Arme. Es war gut fürs Herz, wie ein Geschenk. Genau so machten, als ich ein Knabe war, die Lichter des Christbaums, die Musik der Weihnachtsmette, die Sanftmut des Lächelns den eigentlichen Glanz der Geschenke aus, die ich erhielt.

„Die Menschen bei dir zu Hause", sagte der kleine Prinz, „züchten fünftausend Rosen in ein und demselben Garten... und doch finden sie dort nicht, was sie suchen..."

„Sie finden es nicht", antwortete ich...

„Und dabei kann man das, was sie suchen, in einer einzigen Rose oder in einem bißchen Wasser finden..."

„Ganz gewiß", antwortete ich.

Und der kleine Prinz fügte hinzu:

„Aber die Augen sind blind. Man muß mit dem Herzen suchen."

Antoine de Saint-Exupéry

Brot durch Steine

Inhalt:	Eine Familie sichert ihre Felder am Hang gegen den Verlust von Mutterde durch Regenfälle, indem sie in mühsamer Arbeit Steinwälle anlegt.
Symbolwort:	Stein
Nebenaspekt:	Erde, Wasser
Was gezeigt wird:	Viele Steine auf dem Acker bedeuten nicht unbedingt auch wenig Brot. Schutzfunktion der Steine, die als Wälle, Dämme und Mauern „Burgen" zum Schutz des Lebens bilden.
Biblische Anklänge:	Die Geborgenheit bei Gott wird häufig mit dem Bild der „Burg" (oft: „Zion") ausgedrückt. Gott schützt das Leben vor Gefährdungen: „Herr, mein Fels, meine Burg, mein Erretter, mein Gott, mein Hort, auf den ich traue, mein Schild, mein Berg meines Heils und mein Schutz" (Psalm 18,3).
Vorlesezeit:	6 Minuten ••

Am Morgen des 1. Juli versammelte Tio Lindolfo seine ganze Familie am Berghang. Die meisten Felder waren abgeerntet und neu gepflügt. Da die Sonne in Südbrasilien auch an solchen „Wintertagen" noch kräftig brennt, streiften die Kinder frühzeitig durch die vom Tau feuchten Wiesen. Nur ihr ältester Bruder ging mit Vater und Mutter; er trug den „Hühnerfuß", ein Gestell aus Holz, das er mit dem Vater am Abend zusammengebaut hatte. Zwei Stangen waren im Winkel zusammengenagelt; eine dritte Stange verband die anderen in der Mitte und bildete ein Dreieck mit ihnen, wobei die beiden Stangen ein ganzes Stück über die Querstange hinausragten. Auf der Querstange war die Mitte genau markiert durch eine Kerbe. Und von der Spitze des Dreiecks hing an einem Strick ein Stein herunter und pendelte hin und her. Keiner verstand, was Tio Lindolfo mit diesem Gestell auf dem Feld wollte.

Am Berghang warteten die Kinder auf die Eltern. Tio Lindolfo, einer der tüchtigsten Bauern von Lagoa, zeigte seiner Famile, was er vorhatte: Mit dem Gestell, das „Hühnerfuß" hieß, wurde Schritt um Schritt festgestellt, wo der Berghang die gleiche Höhe hatte. Nur wenn der Stein genau in der Kerbe in der Mitte der Querstange hing, ging es nicht bergab oder bergauf. Dorthin, wo die Stangen standen, legten die Buben kleine Steinhäufchen, ehe der Vater weiterschritt und die Stange wie einen großen Zirkel versetzte. Wieder pendelte der Stein sich ein, wieder wurde eine kleine Pyramide aus Steinen aufgesetzt, Meter um Meter dehnte sich die Reihe.

Steine gab es mehr als genug auf dem felsigen Hang, der im Frühjahr und im

Herbst gepflügt wurde und der zwei Ernten im Jahr brachte – und über den dann immer wieder die Regenfluten niedergingen, vor allem im Winter. Wenn der Regen kräftig rauschte, schlängelten sich bald kleine Bächlein über das Feld, suchten den kürzesten Weg bergab, sprangen, flossen, strömten zusammen – und nahmen immer mehr und mehr von der kostbaren Erde mit sich.

Die Steine blieben liegen. Die Erde wurde ausgewaschen, weggespült durch den tropischen Regen in der Serra. Jahr um Jahr wuchsen die Maisstauden weniger hoch; Jahr um Jahr blieben die Maiskolben kleiner, während doch Jahr um Jahr die Familie wuchs und mehr zu essen brauchte und Geld für die Schuluniform der ältesten Kinder.

Jetzt waren alle beschäftigt. Jungen und Mächen nutzten den ersten Ferientag, um Steine zu sammeln und zwischen den Steinhäufchen kleine Wälle anzulegen. In gleicher Höhe schlang sich bis Mittag ein Band aus Steinen um den Hang. Am Nachmittag setzte der Vater ein paar Meter höher den „Hühnerfuß" erneut an, maß, markierte die Linie, und Lori und Liro schleppten Steine heran, um auch die zweite Mauer zu bauen.

Am Abend schmeckten die schwarzen Bohnen dreimal so gut wie sonst; nur Theodoro klagte ein wenig darüber, daß ihm der Rücken wehtat vom vielen Steinesammeln. Aber die ersten beiden Wälle standen – und die Ferien dauerten im Winter drei Wochen lang, was kann man da alles schaffen! Mit dem Tau waren die Kinder am nächsten Morgen wieder am Hang; der „Pé de Galinha", wie sie in ihrer Sprache das Holzgestell nannten, stolzierte über das Unkraut und maß die nächste Kurve aus, und die Kinder sammelten Steine und Felsbröckchen, um dem Regen des Winters den Weg zu verlegen.

Ende Juli kamen wieder ein paar Regentage. Aber wenn jetzt die kleinen Bächlein den Weg bergab suchten, blieben sie in den Wällen stecken, luden ihre braun-schwarze Fracht ab, die Erde, unsere kostbare, fruchtbare Erde; nur das Wasser sickerte langsam ein. Hinter den Steinwällen wuchs im nächsten Jahr der Mais fast doppel so hoch wie früher, denn da war nun viel gute Erde angeschwemmt. Als ein Jahr herum war, sammelten Lindolfos Kinder erneut – und diesmal mit viel mehr Vergnügen als das Jahr zuvor – Steine, um die Wälle zu erhöhen. Hinter den Mäuerchen zeichneten sich Terrassen ab. Stufe um Stufe stiegen bald die beinahe ebenen Bänder fruchtbarer Beete den Hang hinauf, sammelten die Regentropfen, sicherten die gute Erde, ließen das Getreide höher wachsen und dickere Ähren ansetzen; und so brachte die Familie von Tio Lindolfo jedes Jahr reichere Ernten ein.

Die Nachbarn in Lagoa hatten über die Familie Dreher gelächelt, als Tio Lindolfo seine Leute anstellte zum Steinesammeln. Aber nach drei Jahren fingen die ersten an, es ihm nachzumachen. Sie wollten die gute Erde bewahren, wollten sich bessere Ernten sichern, und so lief der „Hühnerfuß" im ganzen Lagoa-Tal an den Bergen entlang.

Tio Lindolfo aber schmunzelte, wenn er den Nachbarn erklärte, wie die drei Stangen mit dem Stein funktionierten. Er hatte es im Bauernkurs der Kirche gelernt, wie man am Berghang den Acker bauen und bewahren kann und wie man ohne Maschinen und Dünger, nur mit viel Steinen und einigem Schweiß, bessere Ernten erzielt. Schließlich können wir nicht unsere Erde abgeben…

Christoph Jahn

Ein Stein, nur ein Stein…

Inhalt:	Julia legt ihre versteinerte Muschel, an der sie sehr hängt, auf das Grab ihrer geliebten Großeltern.
Symbolwort:	Stein
Was gezeigt wird:	Der Stein als Gedenkstein. Die Versteinerung als Sinnbild der Ewigkeit gegenüber der Vergänglichkeit menschlichen Lebens.
Biblische Anklänge:	Als Jakob in einem Traum von Gott die Verheißung empfängt, er werde ihn und seine Nachkommen segnen und auf allen Wegen behüten, weiht er den Stein, auf den er seinen Kopf gebettet hatte, als Gedenkstein (1. Mose 28,18). Der Stein bewahrt die Erinnerung an die immerwährende Gegenwart des Lebens.
Vorlesezeit:	6 Minuten ●●●

Die Kinder gingen mit den Eltern oft zum Friedhof. Holger und Julia immer etwas beklommen, Michael, der Dreijährige, gern.

„Wir besuchen die Oma und den Opa", sagte der dann, dieser „Dreikäsehoch", wie ihn Holger nannte. Holger war schon zwölf — welch ein Alter! So ist das: Man vergleicht sich mit anderen, und dann ist man eben jung oder alt, klein oder groß. Julia stand in der Mitte ihrer Brüder; sie war zehn.

Bei diesem Besuch heute war so manches anders auf dem Friedhof. Heute waren viele Menschen unterwegs, heute war es auch schon fast finster. Schlimm war das aber nicht, denn überall brannten Lichter auf den Gräbern, tröstliche Lichter, lebendige Lichter, Lichter gegen die Dunkelheit. Die Flammen lebten und belegten, sie bewegten sich, sie tanzten hin und her, sie formten geheimnisvolle Figuren aus Licht und Schatten. Nur ein paar Gräber blieben stumm und finster, abweisend. Wie dunkle Inseln lagen sie zwischen dem Licht.

„Warum brennen da keine Lichter?" wollte Michael wissen.

„Die Angehörigen wohnen wohl nicht hier, die Familie", antwortete Vater.
„Oder die Toten haben gar keine Angehörigen mehr, keine Freunde", ergänzte die Mutter. „Die sind auch schon alle tot."
„Oder man hat sie vergessen", sagte Julia leise.
„Oma und Opa schauen jetzt aus dem Himmel herunter und freuen sich",
meinte Michael hoffnungsvoll. Er zeigte hinauf zu den Sternen. Die begin-
nende Nacht war kalt und klar, bläulich und durchsichtig.
Dann standen sie am Grab, stumm. Jeder hatte seine eigenen Gedanken. Ob
ihr Gebet erhört wurde? Ob Oma und Opa bewußt wurde, daß Julia ganz
fest dachte: „Ich habe euch lieb! Auch jetzt noch, ganz lieb!"
Als sie sich endlich zum Gehen anschickten, bückte sich Julia rasch und verstohlen. Sie legte etwas auf das Grab, dicht neben das Lämpchen. Es warf
seltsame Schatten. Ein Stein war es, nur ein Stein.
Ein ganzes Stück hinter dem Friedhof erst, den sie stumm und in sich gekehrt
verlassen hatten, brach Vater das Schweigen.
„War das die hübsche versteinerte Muschel, die du so gern hattest?" fragte
er. „Hast du die hingelegt?"
Julia nickte stumm.
Mutter faßte das Mächen unter.
„Das war lieb von dir", sagte sie leise, „sehr lieb. Du hast dich von etwas getrennt, das dir ans Herz gewachsen war. Du hast anderen damit eine Freude
machen wollen."
„Oma und Opa werden es bestimmt sehen!" behauptete Michael überzeugt.
„Wer weiß", schränkte Vater ein, doch Michael beeindruckte das nicht.
„Der Stein war fast 400 Millionen Jahre alt", nahm Vater den Faden wieder
auf." Wir haben ihn gemeinsam in der Eifel gefunden. Du hast dich darüber
gefreut wie ein Schneekönig, Julia, und stolz warst du auch – mit Recht übrigens. Es war eine wundervolle Muschel, glatt und ebenmäßig. Ein schönes
Geschöpf Gottes. Ein Lebewesen, das nun zwar nicht mehr lebte, aber dessen
Form doch noch sichtbar war. Ein kleines Wunderwerk."
„400 Millionen Jahre", murmelte Mutter. Sie schüttelte den Kopf. „Eine
Zeitspanne, die man kaum denken und schon gar nicht begreifen kann. Wie
kurz ist dagegen ein Menschenleben! Ein halbes Jahrhundert, vielleicht 70
oder auch 80 Jahre. Hundertjährige werden schon wie kleine Weltwunder
bestaunt, dabei müßte man für eine einzige Million Jahre 10 000 von ihnen
aneinanderreihen! Für eine einzige Million!"
Ja, so kurz ist das Menschenleben. Wie ein Funke, der aufglimmt und er-
lischt, mehr oder weniger hell. Mit Oma und Opa, mit den Toten, vermochte
man sich zwar noch in Gedanken zu unterhalten, aber auf Erden konnte man

niemals mehr mit ihnen reden. Nie mehr konnte man ihnen etwas Gutes tun, ihren Rat erfragen, mit ihnen lachen oder sich mit ihnen ärgern. Das war das Schreckliche am Tod der anderen, die man liebte. Man hatte höchstens den Trost, daß man eines Tages auch zu ihnen ging, zu den vielen Angehörigen, Freunden und Bekannten, die schon drüben waren, drüben in der Ewigkeit.

„Keiner fällt aus Gottes Hand", hatte der Pastor gepredigt. Das war tröstlich für alle, die daran glaubten. Es stimmte sicherlich, was einer gesagt hatte: Es ist nie zu spät, Gutes zu tun – aber auch nie zu früh. Wer wußte schon, ob es den Menschen, dem man etwas Gutes erweisen wollte, dem man zu helfen gedachte, morgen noch gab? Ob er da noch lebte? Menschen vergessen leicht, Menschen denken kurz, meist nicht weit genug, zum Friedhof sowieso nicht, aber gut wäre es schon. Dann dächten nämlich die Menschen mehr daran, ihren Nächsten zu lieben, ein bißchen mehr über seine Fehler hinwegzusehen, Geduld zu üben, wie man es auch von anderen gern hatte und erwartete. Dann gäbe es Frieden.

„Oma und Opa werden deinen schönen Stein bestimmt sehen und sich darüber freuen", sagte Michael noch einmal, und Julia wurde warm ums Herz. Der Stein, von dem sie sich getrennt hatte, war nun doppelt so schön und wertvoll.

Fried Noxius

Ein Stein beginnt zu atmen

Inhalt:	Ein Junge erlebt, wie ein Steinmetz einen riesigen Sandsteinbrocken aus der Schlucht holt, in die Werkstatt schaffen läßt und an ihm arbeitet. Der Junge arbeitet mit.
Symbolwort:	Stein
Was gezeigt wird:	Die Verwachsenheit des Steines mit der Erde. Gerade der Sandstein und der Sand lassen trotz ihrer unterschiedlichen Zustände (fest und lose) ihre innere Verwandtschaft gut erkennen. Aber noch weiter innen ruht ein Geheimnis, das nur von der formenden Hand des Künstlers freigelegt werden kann, nachdem es zunächst in seiner Vorstellung Gestalt gewonnen hat. Die Freilegung der inneren Form erfordert viel Kraft – und viel Liebe. Das Harte ist formbar. Das Verhärtete kann eine schöne Gestalt gewinnen.
Biblische Anklänge:	Die Möglichkeit, aus einem verhärteten, leblosen, also empfindungslosen Zustand in einen „weichen" und lebendigen Zustand verwandelt zu werden, ist der Bibel vertraut. „Sie haben ein Angesicht härter als ein Fels", sagt sie von verstockten, hörunwilligen und zuwendungsunfähigen Menschen (Jeremia 5,3), „sie machen ihre Herzen hart wie Diamant" (Sacharja 7,12). Würden sie sich von Gottes Gesetzen leiten lassen, sich also sozusagen von Gottes Hand modellieren lassen, dann würden sie lebendig werden, menschlich, liebevoll. Das Beste, dessen sie fähig sind, könnte Gestalt gewinnen.
Vorlesezeit:	10 Minuten •••

Der Orkunt ist ein Türke. Er ist nicht sehr groß, aber sehr drahtig und flink. Er hat dunkelbraune Haare und kohlrabenschwarze Augen. Wenn er lacht, leuchten sie hell und lebenshungrig.

Viele mögen den Orkunt, weil er so fröhlich ist. In meiner Werkstatt ist er besonders oft, weil es immer etwas Neues zu sehen gibt.

Der Orkunt geht dieses Jahr schon in die zweite Klasse. Er kann nicht nur seinen Namen, sondern auch schon kleine Sätze sehr flüssig schreiben. Nach der Schule schaut er immer erst auf einen Sprung zu mir herein.

„Hast du Lust, heute nachmittag mit in die Rückersbacher Schlucht zu kommen und einen Sandstein freizulegen?" frage ich ihn.

Der Orkunt nickt erfreut.

„Ich bringe auch meine Sandschaufel mit!" ruft er voller Begeisterung.

So gehen wir mit unseren Grabewerkzeugen und der Langaxt in die Schlucht hinab und machen uns gleich an die Arbeit. Es ist nicht einfach. Der Stein wächst aus dem Hang heraus wie ein angebundenes Tier.

Oben hat ihn der Regen ausgewaschen und mit Moos und Flechten überzogen. Orkunt kratzt das Moos heraus, und ich schaufle das Erdreich von unten weg. Mit der Axt trenne ich die geschmeidigen Wurzeln heraus und ziehe die Enden aus der Erde, die den Rücken des Blockes umschlungen halten wie eine Krake. Es ist ein hartes Stück Arbeit, und wir schwitzen beide und schnaufen fest. Bald gönnen wir uns eine Pause und trinken einen Tee mit Zitronenmelisse und Pfefferminz, damit wir wieder zu Kräften kommen. Wir trinken ihn aus der Feldflasche und spüren, wie die Lebensgeister wieder erwachen.

Es ist ein richtiger Kampf mit dem Stein, und manchmal denke ich, daß die Erde den schweren Brocken nicht freigeben will. Wir müssen ihn ihr richtig abtrotzen. Nach vier Stunden ist es dann soweit. Die letzten Verschaftungen lege ich mit dem Vorschlaghammer frei. Wir schauen, ob niemand den Feldweg entlang geht. „Achtung!" rufe ich dem Orkunt zu, denn der mannshohe, dickleibige Stein gerät ins Wanken, bricht aus der Erde heraus und poltert mit dumpfem Getöse und wuchtigen Erschütterungen den Hang hinab.

„Das alleine war's wert!" lacht er und ist immer noch fassungslos über die Gewalt und Mächtigkeit, mit welcher der Block zu Tal und in den Graben gestürzt ist. Wir waten durch das Laub mit müden Knien, begreifen den Stein, sein Gewicht, seine herrliche Form von allen Seiten. Es scheint wie ein Wunder, daß wir den herausgehauen haben. Wir schultern unser Werkzeug und gehen heim. Es ist wunderschön, wenn man fühlt, wieviel Kraft in einem steckt.

Am Samstag bitte ich den Erich, daß er den Stein mit seinem Hebekranfahrzeug aus dem Graben holt und in meine Werkstatt fährt. Der Erich macht das gerne, denn ich helfe ihm wieder, wenn wir sein Scheunendach decken im Spätsommer.

Als er den Block bringt und ihn mit dem Kran durch das geöffnete Vordach in die Werkstatt hievt, schätzt er sein Gewicht auf mindestens vier Tonnen. Der Orkunt und ich, wir sind unheimlich stolz.

Dort liegt er nun vor uns auf dem Granitgrund mit der glatten Fläche nach unten. Ich stelle das Sandstrahlgebläse ein und blase ihn ab mit Dampfdruck und Stahlsand, sorgfältig und gründlich. Dann halte ich dem Orkunt die Maske hin, damit er nichts von dem körnigen Mineralsand in die Augen kriegt. Schließlich ist der Stein gereinigt von allen Erdspuren und Verkrustungen. Er trocknet im Luftzug.

Es ist, als hätte der Stein die feinen Strahlen der aufgehenden Sonne in die Werkstatt gezaubert, ein Stück vom hellen Braun der Föhren darübergebreitet. Mit der Steinsägescheibe trenne ich einen großen Brocken ab und stemme ihn vor Orkunt auf den Sockel.

„Da ist dein Teil der Beute!" lache ich.

Der Orkunt kann ihn kaum umfassen. Er ist ganz selig mit seinem Stein. Und so sitzen wir vor unseren Reichtümern und können kaum den Blick davon lassen.

Monatelang, als er noch ungebrochen am Hang schlief, habe ich darüber nachgedacht und gegrübelt, was sich für mich in diesem Stein verbirgt und was ich im Grunde aus ihm herausschlagen will, und ich konnte den Augenblick nicht erwarten, mich endlich über den Block zu hocken. Und jetzt, da der Stein vor mir liegt, genieße ich sein Geheimnis und seine verborgene Schönheit.

„Willst du denn nicht endlich anfangen?" fragt der Orkunt.

„Gedulde dich noch ein wenig, vielleicht morgen, vielleicht die nächste Woche." Ich merke, er kann es nicht abwarten.

Am nächsten Tag um sieben steht er wieder in der Tür.

„Ich habe nicht gut geschlafen", meint er.

„Ich auch nicht."

„Ich bin auf dem Boden der Werkstatt eingeschlafen, habe neben dem Stein geruht. Es ist immer das gleiche. Am liebsten würde ich in den Stein hineinkriechen, ihn kennenlernen von innen, weißt du?"

Am nächsten Vormittag schneide ich Orkunt eine kleine Lederschürze. Als er von der Schule kommt, lege ich sie ihm um und binde sie.

„Heute fangen wir an!" sage ich.

Er ist ganz stolz, weil er jetzt die gleiche Schürze trägt wie ich. Dazu reiche ich ihm den Klöpfel und einen Preller, damit er das Werkzeug auch trifft und sich nicht verletzt.

Ich selbst lege Hand an den Stein und schlage abwechselnd mit Flachhammer, Spitz- und Scharriereisen meine Runen. Ich stemme die groben Teile ab und es macht Freude, wenn ich sehe, wie der Stein sich langsam verändert.

Der Orkunt läßt seinen Holzklöpfel sinken und schaut mir zu.

„Weißt du denn schon, was du aus dem Stein herausholst?" fragt er.

„Man kann hundert Dinge hineinsehen. Aber bei diesem Stein war es immer nur das eine, was mir wichtig war, seit ich ihn sah am Hang, und immer wenn ich vorbeigelaufen bin, habe ich in Gedanken bereits daran gehauen", antworte ich.

„Und du willst mir nicht sagen, was es ist?" drängt Orkunt.

„Nein, später vielleicht!"

So arbeite ich weiter und mühe mich, aus dem schweren, unbeweglichen Block etwas Lebendiges und Spannungsgeladenes zu formen.

Allmählich beginnt der Stein zu atmen.

Es ist nicht mehr das unverletzbare steinerne Mineralgemenge, das seine Macht, seine Starre und Wucht darstellt. Indem ich den Block gleichzeitig von allen vier Seiten behaue und ringsherum eine dünne Schicht nach der anderen abtrage, verwandle ich ihn, gebe ihm eine Seele, lasse den neuen Sinn heraustreten aus seiner unergründbaren Ruhe und Schwere.

So arbeiten wir wochenlang dahin, der Orkunt und ich.

Der Orkunt meint: „Aus meinem eigenen Stein will ich etwas anderes entlokken als du. Ich weiß noch nicht genau was."

Gestern hat er sich trotz aller Vorsicht mit dem Holzklöpfel auf den Daumen getroffen. Er kann heute nicht hauen und schaut mir aufmerksam zu. Jetzt erkennt er schon Umrisse.

„Willst du denn nur diesen großen Kopf machen und keinen Körper, keine Beine dazu?" gibt er ganz bestürzt zu bedenken.

„Bei diesem hier sind die Beine nicht wichtig!"

Der Orkunt schweigt. In den nächsten Tagen fragt er wenig. Er beginnt wieder an seinem eigenen Stein herumzuhämmern. Manchmal stellt er sich vor mein Werk und streichelt den riesigen Kopf von allen Seiten, besonders dort, wo er aus dem unbehauenen Block herauswächst.

Ich spüre, wie er den Stein auf seine Weise zu verstehen beginnt.

„Er schläft", flüstert er, „wir dürfen ihn nicht aufwecken."

Der Kopf liegt tatsächlich schwer auf dem angewinkelten Arm, die Augenlider sind geschlossen. Das braunrötlich schimmernde Sandsteingesicht wirkt entspannt und voller Hingabe an einen schönen und glücklichen Traum.

Es ist meine eigene Sehnsucht nach diesem erquickenden Schlaf, den der Stein schläft, von der Erde in ihrem Inneren beherbergt seit Jahrmillionen.

Im Grunde hat sich die Seele seiner Gestalt nicht verändert. Ich habe das Wesen des Brockens, seine in sich ruhende Kraft nur freigelegt.

„Der Erich muß den Stein nächste Woche mit seinem Hebekran in den Garten hieven."

„Du wirst ihn also diesmal nicht verkaufen?" freut sich der Orkunt.

„Nein, den behalten wir selbst."

Darauf geht der Kleine flink in die Werkstatt zurück und haut ungestüm und wild auf seinen Brocken.

„Weißt du jetzt, was aus deinem Stein wird?" will ich von ihm wissen.

„Jetzt weiß ich es!" strahlt der Orkunt. „Ich mache einen Hut aus meinem Brocken, damit der ‚Schlafende' im Garten nicht aufwacht, wenn es regnet."

Ich gehe in den Garten zurück und atme die klare, erfrischende Luft. Dabei höre ich die hellen Hammerschläge mit großer Freude.

Kurt Hock

Der Stein

Inhalt:	Stefan findet einen Stein, der ihm von Tag zu Tag immer geheimnisvoller und wertvoller vorkommt. Um sein Geheimnis zu ergründen, zerstört er ihn mit ein paar Hammerschlägen.
Symbolwort:	Stein
Nebenaspekt:	Edelstein
Was gezeigt wird:	Mit Gewalt läßt sich die Preisgabe eines Geheimnisses nicht erzwingen. Manchmal läßt sich ein innerer Wert überhaupt nicht sichtbar machen — jedenfalls nicht für den Blick anderer Menschen. Es gibt nicht nur den offenbaren, sondern auch den verborgenen Sinn.
Biblische Anklänge:	Die biblische Theologie lebt davon, daß die Menschen Gott nicht zur Preisgabe seines Geheimnisses zwingen können — weder mit freundlichem Zureden noch mit der Gewalt der Argumente, noch mit der Kraft des Nachdenkens. Der Mensch muß warten, bis das Göttliche sich ihm zeigt: sich ihm „offenbart". Meistens geschieht das durch das Wort, das Menschen mit ihren inneren oder äußeren Ohren hören. Der Name Gottes ist „Liebe" (1. Johannes 4,7 ff.), und Liebe offenbart sich nicht der Gewalt.
Vorlesezeit:	4 Minuten ••

Beim Sonntagsspaziergang im Wald hatte Stefan den Stein gefunden. Er war schwärzlichgrau. Die Oberfläche hatte nicht den kleinsten Riß, nicht einmal winzige Löcher, wie das bei Steinen oft vorkommt. Er sah aus wie poliert. Stefan trennte sich nicht mehr von seinem Stein, seit er ihn gefunden hatte. Er trug ihn in seiner linken Faust. Die Fingerspitzen berührten über dem Stein gerade eben den Handballen. Der Stein paßte in seine Hand, als wäre er darin gewachsen.
Sie fragten ständig, wenn sie seine Faust sahen:
„Was schleppst du denn da mit dir herum?"
Als er ihnen wieder und wieder stolz denselben Stein zeigte, schüttelten sie den Kopf und sagten:
„Du betust dich mit deinem blöden Stein, als wär's ein Edelstein."
Für Stefan war sein Stein ein Edelstein. Es störte ihn nicht, daß sie bald gar nichts mehr sagten, sondern nur stumm den Kopf schüttelten, wenn sie ihn mit seinem Stein in der Hand kommen sahen.
Stefan malte sich oft aus, wie wertvoll sein Stein war. Irgendwann würde jemand kommen und ihn „mit Gold aufwiegen". So hatte er das einmal sagen hören. Und er stellte sich das sehr schön vor: Auf der einen Waagschale lag sein Stein, in die andere rieselte schimmernder Goldstaub, bis beide Waagschalen gleich standen.

Wenn Stefan allein war, ließ er den Stein von einer Hand in die andere fallen. Sang dabei alle Edelsteinnamen, die er jemals gehört hatte: Dia-mant, To-pas, A-me-thyst, Tür-kis, A-qua-ma-rin, Ru-bin, Sa-phir, Sma-ragd.

Bevor er abends einschlief, hielt er den Stein in seinen beiden Händen. Wenn der Stein ganz warm davon war, legte er die Wange darauf und schlief so ein. Morgens erschrak er manchmal, wenn er verschlafen mit der Hand oder dem Gesicht gegen den kalten Stein stieß.

Als Stefan eines Tages von einem Museumsbesuch mit seiner Schulklasse nach Hause kam, schloß er sich nach dem Essen in sein Zimmer ein. Er setzte sich auf sein Bett und betrachtete lange, lange seinen Stein. Strich über die glatte Oberfläche. Dachte dabei an das, was er gesehen hatte: Versteinerungen. Dinge, die in Steine gepreßt, zwischen Steinen, in Steinen Millionen Jahre alt waren: große Schneckenhäuser, Farnblätter, Muscheln, der Zahn eines Mammuts, Tierknochen, eine ganze Eidechse.

Stefan drehte und wendete seinen Stein. Bestimmt, ganz bestimmt war innen, ganz innen in diesem Stein so etwas unvorstellbar Altes. Natürlich kein Mammutzahn, kein Riesenschneckenhaus oder so was. Dazu war der Stein viel zu klein. Höchstens eine Muschelschale, ein winziges Farnblatt, vielleicht eine Blüte oder vielleicht ... Stefan hielt den Stein an sein Ohr. Aber das war ja dumm. Eine Biene summt nicht mehr, wenn sie versteinert ist.

Tagelang ließ Stefan der Gedanke nicht los. Irgend etwas Geheimnisvolles war mit seinem Stein. Das hatte er immer gewußt. Wieder und wieder machte er verstohlen seine Faust auf und betrachtete die glatte, undurchsichtige Oberfläche des Steins.

Bis der Tag kam, wo es Stefan einfach nicht mehr aushielt. Er mußte wissen, was seinen Stein so geheimnisvoll machte. Er nahm einen Hammer. Legte den schimmernden Stein auf die Mauer vorm Haus. Strich noch einmal mit der Hand sacht über die glatte Oberfläche. Dann hieb er mit dem Hammer zu. Ein Stück sprang aus der Mitte des Steins. Risse wie ein Spinnennetz breiteten sich über ihn aus. Stefan pustete den Steinstaub weg. Nichts. Noch war nichts zu sehen. Stefan hieb fester zu. Noch zwei Stücke. Stefan pustete. Nichts. Immer noch nichts. Wütend holte er aus und hieb ein drittes Mal zu. Unter diesem letzten Hammerschlag zersprang der Stein in viele kleine, spitzige Stückchen. Mit zitternden Fingern wühlte Stefan in den Steinsplittern herum. Plötzlich fiel ihm dabei ein, daß er das Geheimnis des Steins, die Muschelschale oder die Blüte, mit seinen Hammerschlägen auch zerstört haben könnte. Fieberhaft drehte und wendete er jeden winzigen Splitter. Kein Blatt. Kein Muschelstückchen. Nichts. Nur Steinsplitter ...

Stefan fegte sie mit der Hand von der Mauer. Susanne Kilian

Nur ein Stein

Inhalt: Ein Junge findet einen Stein und entdeckt in ihm Botschaften aus al-
                     ten Zeiten. Doch ein Wort des Lehrers zerstört das Geheimnis.

Symbolwort: Stein

Was gezeigt wird: Ob ein Ding zu sprechen beginnt, hängt nicht nur von den Umstän-
                     den, sondern auch von unserer Bereitschaft und Fähigkeit ab, es zu
                     hören. Simple Tatsachenfeststellungen und herzlose Entmythologi-
                     sierungen machen es stumm und damit nutzlos.

Biblische Anklänge: „Wir wandeln im Glauben und nicht im Schauen" (2. Korinther 5,7).
                     „Es ist aber der Glaube eine gewisse Zuversicht des, was man hofft,
                     und ein Nichtzweifeln an dem, was man nicht sieht" (Hebräer 11,1).

Vorlesezeit: 2 Minuten   ••

Aus den grauen Wolken über den Dächern der Häuser fällt kalter Regen, und
auf den Straßen fließt er den Rinnstein entlang den Kanalgittern zu, um in der
Unterwelt zu verschwinden. Auf der Baustelle aber verschwindet er nicht so
rasch; in winkligen Bächen durchfurcht er den gelben Lehm und mündet in
einer riesigen Pfütze, die einen trüben Himmel und einen schlammbedeckten
Bagger widerspiegelt.

Ein Junge steht am Rande der Pfütze, ein wenig gebeugt unter der Last der
Bücher, die er in seinem Ranzen unter dem wasserdichten Umhang trägt. Er
zittert vor Kälte. Oder ist es etwas anderes als Kälte? – Für den Jungen sieht
alles anders aus: Die Pfütze ist ein See in der Wildnis, die Wasserbäche sind
Flüsse auf dem Grunde wilder Cañons und die Lehmberge unerforschtes Gebirge. Der Junge wendet sich dem Bagger zu und sieht ein riesiges Tier aus
grauen Vorzeiten, wie es sich mit unersättlichem Rachen in den schottrigen
Boden frißt. Er hört Brüllen und Stöhnen, als das Tier den Hals vorstreckt
und sich langsam umwendet. Dann sieht er, wie das Tier den Rachen auf-
sperrt und den widerlichen Brocken ausspuckt. Nasse Schollen und Steine
kollern den Hang des Haufens herunter, und ein großer Kieselstein rollt bis
zu seinen Füßen; er sieht aus wie eine alte Geschützkugel.

Der Junge bückt sich und spült den Stein in der Pfütze ab. Nun sieht er, daß
der Stein glatt und ebenmäßig ist, wie gedrechselt. Der Junge bebt vor Er-
regung: Er hält in seiner Hand eine Botschaft aus alten Zeiten. Mag sein, daß
es eine Geschützkugel ist, vielleicht aber auch ein geheimnisvolles Gerät der
Urmenschen.

Der Junge eilt zur Schule. Er drückt den runden Stein an seine Brust und
wärmt ihn mit der Handfläche.

In der Schule sagt ihm der Lehrer, der runde Stein sei ein ganz gewöhnlicher, vom Wasser glattgeschliffener Kieselstein. Der Junge ist maßlos enttäuscht – so enttäuscht, daß er den Stein auf dem Heimweg im Stadtpark fortwirft, obwohl er doch so schön rund und glatt ist. Er wirft ihn ins Gebüsch, zwischen Stanniolpapier und Kaugummipäckchen, zerdrückte Zigarettenschachteln und schmutziges Zeitungspapier; denn es ist...

Ludek Pesek

„Niemals Gewalt!"

Inhalt:	Ein Junge beschämt seine Mutter, die ihn bestrafen will.
Symbolwort:	Stein
Was gezeigt wird:	Mißbrauch des Steins als Waffe und die Möglichkeit, ihn als Zeichen der Gewaltlosigkeit zu bewahren. Ein ganz beliebiger Stein wird zum Symbol.
Biblische Anklänge:	Gegenbild: Der Stein in Davids Schleuder tötet den Feind Goliath (1. Samuel 17). Aber: „Wer von euch ohne Sünde ist, der werfe den ersten Stein auf sie!" (Johannes 8,7).
Vorlesezeit:	1 Minute ••

Jenen aber, die jetzt so vernehmlich nach härterer Zucht und strafferen Zügeln rufen, möchte ich das erzählen, was mir einmal eine alte Dame berichtet hat. Sie war eine junge Mutter zu der Zeit, als man noch an diesen Bibelspruch glaubte, dieses „Wer die Rute schont, verdirbt den Knaben".
Im Grunde ihres Herzens glaubte sie wohl gar nicht daran, aber eines Tages hatte ihr kleiner Sohn etwas getan, wofür er ihrer Meinung nach eine Tracht Prügel verdient hatte, die erste in seinem Leben. Sie trug ihm auf, in den Garten zu gehen und selber nach einem Stock zu suchen, den er ihr dann bringen sollte. Der kleine Junge ging und blieb lange fort. Schließlich kam er weinend zurück und sagte: „Ich habe keinen Stock finden können, aber hier hast du einen Stein, den kannst du ja nach mir werfen."
Da aber fing auch die Mutter an zu weinen, denn plötzlich sah sie alles mit den Augen des Kindes. Das Kind mußte gedacht haben, „meine Mutter will mir wirklich weh tun, und das kann sie ja auch mit einem Stein."
Sie nahm ihren kleinen Sohn in die Arme, und beide weinten eine Weile gemeinsam. Dann legte sie den Stein auf ein Bord in der Küche, und dort blieb er liegen als ständige Mahnung an das Versprechen, das sie sich in dieser Stunde selber gegeben hatten: „NIEMALS GEWALT!"

Astrid Lindgren

Stein in deiner Hand

Inhalt:	An einem schulfreien Tag gehen Cathleen und Abdollah spazieren und erfahren mancherlei über Steine – und über sich selbst.
Symbolwort:	Stein
Was gezeigt wird:	Steine sind schön, und sie sind furchtbar – je nachdem, was man mit ihnen tut. Stein als Mahnmal.
Biblische Anklänge:	Dinge zur Bewahrung des Lebens verwenden und nicht zu seiner Verletzung und Zerstörung: in gewisser Weise also Totes in Leben Schaffendes verwandeln. Zum Beispiel Schwerter in Pflugscharen. Die verwandelnde Kraft ist Gott, der „Stein in Wasserquellen" verwandelt (Psalm 114,8). Diese verwandelnde Kraft soll durch jeden Menschen wirksam werden.
Vorlesezeit:	9 Minuten ●●●

Heute ist keine Schule.

Abdollah läßt die Tür hinter sich ins Schloß fallen, überquert den großen leeren Hof, blickt über das Maisfeld auf der anderen Seite der Straße hin. An den rechten Torpfosten gelehnt, bohrt er mit der linken Fußspitze im Sand.

Cathleen hat hinter dem Haus die Wäsche von der Leine genommen. Sie stellt den Korb vor der Haustür ab und schlendert über den Hof auf die Straße zu. Eine Weile steht sie am linken Türpfosten und zieht mit dem Finger eine lange Scharte nach, die jemand mit einem Taschenmesser in das Holz geschnitten hat. Dann wendet sie sich dem Jungen zu.

„Was machst du heute?"

Als er nichts darauf erwidert, zuckt sie die Achseln.

„Ich gehe jetzt ein bißchen spazieren. Du kannst mitkommen."

Abdollah schüttelt den Kopf. Aber als er Cathleen die Straße dorfauswärts entlanglaufen sieht, trottet er ihr nach, erst langsam, dann immer schneller.

Eine Weile gehen sie gedankenverloren nebeneinander her. Erst als sie die Wiese und den Bach erreicht haben, fangen sie an, miteinander zu sprechen.

Abdollah kommt vom Schufgebirge im Libanon. Cathleen kommt von der Irischen See. Seit fast einem Jahr leben sie mit ihren Familien in dem großen Haus am Dorfrand. Das Haus gehörte einmal zu einem Bauernhof. Schon seit Jahren werden Stall und Scheune nicht mehr benutzt. Die Leute sind in die Stadt gezogen.

Cathleen und Abdollah gehen ganz dicht am Bach entlang.

„Die Brennesseln brennen ganz schön", sagt Cathleen. Sie hat keine Strümpfe an. Es ist warm. Abdollah befeuchtet ein Taschentuch im Wasser und reicht es ihr.

„Wickel es drum, da wo du dich verbrannt hast, Cathy.“
„Danke.“
Während Cathleen das Taschentuch um ihr Bein knotet, hat Abdollah im
Wasser etwas entdeckt: Ockergelb und zinnoberrot leuchtend liegt auf dem
Grund des Baches ein Stein.
„Sieh mal, wie schön der ist!“
„O ja!“ Cathleen hebt ihn aus dem Wasser.
Sie wiegt ihn in ihrer Hand. Er ist ganz leicht und flach. Die einst scharfen
Kanten hat das Wasser gerundet.
Der Stein wirkt weich. Und doch ist er ganz fest. Grau dunkel. Durchzogen
von gelben und roten Furchen. Cathleen zieht sie mit dem Finger nach.
„Die sind nicht aufgemalt. Die sind hineingewachsen.“
„Er lag so lange im Berg, gepreßt gegen andere“, sagt Abdollah nachdenk-
lich. „Früher waren hier hohe Berge und rundrum Wasser.“
„Woher weißt du das?“
„Mein Bruder hat mir ein Buch gezeigt. Wenn du es sehen willst…“
Cathleen schüttelt den Kopf. Sie sieht auf den Stein.
„Die Farben leuchten so, weil er feucht ist“, sagt Abdollah. „Wie alt er wohl
ist?“
„Und was so silbern glitzert, ist, glaub’ ich, Quarz.“
„Quarz?“
„Ja, wie Sand. Ganz feiner. Reingepreßt.“
Stille.
Sie setzen sich und lassen die Füße im Wasser hängen. Der Stein liegt zwi-
schen ihnen im Gras.
„Brennt es noch?“
„Nicht mehr.“
Abdollah legt sich zurück. Es ist warm. Fast heiß.
„Beinahe wie zu Hause“, sagt er. Cathleen schlingt die Arme um die angezo-
genen Knie.
„Bei uns zu Hause ist es nie sehr kalt, aber selten richtig warm.“
Die Sonne trocknet die Füße, den Stein.
„Jetzt sieht er nicht mehr so schön aus.“
Cathleen nimmt den Stein in die Hand.
„Der Quarz glitzert. Wie damals. Als die Landschaft und die Menschen hier
anders waren.“
Abdollah richtet sich auf und folgt ihrem Blick weit mit den Augen.
„Ja, als da hinten noch nicht die Stadt war, sondern ein Wald, eine Burg viel-
leicht.“

Sie lacht.

„Die Menschen dort trugen keine Jeans und T-Shirts wie wir. Verrückte Kleider und Hüte. Ich habe ein Buch zu Hause…"

Abdollah stützt das Kinn auf die angezogenen Knie.

„Jedenfalls lebten sie hier, waren hier zu Hause."

„Nicht alle, glaube ich. Manche kamen von weither gewandert. Die Füße taten ihnen weh auf dem langen steinigen Weg."

„Stimmt. Da hatten wir es leichter! Wir sind mit dem Flugzeug gekommen."

„Wir mit der Bahn und dem Schiff."

Cathleen rupft Grasbüschel aus. Abdollah zwirbelt Halme um Finger.

„Warum seid ihr aus eurem Land weggegangen, Abudi?"

Er runzelt die Stirn.

„Warum? Warum seid ihr gegangen?"

Cathleen schüttelt sich.

„Es war zu gefährlich. Stell dir vor: Du gingst auf der Straße, und auf einmal flogen Steine, mal von der einen, mal von der anderen Seite."

„Steine!"

Abdollahs linke Hand umklammert den Stein, er wiegt ihn in der rechten Hand, hebt sie und senkt sie wieder, öffnet und schließt sie. Der kleine Stein wiegt schwer.

„Ja, ich weiß. So fühlt sich das an."

Seine Stimme klingt fremd.

„Steine und anderes. Steine gegen…, Steine wegen…."

Er steht auf und stößt den Stein mit der Fußspitze ins Wasser. Ein Platsch und der Stein liegt wieder auf dem Grund des Baches. Ockergelb und zinnoberrot leuchtend.

„Was machst du da?" ruft Cathleen. „Hol ihn wieder 'raus."

Sie streckt die Hand danach aus. Das Wasser reicht ihr fast bis zur Schulter.

„Nein! Laß!"

„Hör auf, du tust mir ja weh."

Sie richtet sich auf.

„Warum willst du nicht, daß ich ihn wieder 'raushole?"

„Weil er ein — Stein ist. Ich habe ihn in meiner Hand gespürt. Ich habe Angst bekommen. Weil Menschen Steine geworfen haben, solange… so alt dieser Stein ist." Abdollah dreht sich um und schaut über die Felder.

„Du doch nicht, Abudi."

„Das denken sie alle. Aber dann, eines Tages…"

Als Abdollah sich wieder umwendet, glitzert in Cathleens Augen etwas wie Quarz.

„Weißt du", sagt sie, „wenn sie hinschauen und die feinen Linien nachziehen und erkennen, wie schön der Stein ist, zum Anschauen gemacht, zum Staunen, zum Bauen, zum Schenken... wenn sie das tun, werden sie niemals mehr jemandem damit wehtun."

„Ach", sagt Abdollah, „in hundert Jahren vielleicht."

Er zieht einen Grashalm aus der Wiese, den längsten, und läßt ihn durch die Luft sausen. Langsam gehen sie weiter.

Barbara Tichy

Etwas Wertvolles

Inhalt:	Andreas Freundin Sabine will ihr ihre neuen Rollschuhe leihen, wenn Andrea ihr im Gegenzug „etwas Wertvolles" schenkt. Das Wertvollste erscheint Andrea Mutters Halskette mit dem grünen Stein.
Symbolwort:	Edelstein
Was gezeigt wird:	Das Edelste und Kostbarste ist unersetzlich für einen Menschen und darf nicht weggegeben werden.
Biblische Anklänge:	„Bewahre, was du hast, daß niemand deine Krone nehme!" (Offenbarung 3,11).
Vorlesezeit:	4 Minuten ●●

An langen Nachmittagen im Winter war Andrea oft allein zu Hause. Dann holte sie sich manchmal das rote Kästchen aus Mutters Schlafzimmer und spielte mit dem Schmuck, den die Mutter darin aufbewahrte. Zwischen Broschen und Ringen gab es da auch einen grünen Stein an einer Kette. Andrea fand andere Stücke viel schöner, aber Mutter trug diesen Edelstein am liebsten von allen.

Als das Wetter schöner wurde, spielte Andrea draußen. Ihre Freundin Sabine hatte zum Geburtstag Rollschuhe bekommen, funkelnagelneue Rollschuhe mit gelben Riemen und blauen Rädern. Damit sauste sie auf dem Parkplatz hin und her. Und Andrea stand am Rand und schaute ihr sehnsüchtig zu.

„Läßt du mich auch mal?" bettelte sie.

„Was gibst du mir dafür?"

Andrea hatte nichts, was sie ihr geben konnte.

„In den Osterferien kannst du sie haben", sagte Sabine großzügig. „Da reise ich für ein paar Tage zu meiner Oma. Aber du mußt mir etwas ganz Schönes dafür geben. Etwas Wertvolles."

Das Wertvollste, was Andrea besaß, war ein Fingerring mit einem funkelnden roten Stein. Aber Sabine lachte nur, als sie damit ankam.

„Der ist doch aus Glas. So einen kriegt man für fünf Pfennig in der Fundgrube."

Am Abend, als die Mutter beim Fernsehen saß, schlich Andrea ins Schlafzimmer und holte die Kette mit dem grünen Stein aus dem Kästchen. Der Stein schimmerte geheimnisvoll in ihrer Hand. Andrea versteckte die Kette auf ihrem Regal hinter den Büchern und stellte ein großes Bilderbuch davor. Übermorgen fingen die Osterferien an.

Am anderen Tag sagte die Mutter beim Abendessen:

„Meine Kette mit dem grünen Stein ist weg. Hast du sie irgendwo gesehen?"

Sie sah traurig und bekümmert aus. Andrea schaute auf ihren Teller nieder und schwieg.

„Kannst du dich vielleicht erinnern, wann ich sie zum letzten Mal getragen habe?" fragte die Mutter weiter.

Andrea schüttelte den Kopf. Sie war ganz rot geworden, und ein dicker Angstkloß saß ihr im Hals. Eine Weile aßen sie schweigend. Dann sagte die Mutter:

„Es wäre wirklich arg, wenn ich die Kette verloren hätte. Es ist ein Erinnerungsstück an Papa. Er hat sie mir von seiner Reise nach Nagasaki mitgebracht."

Andrea schob ihren Teller zurück und stand auf.

„Ich bin satt, Mama", sagte sie, und ihre Stimme klang merkwürdig rauh.

„Ich muß noch meine Schulsachen für morgen packen."

In ihrem Zimmer holte Andrea die Kette hervor. Kühl und glatt lag der Stein in ihrer Hand. Sie hielt ihn gegen das Licht. Wie geheimnisvoll er leuchtete, wenn man ihn drehte und hin- und herwendete! Andrea dachte an grüne Wiesen und Täler in einem fernen, wundersamen Land. An große Schiffe, die über dunkelgrüne Meerestiefen dahinfuhren. An Reisen und Abenteuer…

„Nagasaki", flüsterte sie und probierte aus, wie das klang. „Na-ga-sa-ki…"

Und während die Mutter in der Küche mit dem Geschirr klapperte, trug sie die Kette heimlich wieder an ihren Platz zurück.

Gretel Fath

Was die Erde hervorbringt

Einleitende Hinweise

Im Laufe ihrer Geschichte hat die Erde eine derartige Vielfalt von Lebensformen hervorgebracht, daß wir bei nachdenklicher Betrachtung den Eindruck gewinnen, sie verfüge über einen nicht endenwollenden Ideenvorrat. Entwicklung und Wandlung, Absterben und Neuwerden bestimmen die Lebensprozesse, wobei alle wie mit einem unsichtbaren Netz miteinander verknüpft sind. Ein Ungleichgewicht da hat eine Störung dort zur Folge, ein Impuls an der einen Stelle wird ein Echo an einer anderen Stelle auslösen.

Allmählich beginnen wir wieder zu verstehen, daß wir nicht beliebig steuernd, forcierend oder auch hemmend in den Lebensprozeß eingreifen dürfen, wenn wir nicht uns selbst um das Gleichgewicht, um unseren gegebenen Ort in der Lebensgemeinschaft Erde bringen wollen. Bei der Erfüllung seines Auftrags, sich Gottes Erde untertan zu machen, hat der homo sapiens vergessen oder verdrängt, daß jeder einzelne noch so winzige Eingriff in den Plan der Schöpfung sich gegen ihn selbst richten kann und wird: Denn bei allem Respekt vor dem Fortschreiten des Wissens und Könnens – kein forschender Geist überblickt das Ganze, niemand kennt den Entwurf, der allem zugrundeliegt.

Dabei ist es so einfach zu verstehen: Was die Erde hervorbringt, sind Samen, ist Frucht. „Es lasse die Erde aufgehen Gras und Kraut, das Samen bringe, und fruchtbare Bäume auf Erden, die ein jeder nach seiner Art Früchte tragen, in denen ihr Same ist" (so lautete des Schöpfers Idee zum dritten Schöpfungstag). Frucht aber wächst nur, wenn Fruchtbarkeit herrscht. Und an der Fruchtbarkeit unserer Mutter Erde brauchte bislang kein Mensch ernsthaft zu zweifeln: Noch ist nach jedem Winter der Frühling gekommen und mit jedem Frühling das neugeborene Grün. Und mit jedem Blättchen ist die Hoffnung gewachsen, daß die Menschen sich zurückbesinnen auf alles das, was sie mit der Erde, mit den Pflanzen und den Tieren gemeinsam haben. Der Mensch, der sich da die Erde zunutze gemacht hat, hat ja nicht einen einzigen Augenblick lang aufgehört, Erde, Pflanze und Tier zu sein. Er wird lernen müssen, daß er unfruchtbar wird, wenn er die Erde um ihre Früchte bringt.

Erklärungen zu den Symbolwörtern

Es ist sicher kein Zufall, daß in unseren Tagen ein leiblicher und geistiger Gefährte früherer Menschengeschlechter wiederentdeckt wird als ein Sinnbild des äußeren und des inneren Lebens: der *Baum*, der seine Wurzeln in die Erde schlägt und seine Äste und Blätter zu den Sternen trägt und so die Verbindung zwischen Himmel und Erde darstellt. Der Baum, der hochaufgerichtet vor unseren Augen steht und − schon als einzelner − ganzen Welten von Leben Raum gibt. Er ist das Gleichnis für das Menschenleben schlechthin: Sein Leben beginnt aus winzigen Anfängen heraus, zunächst in der warmen und feuchten Dunkelheit der Erde geborgen; er tritt klein und zaghaft ans Licht und ist gefährdet; er muß *Wurzeln* bilden, die ihm die Kraft zum Wachsen geben; er muß sich aufrichten und den Stürmen trotzen; er muß Frucht tragen und anderen Lebewesen Herberge bieten; er wirkt unbesiegbar, aber sein Leben ist verletzlich; ohne Wasser und ohne Licht kann er nicht leben. Er ist das Bild unseres Lebens: der Lebensbaum.

Seine *Äste* und *Zweige* sind seine nach außen gerichteten Gebärden, die Geben und Nehmen bedeuten: sie nehmen (mit den Blättern) die eigene Nahrung des Lichtes und der Luft, sie geben (mit den Früchten) die Nahrung für andere, sie säen die Saat der neuen Generation. Sie sind untrennbar mit Stamm und Wurzel verbunden.

Das *Samenkorn* ist ebenfalls mit dem Schicksal des Menschen eng verbunden: Es wird in den Mutterschoß der Erde versenkt, wo seine Lebenskeime geweckt werden; es wächst heran zur Pflanze und zur Frucht; es wird geerntet und gemahlen, zwischen Steinen zerrieben, mit anderen Stoffen vermischt und geformt; in der Hitze des Feuers verwandelt zu unserem täglichen Brot. Wenn wir es auf den Tisch stellen, bekommt unser Tisch etwas vom Charakter des Altars: Er trägt Christus, das „Brot des Lebens". Und wenn wir verstehen wollen, was für eine Bewandtnis es mit dem Sterben hat, können wir auf das Weizenkorn hören: „Wenn das Weizenkorn nicht in die Erde fällt und erstirbt, so bleibt's allein. Wenn es aber erstirbt, so bringt es viel Frucht" (Johannes 12,24). Das Korn erzählt von der Auferstehung. Als Senfkorn erzählt es von der Hoffnung, daß aus den kleinsten Anfängen etwas ganz Großes werden kann.

Was für die Bibel die Lilie als Königin der Blumen ist, ist für uns die *Rose*, Abbild üppiger Pracht und verschwenderischen Sichverströmens, ein Zeichen für die Gegenwart der Liebe, als solches von ungebrochener Lebendigkeit und deshalb besonders gut als „Einstieg" in das Verständnis der Sprache der Dinge geeignet.

Des *Weinstocks* „Kinder" sind die Reben, seine Frucht sind die Trauben. Aus den gekelterten Trauben gewinnt man den Wein. Der rote Wein erinnert an Blut. Um Wein werden zu können, müssen die Trauben sich opfern, unter der Presse bluten sie aus: ein Bild für das Opfer Christi am Kreuz.

Der Hochzeitsbaum

Inhalt:	In dem Dorf, in dem Vater und Mutter geheiratet haben, ist es Brauch, daß das Brautpaar einen Hochzeitsbaum pflanzt. An ihrem 12. Hochzeitstag machen die Eltern mit den Kindern einen Ausflug in den Hochzeitswald, um zu sehen, was aus dem Bäumchen geworden ist.
Symbolwert:	Baum
Was gezeigt wird:	Bäume begleiten das Leben der Menschen und gewinnen einmalige Bedeutungen für sie. Wer einen Baum pflanzt, denkt über sein eigenes Leben hinaus an die, die nach ihm kommen.
Biblische Anklänge:	Bäume bedeuten Segen für den Menschen. In einer Verheißung an Menschen, die zerbrochenen Herzen sind, wird Erneuerung des Heils und der Verbundenheit zugesagt. Die Angeredeten werden „Bäume der Gerechtigkeit, Pflanzung des Herrn" genannt (Jesaja 61,3). Menschen benötigen die ständige Besinnung darauf, daß Gott ihre Lebenskraft ist. Dann sind sie wie Bäume, am Wasser gepflanzt, die ihre Wurzeln zum Bach hinstrecken. Bäume sagen den Menschen also, was sie brauchen, und wer es sich sagen läßt, der bekommt es auch.
Vorlesezeit:	4 Minuten ••

Unter den Hochzeitsfotos meiner Eltern gibt es eines, das ich besonders gerne mag. Es zeigt meine Mutter im kurzen weißen Brautkleid und meinen Vater im schwarzen Anzug, wie sie in einem kleinen Waldstück ein Bäumchen pflanzen. Die Mutter hält das Bäumchen fest, der Vater gräbt das Pflanzloch. Er hat die Krawatte gelockert und den Hemdkragen geöffnet. Man sieht, daß er schwer arbeitet! Und rundherum stehen die Gäste und lachen und klatschen.

„Was mag wohl aus unserem Hochzeitsbäumchen geworden sein?" sagt meine Mutter jedesmal, wenn sie das Bild sieht. „Bestimmt ist es schon ein großer Baum."

„Oder verdorrt und eingegangen", sagt der Vater dann. Und die Mutter darauf:

„Hoffentlich nicht! Das wäre ein schlechtes Zeichen."

In dem Dorf, in dem meine Eltern geheiratet haben, pflanzen alle Brautleute einen Hochzeitsbaum.

„Zur Erinnerung!" erklärt die Mutter. „Damit etwas da ist, das bleibt."

„Na, na", lacht der Vater. „Ich glaube eher, es ist ein Trick vom Förster, damit er sich Arbeit spart."

Am zwölften Hochzeitstag beschlossen meine Eltern, endlich einmal nachzuschauen, was aus ihrem Bäumchen geworden war. Und wir Kinder durften mitfahren.

Der Hochzeitswald lag am Rand des Dorfes. Am Anfang wuchsen ganz junge Bäumchen. Sie wurden höher, je tiefer wir in das Wäldchen hineingingen. Vor jedem Bäumchen steckte ein Stab, der in Augenhöhe ein weißes Schild trug. Darauf standen die Namen des jeweiligen Brautpaares sowie Monat und Jahreszahl der Pflanzung.

Wir liefen herum und lasen alle Namen.

„Ach, schau nur, diese beiden hier", riefen meine Eltern, wenn sie sich an jemanden erinnerten. „Klaus und Susanne! Und hier: Peter und Ursula – weißt du noch?"

Das Bäumchen von Klaus und Susanne sah klein und mickrig aus. Aber das von Peter und Ursula war ordentlich gewachsen.

„Ganz wie im Leben", sagte mein Vater.

Endlich blieben meine Eltern vor einem etwa drei Meter hohen Stamm stehen, der silbergrau schimmerte. Die Krone des Baumes erschien noch kahl. Aber an den Zweigen saßen schon bräunliche Blättchen. Manche öffneten sich gerade wie kleine Fächer. Weiter oben hatten sich einige bereits ganz entfaltet. Nur in der Mitte waren die Blättchen grün. Als das Sonnenlicht hindurchfiel, leuchteten sie kupferrot auf.

„Unser Baum!" rief meine Mutter. „Er lebt! Schaut nur, wie er gewachsen ist!"

Wir gingen um den Baum herum und betrachteten ihn von allen Seiten. Er war bestimmt doppelt so hoch wie damals, als meine Mutter ihn ins Pflanzloch gehalten hatte.

„Ein prächtiger Bursche", sagte mein Vater stolz und tätschelte den Stamm. Dann nahm er die Mutter in die Arme und küßte sie.

„Merkt euch diesen Baum, Kinder", rief er. „Hier könnt ihr einmal eure Enkel herführen und ihnen sagen: Den hat euer Urgroßvater gepflanzt."

Wir lachten und faßten uns an den Händen und tanzten übermütig um den Baum herum.

Ingrid Abou-Rikab

Der Baum

Inhalt:	Ein Junge muß zusehen, wie im Rahmen von Flurbereinigungsmaßnahmen „seine" Kastanie bedroht ist; die Kinder verteidigen sie vergebens, und der Junge und sein Vater pflanzen einen neuen Baum in ihrem Garten.
Symbolwort:	Baum
Nebenaspekt:	Garten
Was gezeigt wird:	Die Verbundenheit von Mensch und Baum. Die Sinnlosigkeit der Zerstörung gewachsener Lebensformen. Was es bedeutet, einen Baum zu pflanzen.
Biblische Anklänge:	Dem Volk Israel war die Zerstörung der Bäume des Feindes verboten, wenn sie lebenswichtig waren: „Wenn du vor einer Stadt lange Zeit liegen mußt, gegen die du kämpfst, um sie zu erobern, so sollst du ihre Bäume nicht verderben und mit Äxten umhauen, denn du kannst davon essen..." (5. Mose 20,19).
Vorlesezeit:	9 Minuten •••

Seit Wochen liefen die Landvermesser der Flurbereinigungsbehörde durch die Felder. Sie steckten eigene Wege ab und ließen neue Grenzsteine setzen. Niemand wußte eigentlich so recht warum, und so fragte ich unseren Lehrer, warum dies alles geschehen müsse und wozu es gut wäre.

Unser Lehrer gab sich Mühe, den Sinn der Flurbereinigung zu erklären; daß die Ackergrundstücke der Bauern, die bisher an verschiedenen Orten gelegen waren, nun zu einem großen Flurstück zusammengefaßt werden sollten.

„Aber es gibt doch fast keine Bäume mehr bei uns!" erwiderte ich. „Die Landbauern sterben doch aus, sie arbeiten in der Stadt!"

„Das spielt keine Rolle", sagte unser Lehrer, „wenn die Flurbereinigung verordnet ist, wird sie auch durchgeführt, da fragt niemand mehr nach der Notwendigkeit."

Dies erklärte unser Lehrer mit ernster Miene, denn er wußte schon zu diesem Zeitpunkt, was noch alles auf uns zukam.

Einige Wochen später fuhren Maschinenführer mit ihren gewaltigen Baufahrzeugen und Erdschiebern vor, sie frästen mit ihren ungestümen Baggern breite Schluchten durch die Landschaft. Alle Bäume, die der Verbreiterung der Straße im Wege standen, wurden entwurzelt. Die wunderschönen alten Apfelbäume, die längs der bestehenden Wege wuchsen, deren Blüten im Frühjahr dufteten, deren Blätterdach Schatten spendete und deren ungespritzte Äpfel im Herbst rotgolden gegen die Sonne leuchteten, wurden regelrecht aus dem Boden gezerrt.

Die Landarbeiter legten dicke Stahltrossen um den Stamm, die sie am Traktor befestigten. Die Schlinge zog sich zu, das Fahrzeug zog mit unbarmherziger Wucht, die armdicken Wurzeln sprengten entzwei, man hörte die dumpfen Schläge im Erdinnern.

Mir selbst war es, als würde ein Stück Wurzelgrund aus meinem Leib herausgerissen und krachte hilflos ohnmächtig mit Krone, Stamm und allen feingliedrigen Ästen auf die Wiese. Die Bienen und Hummeln summten verwirrt und aufgeschreckt durcheinander.

Es war grauenerregend anzusehen, wie diese wehrlosen und urigen Riesen mit zerrissenem Wurzelwerk quer verstreut über den Äckern lagen. Zuerst wollte ich davonlaufen, weil mich die Art und Weise dieser brutalen Zerstörung schmerzte, dann aber erfuhren wir, daß unsere alte Kastanie an der Wegbiegung gefällt werden sollte.

Ich rannte so schnell ich konnte zu Florian, Andreas, Christine und Monika. Ich hatte gar keine Zeit für lange Erklärungen, sondern stürmte mit ihnen zurück zur Kastanie. Der Baum hatte einen riesigen Umfang. Den konnten sie nicht herauszerren. Sein glatter und schöner Stamm wuchs senkrecht in den Himmel. Die kräftigen Blätter und die hellen Blütenstauden vermittelten Lebenskraft und Stärke.

Wir umklammerten den Kastanienbaum rundum, indem wir uns an den Händen faßten, als könnten wir ihn vor allem schützen, wie der Baum uns in vielen Jahren Schutz gewährt hatte.

Die Landarbeiter mit ihren dröhnenden Kettensägen gingen auf uns zu. Sie sahen bedrohlich aus. Wir hatten Angst vor den scharfen rotierenden Ketten, vor allem Monika, sie war erst sechs.

Aber unser Lehrer war in der Nähe. Er fotografierte, und vielleicht hat dies die Landarbeiter abgehalten, die uns leicht hätten vom Stamm losreißen können mit ihren Kräften. Unser Lehrer war wütend geworden.

„Ihr habt keine Ahnung", schrie er die Landarbeiter an. „Diese Bäume sind mehr als Holz und Blätter. Milliarden biologischer Blattzellen eines einzigen Baumes stellen ungefähr fünf Tonnen Sauerstoff her und verarbeiten über sechs Tonnen Kohlendioxid im Jahr. So ein Baum zieht mit seinen Wurzeln dreißigtausend Liter Wasser durch den Boden und hält das Ackerland feucht über lange Zeiten der Trockenheit!" Er sprach von Lebensraum und Symbiose, von Staubfilter und Klimaregler, von Artenvielfalt und Humusproduzenten.

Davon verstanden wir nur wenig, aber wir spürten, daß er sehr erregt war, so wie wir ihn lange nicht gesehen hatten. Unser Lehrer zitterte an den Händen, und sein Gesicht war weiß und voller Groll.

Die Landarbeiter lachten.

„Diese Kastanie", sagten sie, „hat keine Chance gegen unsere Durchführungsverordnungen." Danach zogen sie ab.

Am Abend ging ich noch einmal alleine zum Baum. Ich setzte mich hin, lehnte meinen Kopf gegen die Rinde und empfand ein unbeschreibliches Glücksgefühl, so als wäre ich eins mit dem Baum und könnte mich wiegen in seinen Ästen und das Flüstern der Blätter im Wind verstehen. Meine Füße blieben eingewurzelt, und die Größe, seine Geborgenheit und seine Lebenskraft spürte ich in mich hineinwachsen.

Ein Gefühl von Brüderlichkeit und Zuneigung keimte!

Es dauerte nicht lange. Als ich am nächsten Tag aus der Schule kam, hatten sie die Kastanie gefällt. Sie war zersägt und aufgeschichtet und blieb auf eine sorgfältige Art zertrümmert und kleingestückelt.

Ich setzte mich an den Straßenrand und weinte, war traurig und wütend zugleich, wie so viele Menschen, die einer unsinnigen Zerstörung nichts als ihre eigene Ohnmacht entgegenzusetzen haben.

In der Nacht hatte ich einen beängstigenden und gleichzeitig tröstlichen Traum. Ich war in einen Apfelbaum verwandelt, stand im freien Feld. Frühling war es, Bienen, Libellen und Schmetterlinge schwirrten um mich herum, die Vögel hüpften in meinen Ästen und der Waldkauz suchte Zuflucht in meinen Höhlungen.

Plötzlich kamen die Landarbeiter. Sie lachten, als sie mir die Stahltrossen anlegten. Der Traktor wühlte sich in die Erde. Aber ich wehrte mich aus Leibeskräften und klammerte mich mit allen Wurzelfasern im Erdreich fest. Als die Zerstörer das sahen, kappten sie meine Äste, verstümmelten mich, wollten mich klein und kraftlos machen. Aber ich konnte ihnen widerstehen. Sie zogen fluchend ab. Ich litt große Schmerzen, war aber sehr stolz, daß ich noch vorhanden war.

Als ich aufwachte, lag ich in Schweiß gebadet, meine Mutter fragte mich, ob ich Fieber habe. Ich schüttelte den Kopf und erzählte, was ich geträumt hatte.

Meinem Vater gefiel der Traum. Er nahm mich mit in die Baumschule und wir kauften eine junge, aber kräftige Kastanie.

„Sie ist sehr schön, aber noch so winzig", sagte ich.

Vater und ich, wir wollten sie zusammen nicht weit von unserem umgesägten Kastanienbaum einpflanzen, so daß sie die geplante Straße nicht behelligte.

Das aber war nicht erlaubt. „Es verstößt gegen die Durchführungsbestimmung der Flurbereinigungsbehörde!" sagten die Planer.

Wir müßten noch fünf Jahre warten, bis alle Wege „vernetzt" wären, wie sie sagten.

Vater und ich wollten nicht warten. Wir pflanzten die kleine Kastanie in unserem Garten.

„Er ist noch so klein und dünn, unser Baum", sagte ich.

„Du mußt ihn pflegen und behutsam mit ihm umgehen. Vor allem aber mußt du geduldig sein", meinte Vater und legte seinen kräftigen Arm um meine Schultern. Wir kehrten gemeinsam ins Haus zurück.

Kurt Hock

Weihnachten in der Fremde

Inhalt:	Tina lebt mit den Eltern in einem arabischen Land. Es wird Weihnachten, aber es gibt keinen Weihnachtsbaum.
Symbolwort:	Baum
Nebenaspekt:	Weihnachten
Was gezeigt wird:	Man kann den Sinn des Festes auch ohne Baum verstehen. Die Bedeutungsübertragung von einem Ding auf das andere schafft ein neues Symbol.
Biblische Anklänge:	Zeichen sind hilfreich, aber nicht notwendig für den Glauben (Johannes 4,48).
Vorlesezeit:	5 Minuten ●●

Seit einem dreiviertel Jahr lebte Tina mit ihren Eltern in einem arabischen Land, weil der Vater hier arbeitete. Nun war es schon Mitte Dezember, und noch blühten Geranien und Ringelblumen im Gärtchen. Hier draußen spielte Tina mit ihren Puppen, als sie plötzlich hörte, wie die Klappe des Briefkastens außen herabfiel. Tina rannte zum Gartentor und öffnete von innen das Türchen des Kastens. Wahrhaftig, ein Luftpostbrief lag darin! Fröhlich hüpfte Tina damit zur Mutter in die Küche.

„Mama, ein Brief! Darf ich ihn aufmachen?"

Die Mutter, die ihre mit Teig verklebten Hände erst waschen mußte, erlaubte es gern. Tina riß den Umschlag auf.

„Oh, ein Weihnachtsbaum! Wie ist der schön!"

Ihre Augen strahlten hell, als sie von der Weihnachtskarte aufschaute.

„So einen Baum möchte ich haben!"

Während die Mutter ihre Hände abtrocknete, seufzte sie leise. In diesem islamischen Land würde sie keinen Weihnachtsbaum auftreiben können. Weder gab es Nadelbäume zu kaufen, noch konnte man auf den Hügeln außerhalb der Stadt einen absägen, denn das Gastland der Familie war an Bäumen arm.

Behutsam erklärte die Mutter der kleinen Tina, daß es in diesem Jahr keinen Christbaum geben werde. Das Christkind würde jedoch trotzdem kommen. Überall würden Kerzen brennen: auf Tischen, Schränken und auf dem Fernsehgerät. Die Kerzen würden die ganze Wohnung ausleuchten, und gewiß würde Tina auch Geschenke erhalten. Aber leider nicht unter dem Weihnachtsbaum!

Die ganze Vorfreude der Kleinen war bei diesem Gedanken verflogen. Still zog sie sich in ihr Zimmer zurück. Die frisch gebackenen Plätzchen, die die Mutter ihr zum Kosten brachte, ließ sie unberührt stehen. Tina war traurig, und die Eltern versuchten in den folgenden Tagen vergeblich, ihr Kind zu trösten. Oft betrachtete es sehnsüchtig die Photos vom vergangenen Weihnachtsfest, das die Familie noch in Deutschland gefeiert hatte. Warum mußte der Vater ausgerechnet hier arbeiten, wo es keine Christbäume gab?

Als der Vater am 24. Dezember zum Mittagessen nach Hause kam, sang er laut:

„O Tannenbaum, o Tannenbaum, wie grün sind deine Blätter!"

Die Mutter schimpfte:

„Kennst du denn kein passenderes Weihnachtslied?"

„Nein", sagte der Vater, „es paßt zwar nicht ganz genau, aber doch beinahe. Schaut nur im Garten nach!"

Dort lehnten gegen die Hauswand zwei große Äste einer Zypresse. Sie hatten an den Seiten mehrere kleinere Zweige, die rundum mit frischen, dunkelgrünen Nadeln besetzt waren.

„Ein arabischer Arbeitskollege wünscht uns ein frohes Fest. Diese Äste hat er von seinem Baum abgesägt, damit wir auch hier richtig Weihnachten feiern können", erklärte der Vater.

„Den allerschönsten Weihnachtsbaum machen wir daraus", freute sich die Mutter und küßte ihr Töchterchen auf beide Backen. Dann brachte sie einen Eimer herbei, füllte ihn mit Erde und Steinen und steckte die Äste dazwischen. Fest band sie nun beide mit einem dunklen Faden aneinander, so daß die Zweige nach allen Seiten abstanden wie bei einem richtigen Baum.

Nach dem Essen bastelte die Mutter mit Tina buntglänzende Sterne und allerlei anderen Baumbehang. Kerzen wurden auf die Zypressenzweige gesteckt, und bald waren sie so schön geschmückt wie ein deutscher Weihnachtsbaum. Am Abend schließlich glitzerten die Sterne im Kerzenlicht, und das saftige Dunkelgrün der Zypresse war in milde Helligkeit getaucht.

Tinas Eltern lasen abwechselnd die Weihnachtsbotschaft vor. Dann umarmten sie sich und ihr Töchterchen. Sie zeigten Tina ihre Geschenke, die wie im vergangenen Jahr unter dem Christbaum lagen. Während Tina dann die neu-

en Spielsachen ausprobierte, sprachen die Eltern, in den Anblick ihres „Weihnachtsbaums" versunken, von allen Verwandten und Freunden in der Heimat. Und trotz der Entfernung fühlten sie sich in dieser Stunde mit ihnen vereint.
Später sagte der Vater:
„Ich habe übrigens für morgen nachmittag meinen Arbeitskollegen mit seiner Familie eingeladen. Ich hoffe, es ist euch recht."

Ingrid Abou-Rikab

Der Kehrichtbaum

Inhalt:	Während des Winterurlaubs gibt es an Weihnachten ein festliches Diner und einen riesigen Baum. Zurück zu Hause, nimmt Pascal einen nadellosen Baum vom Müll und schmückt ihn.
Symbolwort:	Baum
Nebenaspekt:	Weihnachten
Was gezeigt wird:	Ein Symbol kann luxuriös ausgestattet sein und doch tot.
Biblische Anklänge:	Die Armut des Stalls zu Bethlehem.
Vorlesezeit:	4 Minuten ●●

Noch eine Minute! Pascal saß im Zug am Fensterplatz und beobachtete den Sekundenzeiger der Bahnhofsuhr.
„Weihnacht dies Jahr einmal anders", hatten die Eltern gesagt „wir fahren über die Festtage in ein Berghotel!" Pascal freute sich.
Die neuen Skier lehnten in der Ecke. Der orangefarbene Skidreß leuchtete hell. Draußen regnete es. „In der Höhe wird es schneien", sagte der Vater und löste die Schnallen an seinen Skischuhen. Die Füße schmerzten ihn. In den alten Schuhen war das Gehen leichter gewesen! Doch wer wollte in der heutigen Zeit altmodisch oder gar rückständig sein?
Als der Zug langsam anrollte, lehnte sich die Mutter erleichtert zurück. Einmal keine Kocherei für Gäste am Heiligen Abend, keinen Tannenbaum in der Stube, der nach drei Tagen schon seine Nadeln verliert!
Bei der Ankunft in der Höhe schneite es. Pascal jubelte:
„Morgen gibt es eine Pulverschneefahrt. Wir werden Spuren hinlegen wie die Fernseh-Skifahrer!"
Kaum waren sie aber im Hotel, setzte der Föhnsturm ein. Während der ganzen Nacht heulte der Wind. Warmer Regen peitschte an die Scheiben.

Als Pascal am Morgen zum Fenster hinausblickte, war fast aller Schnee weggeschmolzen. An den Skihängen schauten viele Steine hervor. Die Skilifte hatten den Betrieb eingestellt. Pascal saß im Hotelzimmer. Die Zeitschrift war ausgelesen, das Kreuzworträtsel gelöst – was sollte er tun?
Die Familie kleidete sich sorgfältig zum Abendessen um.
Das Diner am Heiligen Abend bestand aus unzähligen Gängen. Pascal studierte die lange Menü-Karte: Lachs oder Hauspastete als Vorspeise? Der Junge entschied sich für das letztere. Nachher folgte der Festtagsbraten mit den Gemüsebeilagen; dazu gab es Reis, Kartoffelbrei oder Nudeln. Die Kellner flitzten unaufhörlich hin und her.
Für den Nachmittag rollten sie einen Servierwagen herbei, der mit Kuchen, Käse und Früchten beladen war. Oder wünschte der junge Herr lieber Eis?
„So lange und so schön möchte ich nicht jeden Tag essen", sagte Pascal.
Während des Festmahls hatte er viel Zeit, den zimmerhohen Christbaum zu betrachten. Er stand in der Mitte des Speisesaals und war mit Riesenkugeln und elektrischen Kerzen geschmückt. Großmama liebte solche Kerzen nicht. Was machte sie wohl allein zu Hause?
„Haben Sie schöne Weihnacht in den Bergen erlebt?" wollte ein Unbekannter auf der Heimfahrt wissen. Pascal schaute seine Eltern unsicher an.
„Ja, Weihnacht einmal anders", sagte die Mutter, und der Vater ergänzte: „Leider konnte man bis zum Neujahr nicht skifahren."
In der Stadt standen vor den Häusern und neben den Kehrichtsäcken bereits die ausgedienten Christbäume. Ihre Äste waren teilweise geknickt, fast alle Nadeln waren abgefallen. Was tat es?
Pascal trug ein solches Tännlein in die Wohnung. Noch bevor er seinen Koffer auspackte, holte er die Weihnachtsschachtel vom Boden und begann, seinen Baum zu schmücken. Alle Kugeln, Sterne, Tiere und Engel, die er fand, hängte er auf. Dabei verlor der Baum seine restlichen Nadeln.
Zuerst ärgerte sich die Mutter, die am Auspacken war: „Auch noch diese Unordnung!" Aber dann holte sie Besen und Schaufel und half Pascal sauber zu machen. Der Vater brachte Brot und Wurst aus der Küche. Erstaunt blickte er auf den nadelfreien Christbaum. „Den muß Großmama sehen", rief er, „ich werde ihr telefonieren. Noch nie haben wir einen so schönen Weihnachtsbaum gehabt."

Lisbeth Kätterer

Der Schneeballbaum

Inhalt:	In Südafrika ist es Sommer, wenn es Weihnachten wird. Martin will einen richtigen Weihnachtsbaum.
Symbolwort:	Baum
Nebenaspekt:	Weihnachten
Was gezeigt wird:	Es gibt Symbole, auf die Menschen nicht verzichten wollen. Die Kraft der Tradition.
Biblische Anklänge:	Das Volk Israel hat in seinen unruhigen Wanderjahren immer die beiden Gesetzestafeln dabei. Sie waren das Allerheiligste.
Vorlesezeit:	3 Minuten ••

Es ging auf Weihnachten zu, aber wo Martin lebte, war es nicht kalt. In Südafrika, wo seine Eltern als Missionare arbeiteten, ist es Sommer, wenn es Weihnachten wird.

Martin störte das warme Wetter nicht, aber er sehnte sich nach einem Weihnachten, wie es zu Hause in Deutschland immer gefeiert worden war. Die ganze Familie war dann immer zu den Großeltern gefahren, und Onkel und Tanten, Cousins und Cousinen waren dagewesen. Er erinnerte sich noch an das großartige Weihnachtsessen und — das Beste überhaupt — an den Weihnachtsbaum. Er wünschte, sie könnten wenigstens solch einen Baum haben, wie die Großeltern ihn immer gehabt hatten.

„Aber hier gibt es keine Nadelbäume", erklärte der Vater. Das stimmte. Hier beim Kanye Hospital wuchsen keine Tannen.

„Haben wir Weihnachten auch Ferien?" fragte Martin seine Mutter. Geoffrey, der Sohn des Händlers, hatte ihm nämlich erzählt, daß an einer richtigen Schule zu Weihnachten Ferien seien. Martin ging nicht auf eine richtige Schule, Geoffrey auch nicht, denn die nächste Schule war zu weit entfernt. Martins Mutter unterrichtete die beiden.

„Ja, wir machen auch Ferien", erklärte die Mutter. „Und wenn du magst, kannst du mir helfen, Kekse für Weihnachten zu backen, genau solche, wie Großmutter sie auch backen würde."

„Das ist gut." Dann, nach einer kurzen Pause, kam Martin auf das Thema zurück, das ihm nun schon lange im Kopf herumging. „Aber ich wünsche mir wirklich, wir könnten einen Tannenbaum haben. Es ist nicht richtig Weihnachten, wenn wir keinen Baum haben."

„Viele haben zu Weihnachten keinen Christbaum", versuchte seine Mutter ihn zu trösten. „Wir brauchen keinen Baum, um uns an die Geburt Jesu zu erinnern und an seine Liebe zu uns, deretwegen er auf die Erde gekommen ist.

Wir brauchen keinen Baum, um uns gegenseitig unsere Liebe zu zeigen und eine schöne Zeit miteinander zu verbringen."

„Nein", sagte Martin, „aber ich denke, es wäre schön, Weihnachten soweit wie möglich so zu feiern wie bei Großmutter früher. Das machte immer so viel Spaß."

„Ja, allerdings", stimmte Martins Mutter zu. „Aber jetzt leben wir woanders, und wir müssen andere Wege finden, unsere Freude zu haben."

„Ich möchte aber nichts anderes anstelle des Baumes", erklärte Martin. „Was ich möchte, ist ein *richtiger* Weihnachtsbaum."

Einige Tage später war Martin überrascht, als er sah, daß sein Vater einen kleinen Dornbusch ins Haus brachte, den er draußen abgeschlagen hatte.

„Warum bringst du den denn ins Haus?" wollte Martin wissen.

„Du wolltest doch einen Weihnachtsbaum, oder?" fragte ihn sein Vater.

„Aber…" Martin wollte protestieren, daß ein Dornstrauch kein Weihnachtsbaum sei, aber Vater lächelte so fröhlich, daß er lieber nichts sagte.

„Komm, hilf mir, ihn zu schmücken", rief ihm sein Vater zu.

Mutter zeigte ihnen, wo sie den Strauch aufstellen konnten, und Vater bastelte einen Ständer. Er stellte den Stamm in einen Kübel und packte Steine darum, um den Strauch aufrecht zu halten. Mutter rollte kleine Wattebällchen zusammen.

„Diese Bällchen werden aussehen wie Schneebälle", erklärte sie Martin, als sie begann, die Wattebäusche in den Dornstrauch zu hängen. Bald waren Mutter, Vater und Martin fröhlich dabei, Watte-Schneebälle in den Strauch zu hängen.

„Es wird ein Schneeballbaum", lachte Martin.

Dann zeigte ihm seine Mutter, wie er Papierstreifen bunt bemalen konnte, um Ketten zu basteln, und er bastelte Girlanden aus Papierketten, die er um den Baum hängte. Seine Mutter machte ein wenig Baumschmuck aus buntem Papier, und Vater steuerte noch einige ausgeschnittene Figuren aus glänzenden Blechdosen bei.

Schließlich konnte einfach kein weiterer Schmuck mehr in den Strauch gehängt werden, so voll hing er bereits. Mutter, Vater und Martin traten ein Stück zurück, um ihr Werk zu begutachten. Es hatte Spaß gemacht, zusammen in diesem fremden Land einen Weihnachtsbaum zu schmücken. Und es war ein schöner Baum geworden. Sie würden die immergrünen Zweige überhaupt nicht vermissen.

Martin atmete tief durch. „Wißt ihr, was ich denke? fragte er. „Ich denke, dies ist der schönste Weihnachtsbaum, den ich je gesehen habe."

Marge Alexander

Wurzeln schlagen

Inhalt:	Nach einem Umzug fällt es Sebastian schwer, sich an die neue Umgebung zu gewöhnen; alles ist fremd.
Symbolwort:	Wurzel
Was gezeigt wird:	Sich heimisch und vertraut fühlen, sich wohlfühlen hängt davon ab, daß wir Wurzeln schlagen. Das neue Stück Erde muß uns erst aufnehmen.
Biblische Anklänge:	In Zeiten der Bedrohung und des Krieges verkündet Jesaja: „Die Geretteten werden von neuem nach unten Wurzeln schlagen und nach oben Frucht tragen" (37,31). Für die verheißene Erneuerung, das zukünftige Heil, hat Hosea die ergreifenden Worte: „Ich will für Israel wie ein Tau sein, daß es blühen soll wie eine Lilie, und seine Wurzeln sollen ausschlagen wie eine Linde und seine Zweige sich ausbreiten, daß es so schön sei wie ein Ölbaum und so guten Geruch gebe wie die Linde" (Hosea 14,6 f.).
Vorlesezeit:	5 Minuten ●●

Sebastian war mit seinen Eltern umgezogen. Hätte man Sebastian gefragt, er wäre viel lieber dort geblieben, wo sie bisher gewohnt hatten. Hier hatte er seine Freunde, mit denen er spielen konnte. Zwar sagte Mutter, er würde in der neuen Stadt gewiß auch schnell wieder Freunde finden. Aber Sebastian glaubte nicht, daß dies so einfach sein würde. Außerdem war er mit seinen alten Freunden sehr zufrieden gewesen. Was brauchte er da neue?

Aber sein Vater hatte in der anderen Stadt eine bessere Arbeitsstelle bekommen. Er verdiente jetzt sehr viel mehr.

Schön war, daß sie jetzt einen größeren Garten hatten.

„Hoffentlich wächst er an", sagte der Vater, als er einen Wacholderstrauch in den neuen Boden setzte.

Sie hatten den Wacholderstrauch mitsamt den Wurzeln aus ihrem früheren Garten ausgegraben und mitgenommen.

„Weißt du", sagte er zu Sebastian. „Mit Pflanzen ist es ein wenig so wie mit Menschen: Sie brauchen Zeit, bis sie in einer neuen Umgebung Wurzeln geschlagen haben."

Am ersten Schultag stand Sebastian allein auf dem Schulhof. Niemand spielte mit ihm; es kannte ihn ja niemand.

Auch an den neuen Lehrer konnte sich Sebastian gar nicht gewöhnen. Seine frühere Lehrerin war viel netter gewesen.

Als er mißmutig nach Hause kam, fand er seine Mutter im Garten.

„Sieh einmal, Sebastian", sagte sie. „Durch den Sturm ist in der Nacht unser Wacholderstrauch umgefallen."

„Wieso nur er – und nicht auch die anderen Sträucher?" fragte Sebastian.
„Seine Wurzeln halten noch nicht", sagte die Mutter. „Sie sind noch nicht
tief genug in der Erde drin. Und wie ist es dir in der Schule ergangen?"
Sebastian machte ein trauriges Gesicht und sagte: „Keiner hat mich mitspielen lassen."
„Da werden wir etwas nachhelfen müssen", sagte der Vater, als Mutter ihm
am Abend berichtete. „Den Strauch werden wir einfach mit Steinen befesti-
gen, die wir rundum auf den Boden legen. Sie werden ihn dann auch beim
Sturm in der Erde halten. Und morgen werde ich einmal mit Sebastians neuem Lehrer reden."
Als es am anderen Tag zur großen Pause läutete, hielt der Lehrer die Jungen
und Mädchen aus Sebastians Klasse zurück und sagte:
„Es wäre nett von euch, wenn ihr euch ein wenig um Sebastian kümmern
würdet. Er ist neu hier und kennt noch keinen. Ihr müßt ihm helfen, damit er
sich bei uns eingewöhnt."
Alle sahen zu Sebastian hin, so daß er ganz verlegen wurde. Der Lehrer nickte
ihm aufmunternd zu. Und zu den anderen sagte er: „Auf, ihr könnt jetzt in
die Pause gehen!"
Da liefen alle los. Aber im Hinausrennen schlug ein Junge Sebastian auf die
Schulter und rief:
„Los, komm mit! Wer zuerst draußen ist, hat gewonnen!"
Nach ein paar Wochen war Sebastian nicht mehr der „Neue", sondern einer
von ihnen, der sich auskennt und dazugehört.
Auch der Wacholderstrauch schien sich an seine neue Umgebung gewöhnt zu
haben.
„Ich glaube, wir können die Steine wieder wegtun", sagte der Vater. „Der
Strauch hat jetzt Wurzeln geschlagen, die ihn selber halten."
Und tatsächlich: Dem nächsten Sturm gelang es nicht mehr, ihn umzuwerfen.
So tief hatten sich die Wurzeln in die Erde eingegraben.

Andreas Kleinschmidt

Der kranke Ast

Inhalt:	Laura und ihr Vater binden den abgeknickten Ast eines Baumes wieder an und hoffen, daß er anwächst.
Symbolwort:	Ast
Was gezeigt wird:	Menschen pflegen einen kranken Baum wie ihresgleichen. Der Lebenszusammenhang von Baum und Ast.
Biblische Anklänge:	„Wenn ein Glied leidet, so leiden alle Glieder mit. Wenn ein Glied wird herrlich gehalten, so freuen sich alle Glieder mit" (1. Korinther 12,26). Der enge Zusammenhang zwischen Jesus und der Gemeinde im Bild vom Weinstock und den Reben (Johannes 15).
Vorlesezeit:	3 Minuten

Am Rande der Stadt begannen die Wiesen, durch die Laura mit ihrem Vater gerne streifte. Auf einer dieser Wiesen stand ein junger Baum, den das Mädchen schon manches Mal bewundert hatte.

Sein Stamm war noch dünn, aber er trug viele Blätter — wie die großen starken Bäume auch. Der Stamm verzweigte sich in zwei dicke und einige dünne Äste.

Eines Tages, als Laura wieder mit ihrem Vater dort vorbeiging, sah sie, daß einer der beiden dicken Äste herunterhing.

„Oh, schau!" sagte sie. „Irgend jemand hat ihn umgebogen und gebrochen. Das ist aber gemein!"

Der Ast hing nur noch an wenigen Fasern.

Vater erklärte Laura:

„Ein Baum braucht seine Blätter zum Leben; deshalb ist es schlimm, wenn er plötzlich einen Ast mit so vielen Blättern verliert. Aber die Wunde ist noch frisch und vielleicht kann man dem Ast helfen."

Schnell holten sie zu Hause einen alten Lederriemen. Vater bog den lose hängenden Ast wieder hoch und band ihn mit dem Lederriemen an den anderen dicken Ast.

„Vielleicht klappt es", sagte er zu Laura. „Vielleicht ist der Ast noch zu retten!"

Zwei Wochen später konnten sie sehen, daß die Blätter an dem verletzten Ast noch immer frisch und grün waren.

„Der Ast lebt noch", freute sich Laura.

„Ja, die Blätter bekommen noch Saft vom Baum", erklärte der Vater.

Häufig kamen sie in den nächsten Wochen an dem Baum vorbei und prüften den Ast.

Im nächsten Frühjahr wollte Vater den Lederriemen mit seinem Taschenmesser durchschneiden.
„Der behindert den Baum bloß! Er braucht den Riemen nicht mehr, weil der
verletzte Ast nun selbst Kraft hat", sagte er.
Ängstlich beobachtete Laura den Ast, während Vater am Riemen säbelte.
„Wird der kranke Ast nicht vielleicht doch herunterfallen und dann wieder
so traurig baumeln wie im letzten Jahr?" fragte sie.
Da deutete Vater auf eine Stelle am Ast, die dick und rund wie ein Tennisball
war.
„Schau, das ist die Wunde. Sie ist jetzt verheilt. Der Ast ist zusammenge-
wachsen!"
Mit einem Ratsch durchschnitt das Taschenmesser den Lederriemen . . . der
Ast hielt! Aber auch der Riemen fiel nicht herunter; die beiden Enden waren
eingewachsen.
Oft, wenn Laura und ihr Vater später an dem Baum vorbeikamen, sahen sie
zwei Stücke Leder an den Ästen hängen. Da waren sie stolz auf „ihren" Ast.

Beate Weise

Rosa Weihnachtsblüten

Inhalt:	Mutter schneidet Anfang Dezember einen Apfelbaumzweig ab, der an Weihnachten aufblüht.
Symbolwort:	Ast
Nebenaspekt:	Weihnachten
Was gezeigt wird:	Der Brauch des Barbarazweigs. Das Wunder des Blühens mitten im Winter.
Biblische Anklänge:	Mitten im politischen Winter, in licht- und hoffnungsloser Zeit, wird dem Volk Israel verheißen, daß aus seinem Stamm einmal ein Zweig entsprießen und den Frieden zu neuer Blüte bringen werde (Jesaja 11,1).
Vorlesezeit:	4 Minuten ●

Neben Tanjas Sandkasten steht ein alter Apfelbaum. Wenn sie im Sommer in
seinem Schatten gespielt hat, war es immer schön kühl. Ein Zweig hing so
weit über dem Sandkasten, daß er Tanja gepiekst hat.
„Wir werden ihn Anfang Dezember abschneiden und als Barbarazweig in die
große Blumenvase stellen", meint die Mutter eines Tages. Tanja wird neugie-

rig. Ein Barbarazweig? Seit wann heißt ein Apfelbaumzweig manchmal auch Barbarazweig?

„Warte bis Weihnachten, dann wirst du sehen, was mit dem Zweig passieren wird", sagt die Mutter geheimnisvoll.

In der ersten Dezemberwoche gehen Mutter und Tanja zum Sandkasten. Auf dem Apfelbaumzweig sitzt gerade eine Kohlmeise. Sie warten, bis die Meise fortfliegt. Ohne Blätter sieht der Baum traurig aus. Der Zweig hängt jetzt wie ein langer krummer Finger über dem Sandkasten.

Mutter zeigt Tanja, wie sie den Zweig mit der Rosenschere abschneiden soll. Ganz fest muß sie drücken. Endlich hat sie es geschafft. Der Zweig plumpst nach unten. Sie tragen ihn ins Haus. Tanja füllt Wasser in eine große Glasvase und stellt den Zweig vorsichtig hinein.

„Jetzt wird er ein Barbarazweig!" ruft sie. Ob Mutter etwas verrät? Nein, sie sagt nichts. Also muß Tanja warten. Jeden Tag besucht sie ihren Zweig. Nichts passiert. Sie schaut hierhin und dorthin. Sie berührt den Zweig. Rissig und rauh ist seine Rinde, wenn ihre Finger darübergleiten. An einigen Stellen sitzen braune kleine Knospen fürs nächste Frühjahr. Einmal riecht sie sogar an ihnen.

„Kannst du schon etwas riechen?" fragt Mutter lachend. Wenn sie doch nur etwas sagen würde! Aber eigentlich ist es doch so viel spannender.

Eine Woche ist vergangen. Tanja gießt frisches Wasser in die Vase. Plötzlich blinzelt draußen die Sonne zwischen den Wolken hindurch. Ein vorwitziger Sonnenstrahl fliegt genau auf eine Apfelknospe des Barbarazweigs. Nanu! Was ist denn das? Die Knospe hat sich verändert. Sie ist größer geworden. Alle Knospen sind größer geworden. Ganz deutlich kann man es sehen, jetzt, wo noch mehr Sonnenlicht über den Zweig fließt. Und einige Knospenspitzen haben sich sogar etwas geöffnet.

Tanja läuft zur Mutter und zieht sie an beiden Händen zur Blumenvase. Tatsächlich, an einigen vorher geschlossenen Knospenspitzen zeigen sich kleine Öffnungen. „Bald kommt der Frühling zu uns ins Haus", flüstert Mutter, aber mehr verrät sie immer noch nicht.

Wieder sind einige Tage vergangen. Der ganze Zweig hat sich verändert! Frischgrüne Blattspitzen schieben sich überall neugierig heraus. Wie zart sie sich anfühlen! Die Knospen haben sich weit geöffnet und zeigen, was sie vorher versteckt haben: Eng zusammengefaltet in ihren kleinen Knospenbettchen liegen die winzigen Blütenkinder. Noch schlafen sie.

Und dann steht Weihnachten vor der Tür. Draußen fällt der erste Schnee. In einer hellen Ecke aber leuchtet ein Barbarazweig mit vielen blaßrosa Blütenblättern. Im Winter ist der Frühling zurückgekehrt!

„Wie bunte Schmetterlinge sehen die Blüten aus", staunt Tanja. Am liebsten würde sie den Barbarazweig hinaus zum Apfelbaum tragen und ihm seine duftigen Blütenkinder zeigen. Heute will sie ein Bild von ihm malen.

Rainer Hohmann

Geheimnis

Inhalt: Ein Mädchen lernt, was ein Geheimnis ist, und macht eine Mohnkapsel zu ihrem Geheimnis.

Symbolwort: Samenkorn

Was gezeigt wird: Es gibt im Großen und im Kleinen kein Leben ohne Geheimnis. Es muß etwas geben, was verborgen ist vor den Augen – wie das Samenkorn in der Kapsel verborgen ist. Solange es verborgen ist, wirkt es heilend.

Biblische Anklänge: Der Wille Gottes ist verborgen, bei ihm verwahrt und versiegelt in seinen Schatzkammern (5. Mose 32,34); Gott ist ein verborgener Gott (Jeremia 45,15). Auch was aus dem Menschen werden wird, bleibt ein Geheimnis: „Es ist noch nicht erschienen, was wir sein werden" (1. Johannes 3,2)

Vorlesezeit: 2 Minuten   ••

Geheimnis? Ich war noch ein kleines Kind und wußte nicht, was das sei. Der Vater erklärte mir: „Es gibt verschiedene Geheimnisse. Das echte ist allen Menschen unbekannt. Niemand hat es gesehen. Es hat eine große Kraft. Aber es gibt auch Geheimnisse, die gehören einem Menschen. Einer weiß davon. Er möchte sein Geheimnis für sich behalten. Sagt er es weiter, dann weiß er nie, ob es der andere nicht längst verraten hat. Was viele Menschen wissen, ist kein Geheimnis mehr." Eigentlich wußte ich immer noch nicht, was ein Geheimnis war. Der Vater hatte es mir nicht gezeigt. Das Geheimnis blieb ein Geheimnis.

Dann fand ich im Garten eine dicke Samenkapsel vom roten Mohn. Sie war rundum verschlossen, groß wie ein Taubenei. Obenauf trug sie eine zierliche, blütenförmige Krone. In der Kapsel rasselte etwas, wenn man sie vorsichtig schüttelte. Ich dachte: Jetzt habe ich ein Geheimnis gefunden. Niemand hat je gesehen, was in der Kapsel ist. Es ist, wie der Vater gesagt hat.

Ich bat meine Mutter um ein Stück weichen Stoff.

„Wofür?"

„Das ist ein Geheimnis."

Sie gab mir den Rest eines Seidenschals. Jetzt suchte ich eine feste Schachtel, bettete die geheimnisvolle Kapsel hinein, verschloß das Päckchen mit einem roten Weihnachtsband und ging damit zum Vater: „Bitte, schreib das Wort Geheimnis darauf!"
Der Vater tat's mit verschnörkelter Schrift.
Ich legte die Schachtel auf den kleinen Tisch neben meinem Bett. Nachts träumte ich die wunderlichsten Dinge, was die Kapsel alles hervorzaubern könne. Aber morgens war ich froh, daß die Schachtel noch verschlossen war. Vorher hatte ich Angst, im Dunkeln allein zu sein. Seit ich ein Geheimnis besaß, war diese Angst vorbei.

Sonja Matthes

Unsichtbare Bäume

Inhalt:	Ernst wundert sich, daß in seinem Beet ein Bäumchen aufgeht, das er nicht gepflanzt hat.
Symbolwort:	Samenkorn
Was gezeigt wird:	Aus winzigem Anfang wird etwas Großes. Im Samenkorn ist die gesamte künftige Pflanze enthalten mit allen ihren Möglichkeiten. Manche Dinge, die da sind, können wir nicht sehen.
Biblische Anklänge:	Das Gleichnis vom Senfkorn (Matthäus 13,31-32).
Vorlesezeit:	3 Minuten

„Großvater, du hast dein Versprechen nicht gehalten", beklagt sich Ernst, „du hast gesagt, man hält, was man verspricht. Und du hast gesagt, daß ich allein in diesem Beet pflanzen darf, wenn ich dich besuche."
Der Großvater läßt seine Hacke fallen. Er tut, als ob er furchtbar erschrocken wäre. Ernst muß lachen.
„Schau", sagt er, „da wächst etwas in meinem Beet, das habe ich nicht gepflanzt."
„Das Unkraut, das ich jäten muß, habe ich auch nicht gepflanzt", sagt der Großvater. Dann schaut er die Pflanze in Ernsts Beet genau an und lacht.
„Das war ich nicht, das hat jemand anders gepflanzt, aber du mußt erraten, wer es war."
„Mutter vielleicht, oder Großmutter?"
„Nein, jemand, der gut klettern und von Ast zu Ast hüpfen kann. Für Großmutter wäre so ein Leben mühsam."
„Also ein Vogel?"

„Nein, der Jemand kann nicht fliegen."
Ernst hüpft auf einem Bein herum: „Ein Eichhörnchen!"
„Ja", sagt der Großvater, „das hat einen Nußbaum gepflanzt."
„Hat es denn hier nicht genug Bäume?" fragt Ernst.
„Es wollte eigentlich keinen Baum pflanzen", erklärt der Großvater, „aber
weißt du, Eichhörnchen haben kein Gefrierfach und brauchen doch auch
Wintervorrat wie wir Menschen. Darum vergraben sie Nüsse in der Erde.
Wenn sie hungrig sind, holen sie die Nüsse wieder hervor. Aber manchmal
vergessen sie eine Nuß, und dann wird daraus ein Bäumchen. Wenn wir die
kleine Pflanze da nicht ausreißen, wächst sie und wird ein großer Baum."
„Gibt es im Herbst schon Nüsse?" fragt Ernst.
„So schnell geht das nicht", lacht der Großvater. „Du wirst auch nicht in
einem Jahr ein erwachsener Mann. Alles braucht seine Zeit. Weißt du, die
Bäume fangen ganz langsam an. Und wie klein sind sie! Zuerst kannst du sie
überhaupt nicht sehen. Denk nur an einen Apfelkern. Darin ist ein unsichtba-
rer Baum versteckt. Wenn du den Kern in die Erde legst, wächst daraus ein
Baum, ein Riese, wie der dort drüben."
Ernst denkt nach:
„In allen Kernen sind unsichtbare Bäume", sagt er, „es ist wie im Märchen,
wenn die Prinzessin eine Nuß bekommt. Und darin ist ihr goldenes Kleid ver-
borgen."
Der Großvater nickt:
„Ja, in manchem Samen sind auch unsichtbare Blumen oder Büsche oder Ge-
müse. Wenn wir im Garten arbeiten, sollten wir immer wieder daran denken.
Es gibt Dinge, die wir nicht sehen können, aber sie sind doch da."

Ursula Burkhard

Das Wunder

Inhalt:	Willi, ein Junge aus der Stadt, hat noch nie Samenkörner gesehen; Großmutter schenkt ihm welche, und Willi sät sie in einem kleinen Erdloch im Hof aus.
Symbolwort:	Samenkorn
Was gezeigt wird:	Die Mühe der Aufzucht einer Pflanze unter ungünstigen Bedingungen, die Enttäuschungen, die Hoffnungen und die Freude darüber, daß die Mühe sich gelohnt hat.
Biblische Anklänge:	Die Sorge um anvertrautes Leben wird deutlich in der Bezeichnung Jesu als „guter Hirte für die Schafe" und in der Geschichte, in der der Gärtner um eine Chance für den Feigenbaum bittet, der abgeschlagen werden soll (Lukas 13,6). Wer gesät und gepflanzt hat, muß Geduld haben und braucht Vertrauen, denn „der Same geht auf und wächst, ohne daß er's weiß. Die Erde bringt von selbst Frucht..." (Markus 4,26ff.). Pflanzen hat seine Zeit, Ernten hat seine Zeit (Prediger 3) — diese Prozesse folgen ihrem eigenen Rhythmus und nicht unseren Uhren.
Vorlesezeit:	9 Minuten ••

Seht ihr Willi im roten Pulli zwischen seinen Freunden? Sie spielen auf dem engen Hof eines fünfstöckigen Häuserblocks, mitten in einer großen Stadt. Hier wohnen achtunddreißig Familien, und Willis Vater ist der Hausmeister. Der Hof ist mit Steinplatten ausgelegt. Grünes wächst hier nur in Blumentöpfen.

Willis Urgroßmutter lebt weit weg von der Stadt in einem alten Bauernhof. Hier haben schon ihre Eltern und Großeltern und Urgroßeltern gelebt. Sie ist vierundachtzig Jahre alt, aber sie hilft noch bei allen Arbeiten mit. Sie arbeitet fast den ganzen Tag im Grünen: Im Garten, auf der Wiese, auf den Feldern. Oft denkt sie an Willi. Sie hat ihn noch nie gesehen.

Zu Willis siebtem Geburtstag entschließt sie sich, ihn zu besuchen. Fünf Stunden lang muß sie im Zug reisen, bis sie in Willis Stadt ankommt. Das ist eine große Sache für sie! Der Vater und Willi holen sie vom Bahnhof ab. Willi wundert sich, denn sie trägt ein Kopftuch und dicke wollene Strümpfe. Sie bringt einen Korb voll Eier und Speck mit, und Gläser mit eingemachten Kirschen.

Für Willi hat sie noch ein besonderes Geburtstagsgeschenk: ein Tütchen mit braungelben Dingern, kaum so groß wie Willis Daumennagel.

„Was ist denn das?" fragt Willi.

„Junge", ruft die Urgroßmutter, „du wirst doch wohl erkennen, daß das Samenkörner sind!"

Aber Willi hat noch nie Samenkörner gesehen.

„Die steckt man in die Erde", erklärt die Urgroßmutter, „und sorgt dafür, daß die Erde feucht ist. Dann werden Pflanzen daraus. Dies ist kein gekaufter Samen, sondern selbstgezogener aus meinem Garten. Was für Pflanzen es werden, verrate ich dir nicht. Das soll eine Überraschung sein."

„Aber wir haben ja keine Erde hier", sagt Willi traurig.

„Was ist das für eine Welt, in der es keine Erde gibt!" ruft die Urgroßmutter bekümmert.

„Wir tun die Samen eben in einen Blumentopf", sagt die Mutter. „Blumenerde gibt es ja zu kaufen."

„Mit diesem Samen geht das nicht", meint die Urgroßmutter. „Warum, das werdet ihr selber bald sehen. Aber wenn er nicht bald in die Erde kommt, wird nichts mehr daraus. Ihr könnt einem schon leid tun, hier in der Stadt."

Nach zwei Tagen reist sie wieder heim.

Willi geht mit dem Samentütchen herum und läßt alle Kinder aus dem Häuserblock hineinschauen.

„In den Dingern ist ein Wunder drin", erklärt er. „Wenn man sie in die Erde legt, kommen richtige Pflanzen aus ihnen heraus."

„Glaub ich nicht", sagt die kleine Mia aus dem Hinterhaus.

„Wenn ich nur Erde hätte!" ruft Willi. „Dann könnte ich dir's beweisen."

Er schaut sich um. Kein bißchen Erde ist zu sehen. Aber mitten auf dem Hof ist eine Platte locker. Mit großer Mühe hebt er sie heraus. Nachdem er den Zement aus den Fugen gebohrt hat, kann er auch noch eine zweite und dritte und vierte Platte herauslösen. Aber darunter ist keine Erde, nur Sand.

Willi gibt nicht auf. Er holt eine alte Kohlenschippe aus dem Keller und schaufelt den Sand aus dem Loch. Unter dem Sand ist Erde. Willi tanzt vor Freude um das Loch herum und ruft den Vater. „Bist du verrückt, Junge?" schimpft der. „Was wird der Hausbesitzer sagen?"

„Aber ich brauche doch Erde für meinen Samen", klagt Willi. Da steht der Vater eine Weile stumm vor dem Loch und sagt dann: „Na ja. Wenn er's nicht erlaubt, müssen die Platten eben wieder rein."

Da springt Willi an seinem Vater hoch und küßt ihn vor Freude auf die Nase.

„Aber in dieser Erde wird nicht viel wachsen", sagt der Vater. „Purer Lehm. Den mußt du erst auflockern — so tief, wie dein Arm reicht."

Den ganzen Nachmittag müht sich Willi mit seiner Schippe. Der Vater hilft ihm dann noch mit ein paar Spatenstichen.

„Jetzt muß der Lehm mit Blumenerde gemischt werden", sagt er und gibt Willi zwei Zweimarkstücke. Willi läuft in den Supermarkt und holt eine große Tüte Blumenerde.

Am nächsten Morgen mischt Willi die Blumenerde unter den Lehm. Der Vater wirft noch drei Schippen voll Sand dazu.
„Sand hält die Erde locker", sagt er.
Jetzt ist kein Loch mehr da, sondern ein richtiges Beet.
Und dann kommt der feierliche Augenblick: Willi steckt die Samenkörner in die Erde. Ein paar Kinder schauen zu. Da fängt es an zu regnen.
„Der Regen kommt wie gerufen", sagt der Vater. „Und jetzt mußt du warten. Ein paar Tage wird es dauern, bis sich in deinem Beet etwas regt."
Er klopft noch in alle vier Ecken des Beetes einen Holzpflock und spannt einen Draht darum.
Willi geht im ganzen Häuserblock von Tür zu Tür und sagt: „Ich habe ein Beet im Hof, in das habe ich meinen Geburtstagssamen hineingesät. Jetzt werden Pflanzen daraus wachsen. Bitte tretet nicht darauf. Dafür dürft ihr euch später meine Pflanzen auch ansehen."
Die meisten Leute versprechen, das Beet zu schonen.
„Sagt es auch euren Kindern", bittet Willi, „daß sie beim Spielen aufpassen sollen."
Nur ein Mann in der Wohnung Nummer vierzehn sagt ärgerlich: „Laß mich mit deinem Quatsch in Ruhe."
Jeden Morgen läuft Willi hinunter auf den Hof und betrachtet sein Beet. Am neunten Tag zeigen sich vier grüne Sprößchen, am zehnten Tag kommen noch fünf dazu.
„Das Wunder fängt an!" ruft Willi der kleinen Mia zu. Er holt Mutters Gießkännchen, das sie für ihre Topfblumen braucht, und gießt damit die jungen Pflänzchen. Jeden Tag wachsen sie ein Stück. Alle Kinder aus dem Block beugen sich über das Beet, wenn sie vorüberkommen. Die großen Jungen schließen sogar Wetten ab. Klaus behauptet, so sähen Bohnen aus, aber Manfred meint, das sei nur ganz gewöhnliches Unkraut.
Neun Pflanzen muß Willi behüten. Sie sind so verletzlich! Aber Willi kann schon schreiben. Er bastelt ein Schild und schreibt VORSICHT! darauf. Das Schild steckt er ins Beet.
Trotzdem geschieht es, daß ein Hund auf eine der Pflanzen pißt. Davon geht sie ein. Zwei andere sterben im Auspuffgas eines Möbelwagens, der sich langsam durch die Toreinfahrt rückwärts in den Hof schiebt. Die vierte Pflanze verdorrt unter der Pfeifenasche eines Elektrikers. Über die fünfte rollt der Bäckerjunge auf seinem Fahrrad.
Und Willi weint über jede Pflanze, die er verliert.
Aber vier Pflanzen bleiben leben. Sie wachsen immer rascher. Sie überholen Willi, ja sogar den Vater!

„Jetzt verstehe ich, warum man diesen Samen nicht in einen Blumentopf säen kann", sagt Willi.

Die Kinder bestaunen die dicken Stengel mit den großen Blättern.

„Das wird ja fast ein Wald", sagt der große Klaus.

Ganz oben an den Stengeln bilden sich Knospen. Alle Bewohner des Blocks warten gespannt. Und dann, an einem blauen Sommermorgen, öffnen sich zwei Knospen zu riesigen Blüten.

„Es sind Sonnenblumen!" rufen sich die Leute von Fenster zu Fenster zu. „Auf unserem dunklen Hof Sonnenblumen!"

Am nächsten Tag blühen sie alle vier.

Gerade an diesem Tag kommt der Hausbesitzer, um nach dem Rechten zu sehen. Willis Vater wird nervös.

„Oh", ruft der Hausbesitzer, „Sonnenblumen! Gute Idee, mitten auf dem Hof ein Beet anzulegen."

„Mein Junge hat diese Idee gehabt", sagt der Hausmeister.

„Warum macht er das Beet nicht etwas größer?" fragt der Hausbesitzer. „So ein bißchen Grün im Hof wird sicher allen gefallen."

Am Abend schreibt Willi mit großen schiefen Buchstaben an seine Urgroßmutter: Es sind Sonnenblumen geworden. Danke! Und wenn ich groß bin, will ich Gärtner werden.

Dein Willi

Gudrun Pausewang

Der Polizist und die Rose

Inhalt:	Ein junger Mann schenkt einem Polizisten zu dessen Überraschung eine Rose.
Symbolwort:	Rose
Was gezeigt wird:	Eine Rose wird zum Symbol für weitergegebene Freude.
Vorlesezeit:	2 Minuten ●●

Vor dem Kirchentagsgelände stand ein Polizist. Er paßte auf, daß alles ordentlich und gesetzmäßig ablief. Die Menschen sollten ruhig in die Straßenbahn einsteigen und nicht drängeln, niemand durfte auf dem Vorplatz parken, die Straße sollte nur beim Zebrastreifen überquert werden. Der Polizist blickte streng auf die vorbeigehenden Menschen.

Plötzlich kam ein junger Mann in Jeans und Lederjacke auf ihn zu. Er hielt eine rosafarbene, langstielige Rose in der Hand.

„Die Rose ist für Sie", sagte der junge Mann.

Der Polizist war überrascht. Unsicher sah er den jungen Mann an. Normalerweise bekam er von den Menschen, auf die er aufpassen mußte, nur Schimpfworte, Flüche und Spott. Eine Rose hatte er noch nie bekommen.

„Was soll das?" fragte er mißtrauisch. „Ich brauche keine Blumen. Sie sollen mir nichts schenken!"

„Aber diese Rose dürfen Sie nicht zurückweisen", antwortete der junge Mann. „Ich habe eine von dreiundzwanzigtausend Rosen erhalten und will die Freude weitergeben, die ich empfunden habe. Nehmen Sie sie bitte an."

Zögernd nahm der Polizist die Rose aus der Hand des jungen Mannes. Er steckte sie sich an die Jacke. Er konnte den Duft riechen.

An diesem Tag begegneten ihm noch viele Menschen, Männer und Frauen, alte und junge, vor dem Kirchentagsgelände und später auf dem Heimweg, die eine Rose bekommen hatten. Sie trugen sie in der Hand, hatten sie sich in ein Knopfloch und sogar ins Haar gesteckt.

Wenn sie seine Rose entdeckten, lächelten sie ihm alle zu und dachten: „Das ist also auch einer von denen, die eine Rose bekamen!"

Manche winkten ihm auch zu, wenn sie aus der Ferne den rosa Farbtupfer an seiner grünen Uniformjacke bemerkten. Dann nickte er und freute sich.

Der Polizist erzählte seiner Familie davon und am nächsten Tag seinen Kollegen.

Und noch nach langer Zeit, wenn er Rosen sah, dachte er an die rosafarbene, langstielige Kirchentagsrose, die ein junger Mann ihm geschenkt hatte.

Beate Weise

Die Rose

Inhalt:	Ein Mann schenkt einer Bettlerin statt Geld eine Rose.
Symbolwort:	Rose
Was gezeigt wird:	Der Mensch lebt nicht allein von materiellen Werten. Die Rose wird zum Symbol der Liebe.
Biblische Anklänge:	Die Hochschätzung materieller Güter wird in der Geschichte vom reichen Kornbauer abgelehnt (Lukas 12,16-21). Allgemein gilt: „Wo dein Schatz ist, da wird auch dein Herz sein" (Matthäus 6,21). Die Liebe ist ein „Schatz im Himmel".
Vorlesezeit:	1 Minute ●●●

Der Dichter Rainer Maria Rilke ging in der Zeit seines Pariser Aufenthaltes regelmäßig über einen Platz, an dem eine Bettlerin saß, die um Geld anhielt. Ohne je aufzublicken, ohne ein Zeichen des Bittens oder Dankens zu äußern, saß die Frau immer am gleichen Ort. Rilke gab nie etwas, seine französische Begleiterin warf ihr häufig ein Geldstück hin. Eines Tages fragte die Französin verwundert, warum er nichts gebe. Rilke antwortete: „Wir müßten ihrem Herzen schenken, nicht ihrer Hand."
Wenige Tage später brachte Rilke eine eben aufgeblühte weiße Rose mit, legte sie in die offene, abgezehrte Hand der Bettlerin und wollte weitergehen. Da geschah das Unerwartete: Die Bettlerin blickte auf, sah den Geber, erhob sich mühsam von der Erde, tastete nach der Hand des fremden Mannes, küßte sie und ging mit der Rose davon.
Eine Woche lang war die Alte verschwunden; der Platz, an dem sie vorher gebettelt hatte, blieb leer. Nach acht Tagen saß sie plötzlich wieder wie früher an der gewohnten Stelle. Sie war stumm wie damals, wiederum nur ihre Bedürftigkeit zeigend durch die ausgestreckte Hand.
„Aber wovon hat sie denn in all den Tagen gelebt?" fragte die Französin. Rilke antwortete: „Von der Rose…"

Josef Bill

Zum Nachtisch Trauben

Inhalt:	Wölfi liebt Süßes und Schönes – wie Weintrauben.
Symbolwort:	Traube
Was gezeigt wird:	Trauben sind süß und schön; um Wein zu gewinnen, muß ihre Gestalt zerstört werden.
Biblische Anklänge:	Jesu Rede vom Weinstock (Johannes 15). Das Weinberglied (Jesaja 5). Das endzeitliche Bild, wie der Engel die Trauben zum Keltern in „der Kelter des Zornes Gottes" erntet (Offenbarung 14, 17-20).
Vorlesezeit:	3 Minuten

„Trauben gibt es heute, Weintrauben als Nachtisch", sagte Mama, als Wölfi danach fragte.

„Süße?" fragte er.

„Ich denke schon", erwiderte die Mama und lachte. Sie kannte ihren kleinen Zuckerwölfi. „Magst schon welche, s'ist ja noch ein bißchen bis zum Mittagessen."

Und dann saß Wölfi am Küchentisch bei Mama und aß Trauben. Das war immer schön, wenn Mama kochte und er dasaß. Sie konnten sich etwas erzählen oder auch gar nichts sagen, oder er schaute Mama einfach zu, wie sie alles machte.

„Mama, wachsen Trauben auf Bäumen?"

Mama lachte.

„Das weißt du doch selbst", sagte sie. „Die wachsen an Stöcken in großen Weinbergen, das haben wir doch schon gesehen."

„Ja, schon", sagte Wölfi, „war ja nur so eine Frage. Und dann macht man daraus den Wein?"

„Ja", sagte Mama, „die Trauben werden gepreßt, und der Saft wird in große Fässer gegeben, kühl gelagert in großen Kellern, und dann gärt er und es entwickelt sich ganz langsam der Wein."

„Ich möchte auch mal Wein machen, Mama."

„So einfach ist das nicht", sagte Mama. „Da muß man viel wissen: von den Traubensorten und von der Reife der Trauben und vom Pressen und Lagern und von der Temperatur und von allem."

„Das ist mir doch zu umständlich", überlegte Wölfi. „Dann ist es für mich praktischer, wenn ich die Trauben so esse. Aber vielleicht, ganz vielleicht möchte ich so ein Weinmacher werden."

Wölfi nahm eine Traube und hielt sie gegen das Licht. Fast durchsichtig wirkte die Schale, und in der Mitte waren in einem Muster die Kerne.

„Guck mal, Mama, sieht das nicht schön aus?" Mama guckte auch. Da
schellte es: Wölfis Freund.
„Ich komme sofort", rief Wölfi. Er wischte sich die Hände an der Hose ab,
nahm noch eine Handvoll Trauben und rannte hinaus. „Tschüß Mama, bis
gleich."

Elisabeth Zöller

Der Weinberg

Inhalt:	Ein Junge liebt es, durch die Felder zu streifen, vor allem wenn er Sorgen hat. Einmal kommt er bis zu einem Weinberg, wo ihm der Winzer einen Weinstock schenkt.
Symbolwort:	Weinstock
Was gezeigt wird:	Der Weinstock, in steinigen Boden gepflanzt, erfordert viel Pflege und Mühe; seine Früchte fallen nicht vom Himmel. Wie Trauben in Wein verwandelt werden: Bild der Lebenskraft.
Biblische Anklänge:	Der Weinstock als Zeichen für Fruchtbarkeit (Psalm 128,3). Gott läßt Wein aus der Erde hervorgehen, „daß er des Menschen Herz erfreue" (Psalm 104,15). Arbeit im Weinberg als Gehorsam gegenüber dem Willen Gottes (Matthäus 21,28ff.).
Vorlesezeit:	5 Minuten ●●●

Manchmal gehe ich gern über die Felder, besonders wenn ich in der Schule
eine schlechte Note bekommen habe, von der ich glaube, daß sie ungerecht
war. Beim Gehen wird dann mein Herz leichter.
Einmal wanderte ich bis nach Hörstein. Die Sonne fiel fast senkrecht auf
einen terrassenartig angelegten Weinberg, an dessen oberen Ende ein riesiges
Sandsteinkreuz gegen den Himmel ragte. Ich setzte mich auf eine Steinmauer
und betrachtete die Weinstöcke, die krummgebogen aus dem harten Erdreich wuchsen. Aus den knorrigen Stämmen sprossen die Triebe mit den
kräftigen Reben, und aus den sich verzweigenden Ästen schoben sich die
Traubenbündel hervor.
Eine Eidechse lief hurtig über die Steine, hoch im Himmel pfiff ein Bussard.
Ich vergaß allen Schulärger, legte mich auf den Rücken und fühlte mich wohl.
Plötzlich weckte mich eine Stimme aus meinen Tagträumen. Neben mir
stand ein hagerer Mann von kräftiger Gestalt. Sein Gesicht sah freundlich
aus, und seine Worte klangen nicht böse. Er setzte sich zu mir auf die Mauer
und fragte mich, ob ich Durst hätte. Natürlich hatte ich Durst, denn es war

heiß, und die Sonne fiel schattenlos in den Weinberg. Er reichte mir eine Flasche. Ich nahm einen Schluck; das Getränk schmeckte süß und schwer.
„Der ist vom letzten Jahr", lachte der Winzer. Der Wein fuhr mir bis in die
Fußzehen. Es war ein tolles Gefühl. Meine Eltern erlaubten mir nie, Wein zu
trinken.
Danach erzählte mir der Mann die Geschichte seines Weinberges. Als er vor
zwanzig Jahren hier mit den ersten Setzlingen angefangen hatte, war die Gegend ganz verwildert gewesen. Es war eine mühevolle Arbeit, und die Landbauern hänselten ihn oft, wenn er jedes Jahr die abgeschwemmte Erde wieder
hinauftragen mußte. Jedes Jahr schichtete er die Weinmäuerchen als Winter-
schutzbefestigung von neuem auf, setzte die Hecken und beschnitt sie. Das
Erdreich und der Kompost zum Düngen mußten auf dem Rücken die Terrassen hinaufgeschafft werden.
„Meine Eltern hätten es gerne gesehen, wenn ich unseren Bauernhof übernommen hätte", sagte der Mann. „Aber ich wollte Weinbauer werden."
Er schwieg, und wir saßen in der Hitze, sahen den Weinberg an und tranken
Wein. Meine Glieder wurden schwer, und ich spürte den leichten Wind, der
über den Reuschberg zog.
„Weißt du was", sagte der Winzer plötzlich, „ich schenke dir einen Weinstock!" Er stand auf, und ich folgte ihm. Wir wanderten zusammen zwischen
den Rebzeilen des Wingerts hindurch. Er kannte jeden einzelnen Weinstock.
Ich spürte, daß der Weingarten seine Welt war. Schließlich blieb er vor einem
kräftigen Weinstock stehen und betrachtete ihn lange. Sein gewundenes Holz
wuchs überkreuz, wand sich in harmonisch geschwungenen Bögen weit über
das stützende Traggeflecht hinaus.
„Den habe ich vor fünf Jahren gepflanzt", sagte der Mann. „Er wird in diesem Herbst zum ersten Mal Trauben haben."
Er strich zärtlich über die faserige Rinde und nickte mir aufmunternd zu.
„Die Natur liefert keinen fertigen Wein!" lachte er. „Mehr als zwanzigmal
im Jahr mußt du dich um deinen Weinstock mühen. Der Boden, den der Reb-
stock als Lebensbereich braucht, steht in deiner Verantwortung. Der Weinstock erspürt in der Erde die Elixiere des Lebens, um sie mit seinen tiefen
Wurzeln in die Trauben zu saugen. Du mußt hacken, umwenden, düngen,
aufschiefern und schlacken und im November die Reben gegen den Frost ab-
decken."
Von diesem Tag an gehörte mir der Weinstock, und ich trug zum ersten Mal
in meinem Leben Verantwortung für ein lebendiges Wesen. Ich war mit gro-
ßem Eifer bei der Sache und wünschte mir, mein Weinstock würde durch
meine Pflege ganz besonders süße Trauben hervorbringen.

Als die Erntezeit kam, hingen schwere Trauben an meinem Weinstock und leuchteten golden in der Herbstsonne. Ich pflückte sie einzeln und legte sie vorsichtig in einen Korb. Eigentlich hatte ich sie ganz für mich allein keltern wollen. Aber nachdem ich mich genug an ihnen gefreut hatte, tat ich sie zu den anderen.

Wichtig blieb mir der Weinstock! Fast war ich ein wenig traurig, daß er nun seinen Wurzeln Ruhe gönnen mußte, damit er seine Kraft speichern konnte für das nächste Jahr.

Immer wenn ich dem Wein begegne, ob im Kelch, im Becher oder im Glas, denke ich an meinen Weinstock auf den Schiefergründen des Reuschberges, an sein stetiges Wachsen und seine verwandelnde Kraft.

                                                                    Kurt Hock

Was auf der Erde lebt

Einleitende Hinweise

Die Geschichte der Lebewesen beginnt in der paradiesischen Lebensgemeinschaft von Mensch, Tier und Pflanze im Garten Eden und wird enden in jenem Friedensreich, „wo die Wölfe bei den Lämmern wohnen werden" und „wo die Säuglinge am Loch der Otter werden spielen können" (Jesaja 11) – dies jedenfalls sind die biblischen Visionen von Anfang und Ende. Sie sind alles andere als deprimierend und unterscheiden sich darin grundsätzlich von den Schreckensvisionen unserer Zeit, die die Vorstellungen von Anfang und Ende mit Katastrophenszenarien verbinden. Rufen diese Schreckensbilder eher das Gefühl der Ohnmacht und die Überzeugung von der letztendlichen Sinnlosigkeit des Einsatzes für das Leben hervor, so vermitteln die biblischen Bilder das Gefühl der Lebensbejahung und die Überzeugung von der letztlich guten, weil von Gott gegebenen, Ordnung der Dinge. Wer sich diese Ordnung vor Augen hält und immer wieder vor Augen halten läßt, wird zögern, seine Macht zu mißbrauchen („Herrschet über die Fische, die Vögel und das Vieh!", 1. Mose 1,28), und er wird nicht so schnell in Resignation fallen, weil das kommende Friedensreich seine Sehnsucht wachhalten und ihn immer wieder aufrichten wird.

Solche freundlichen Aussichten sind ja tatsächlich wahre Lebenselixiere! Sie ziehen nach oben, nicht nach unten. Jedes Kind, das seine ersten Erfahrungen mit Haustieren macht, lernt nicht nur seine Macht über das Tier kennen und die Grenzen, die das Tier ihm setzt, sondern es entwickelt auch seine Sehnsucht nach Frieden zwischen den Geschöpfen – zusammen mit der Liebe zu ihnen. Die Überzeugung wird gestärkt, daß weder Naturkatastrophen noch menschliche Schuld die Sehnsucht und die Liebe gegenstandslos machen können. Dafür ist die Arche Noah, in der Mensch und Tier die große Flut überleben, ein anrührendes und tragfähiges Bild. Der Bogen, den Gott in die Wolken setzte, ist ein Hoffnungszeichen für Mensch und Tier: „Und Gott sprach: Das ist das Zeichen des Bundes, den ich geschlossen habe zwischen mir und euch und allem lebendigen Getier bei euch auf ewig" (1. Mose 9,12). Nicht alleine für den Menschen, die Krone der Schöpfung, geht jeden Tag die Sonne auf! Allzu viele Menschen haben sich daran gewöhnt, alles in der Welt nur auf sich zu beziehen und alles für sich allein in Anspruch zu nehmen – ein Egoismus und eine Hybris, die den Schöpfungsauftrag leugnen und die Welt zwangsläufig ins Chaos zurückzustürzen drohen. Aber mit der Hybris wächst auch die Besinnung auf die wahre Ordnung der Dinge, und es kommt nicht von ungefähr, daß ein Heiliger wie Franz von Assisi mit seiner Gabe, mit Fischen, Vögeln und Vieh zu reden, heutzutage so viele Menschen anspricht und auf den Weg des Friedens ruft. Daß es möglich ist, das Gleichgewicht zu bewahren bei ausdrücklicher Anerkennung der Tatsache, daß ein Lebewesen — auch physisch — vom anderen lebt, zeigt eine Vorschrift aus dem 5. Mosebuch (22,6-7): „Wenn du unterwegs ein Vogelnest findest auf einem Baum oder auf der Erde mit Jungen oder mit Eiern und die Mutter sitzt auf den Jungen oder auf den Eiern, so sollst du nicht die Mutter mit den Jungen nehmen, sondern du darfst die Jungen nehmen, aber die Mutter sollst du fliegen lasssen, auf daß dir's wohlergehe und du lange lebest." Diese Vorschrift kann als Gleichnis für die praktische Durchführung des Schöpfungsauftrags dienen, die Erde und das Leben auf ihr zu bewahren: damit es uns wohlgehe und wir lange leben, müssen wir unsere Mutter, die Erde, verschonen. „Der Gerechte erbarmt sich seines Viehs" (Sprüche 12,10). Mit diesen Worten wird das Verhältnis des Menschen zu den Tieren klipp und klar geregelt.

Erklärungen zu den Symbolwörtern

Die *Taube* war in Palästina das Opfertier der armen Leute. Wer sich kein Schaf leisten konnte, durfte statt dessen zwei Tauben als Brand- und Sündopfer darbringen. Tauben galten als sanfte Tiere „ohne Falsch" (Matthäus 10,16) und als gute und ausdauernde, auch zielsichere Flieger, so z.B. als Brieftauben. Bevor sie sich niedersetzen, verharren sie einen Augenblick lang schwebend — gleichsam ein Bild für etwas, das über einen kommt. Als Vögel sind sie ohnehin in enger Verbindung mit dem Himmel zu sehen. In einer Vision vom Kommen des Lichtes, vom Aufgehen der göttlichen Herrlichkeit wird im Blick auf die herbeiziehenden Menschenscharen gefragt: „Wer sind die, die da fliegen wie die Wolken und wie die Tauben zu ihren Schlägen?" (Jesaja 60,8). Die Verbindung der Taube mit dem auf Christus in seiner Taufe herabschwebenden Geist ist naheliegend. Die Taube ist Botin des Himmels in seinem innersten Wesen, dem Licht, und sie ist ein Opfertier. Da die Taube ein allseits beliebtes Haustier war (Turteltäubchen), wird sie — auch als Bild des Heiligen Geistes — sehr zum Verständnis dieses komplizierten Sachverhalts beigetragen haben. Zumal ja sie das Tier war, das seinerzeit nach der großen Flut mit einem Ölzweig im Schnabel zurückkam und damit den Beginn des neuen Lebensabschnitts ankündigte, den die Beteiligten erlebt haben mögen wie eine zweite Geburt. Das *Ei* gilt als das Fruchtbarkeitssymbol schlechthin, als Sinnbild der Vollkommenheit und Symbol des immerwährenden Lebens auf Erden. In seiner Übertragung auf das Fest der Auferstehung bedeutet es: Symbol neuen Lebens und einer neuen Erde.

Das *Lamm* war wie die Taube ein Opfertier und galt als Bild des Wehrlosen und Schwachen, daher auch als Bild des unschuldig Leidenden: „Als der Knecht Gottes gemartert ward, litt er doch willig und tat seinen Mund nicht auf wie ein Lamm, das zur Schlachtbank geführt wird" (Jesaja 53,7) – ein Bild ebenfalls für das Leiden Jesu Christi.

Wie die Taube ist das Lamm bis heute eines der Tiere, denen es nicht schwerfällt, die Zuwendung der Menschen auf sich zu ziehen.

Anders die *Schlange*. Sie hat bis heute schwer an ihrer Verfluchung in der Schöpfungsgeschichte zu tragen (1. Mose 3,14f.), obwohl sie schon im Alten Testament als Zeichen der Klugheit galt (1. Mose 3,1) und als eherne Figur Instrument der Rettung für das Volk Israel war (4. Mose 21,8f.). Verderbliche und heilende Kraft liegen in ihr eng beieinander. Und nicht zuletzt kann sie etwas, was wir Menschen gelegentlich auch gerne tun würden: Sie kann aus ihrer Haut schlüpfen.

Die *Raupe* macht in plausibelster Weise anschaulich, was Verwandlung, Metamorphose ist: Der Weg vom Ei zum Schmetterling ist eine einzige Folge von Wundern. Der Schmetterling, der sich aus dem Gefängnis seiner Hülle befreit und frei ins Licht emporfliegt, wird zum Bild der unsterblichen Seele, die den Körper hinter sich läßt. Auch wer den Schmetterling nicht in so weitgehender Weise in Anspruch nehmen möchte – ein Bild der Hoffnung ist er allemal: daß sich nämlich Schönheit auch da entpuppen kann, wo man sie vielleicht gar nicht vermutet hat.

Der *Fisch*, als Wassertier und Meeresbewohner, ist ein reichlich zur Verfügung stehendes Nahrungsmittel. Viele der ersten Anhänger Jesu waren Fischer, die Jesus mit den für sie einleuchtenden Worten „Ich will euch zu Menschenfischern machen" zur Nachfolge aufrief. Neben fünf Broten waren es zwei Fische, die Jesus zur Verwandlung einer Menge hungriger Menschen in eine universale Abendmahlsgemeinschaft nutzte. Für die Generationen nach Christus war der Fisch eines der populärsten Christussymbole.

Thomas und die Taube

Inhalt:	Thomas, der Hirtenjunge, ist mit vielen Menschen unterwegs nach Bethlehem, wo er dem Jesuskind eine hölzerne Taube schenken möchte. Er hat sie selbst geschnitzt. Aber ob er sich mit so etwas Kleinem an die Krippe trauen darf?
Symbolwort:	Taube
Nebenaspekte:	Weihnachten, Stern
Was gezeigt wird:	Die Taube ist für das Jesuskind wertvoller als alle anderen Geschenke. In seinen Händen verwandelt sie sich in einen lebendigen Vogel und wird so zur Prophetin seiner Gottessohnschaft. Die besondere Verbindung Jesu mit dem Kleinen und Geringen.
Biblische Anklänge:	Die Weihnachtsgeschichte. Die Geschichte der Taufe Jesu. Jesus predigt, daß Gott nicht ein Gott der Toten, sondern der Lebendigen ist (Matthäus 22,32). Durch Christus werden alle Menschen lebendig gemacht werden (1. Korinther 15,22).
Vorlesezeit:	9 Minuten

Seit Tagen bläst ein kalter Wind. Er rüttelt an den Bäumen und reißt die letzten Blätter von den Zweigen. Dunkle Wolken hängen am Himmel. Schneewolken.

In der letzten Nacht hat es endlich geschneit. Große Flocken wirbelten herab, deckten die Erde zu und setzten sich in die dicke Wolle der Schafe.

Nun heißt es Abschiednehmen vom langen sonnigen Herbst und dem lustigen Leben auf der Weide.

„Wie gut, daß meine Taube schon fast fertig ist", sagt Thomas und hält sie seinem Hund hin. „Ich muß sie nur noch weiß anmalen. Gefällt sie dir?"

Aber der Hund gähnt und blinzelt schläfrig. Was soll er jetzt noch eine holzgeschnitzte Taube bewundern, wo sie doch bald fortziehen werden?

Thomas führt die große Herde an. Die Schafe blöken und drängen sich hinter dem Hirtenjungen und seinem Hund. In einem langen Zug geht es dem Dorf und den warmen Ställen entgegen.

Die hölzerne Taube hat ein weißes Farbenkleid bekommen.

Thomas hält sie fest in seiner Hand. Er hat sie lieb, seine kleine bemalte Taube, die weiß leuchtet, wie der Schnee.

Mitten in der Nacht, als die Kälte in die Nase beißt und in die Fingerspitzen kriecht, erreicht Thomas mit seinen Tieren das Dorf.

Da sieht er, daß alle Leute dort zusammengelaufen sind, mit Lärmen und Geschrei.

„Was ist los?" fragt Thomas.

Die Leute sagen:
„Hast du nichts von der großen Neuigkeit gehört? Sieh doch den Stern!"
Thomas reibt sich die Augen. Wahrhaftig, am dunklen Himmel steht ein
Stern, so hell wie Thomas noch keinen gesehen hat.
„Was ist das?" fragt er.
„Der Stern von Bethlehem!" sagen die Leute.
„Jesus ist geboren! Dorthin gehen wir jetzt. Wir wollen das Jesuskind sehen.
Wir wollen ihm etwas schenken."
Und sie lachen und jubeln vor Freude.
Am Morgen versorgt Thomas die Schafe. Der Hund freut sich, weil er einen
großen Knochen bekommt. Dann aber klopft Thomas beim Bauern an, dem
die Herde gehört.
„Was willst du?" fragt der Bauer. „Warum bist du nicht bei den Schafen?"
Thomas sagt: „Ich möchte auch zu Jesus gehen und ihm etwas schenken."
„Was denn?" fragt der Bauer.
„Meine kleine weiße Taube", sagt Thomas.
Der Bauer lächelt:
„Geh nur. Aber wäre es nicht besser, du schenktest dem Jesuskind ein weißes
Lämmchen? Darüber würde es sich noch mehr freuen."
„Nein", sagt Thomas, dabei streichelt er das Holz. „Meine Taube ist sehr
schön, und ich habe sie lieb."
Die anderen sind längst unterwegs nach Bethlehem. Bauern sind es und
Schafhirten. Aber auch reiche Leute, deren Gepäck von Pferden und Eseln ge-
tragen wird. Kostbare Geschenke führen sie mit, aus Gold und Edelsteinen,
aus Samt und Seide.
Thomas läuft, so schnell er kann, damit er die Leute nicht aus den Augen ver-
liert. Gut, daß der Stern ihm den Weg zeigt.
Die Leute drehen sich nach ihm um. Thomas merkt, daß sie ihn spöttisch an-
schauen. Da zeigt er ihnen seine Taube:
„Ist sie nicht schön? Mein Geschenk für Jesus! Denkt doch, wie er sich freuen
wird! Ich habe die Taube selber geschnitzt und bemalt."
Die Leute lachen.
„Was? Eine hölzerne Taube für einen König? Hast du nichts Besseres? Kein
Gold? Kein Geld? Nichts Lebendiges? Nicht mal ein Schaf oder ein Lämm-
chen?"
Und sie lachen ihn aus.
Dann ziehen sie schon wieder weiter voller Erwartung. Thomas ist traurig.
Langsam tappt er hinter den Leuten her. Vielleicht haben sie recht, denkt er.
Sie bringen doch viel größere Schätze als ich. Was ist schon ein kleiner ge-

schnitzter Vogel? Enttäuscht hält Thomas die Taube in seiner Hand. Die Beine werden ihm schwer, die Hand wird ihm schwer. Und er wird immer trauriger.

Aber dann rennt Thomas an den Leuten vorbei bis an die Spitze des Zuges. Er will sie nicht hören, wie sie lachen und spotten.

Da trifft er einen alten Mann, der auf seinem Esel reitet.

„He, du da!" ruft Thomas. „Was hast du denn für das Jesuskind?"

Der alte Mann sagt:

„Ich werde Jesus meinen Esel schenken. Er ist das Liebste und Kostbarste, das ich besitze."

„Und dann?" fragt Thomas. „Was machst du dann ohne Esel?"

Der alte Mann sagt: „Je nun, ich werde wohl ohne ihn auskommen. Jesus braucht den Esel gewiß nötiger als ich. Hast du auch ein Geschenk für ihn?"

Da zeigt ihm Thomas seine Taube:

„Meinst du, daß er sich über so etwas freut?"

„Aber ja", sagt der alte Mann. „So eine schöne weiße Taube! Die wird dem Jesuskind schon gefallen. Bring sie ihm nur."

Darüber ist Thomas sehr glücklich.

Immer noch weiter geht es, durch tiefe Täler und wilde Schluchten, bergauf und bergab. Thomas wird müde und matt. Manchmal fallen ihm schon fast die Augen zu, und er stolpert über seine Füße. Die Taube aber hält er ganz fest in der Hand. Der alte Mann bemerkt es und sagt:

„Komm, setz dich auf meinen Esel und reite ein wenig. Ich kann auch mal ein Stück zu Fuß gehen."

Und schon hebt er Thomas auf den Esel. Der schreit: I-a! Er schüttelt die Ohren und trabt mit der leichten Last munter davon.

Endlich sind sie am Ziel. Die Tür zum Stall ist offen. Darüber der helle, großmächtige Stern.

Und in der Krippe liegt das Jesuskind, in Windeln gewickelt, auf Heu und Stroh.

Alle Mühe ist jetzt vergessen. Die Leute drängen sich vor und bringen kniend ihre Gaben dar, eine schöner als die andere. Kostbare Geschenke, manche sogar aus Gold und Edelstein. Ganz ruhig schaut Jesus die Geschenke an. Er lacht nicht, und er weint nicht. Und weil Jesus noch ein kleines Kind ist, überreichen die Leute alles dem Vater Josef und der Mutter Maria.

Schließlich ist Thomas an der Reihe. Zaghaft tritt er vor und zeigt dem Jesuskind die kleine Taube. Da geht ein Leuchten über das Gesicht des Kindes. Jesus streckt die Hände nach der Taube aus. Er lacht. Er will sie haben.

Thomas tritt ganz nah an die Krippe. Die Leute halten den Atem an. Das

kann doch nicht sein! Behutsam legt Thomas die hölzerne Taube in die Hände des Kindes. Jesus hält das Geschenk eine Weile mit seinen Händen umschlossen. Dann öffnet er die Hände wieder, sacht, ganz sacht.
Und die Taube?
Sie breitet die Flügel aus. Wahrhaftig, sie fliegt. Sie schwingt sich empor, immer höher empor, leicht, lebendig und weiß.

Rudolf Otto Wiemer

Die Friedenstaube

Inhalt:	Stephanie hat einen Aufkleber mit einer Friedenstaube an das Auto geklebt. Bei einem Unfall reagiert der Vater sehr unfriedlich.
Symbolwort:	Taube
Nebenaspekt:	Regenbogen
Was gezeigt wird:	Die Bedeutung des international verwendeten Symbols der Friedenstaube bis in den Alltag hinein.
Biblische Anklänge:	Die Geschichte von Noah, der Arche und dem neuen Leben nach der Flut. Die Friedensbotschaft der Propheten (z.B. Jesaja 9,6) und Jesu (z.B. Johannes 14,27).
Vorlesezeit:	3 Minuten ••

„Unser Lehrer hat jedem von uns einen Aufkleber geschenkt", erzählte Stephanie am Abend ihrem Vater. „Dürfen wir ihn auf unser Auto kleben?"
Stephanie zeigte ihrem Vater den Aufkleber: eine weiße Taube unter einem Bogen, der alle Farben des Regenbogens hatte.
„Es soll etwas mit dem ‚Frieden' zu tun haben", sagte Stephanie. „Unser Lehrer hat uns dazu eine Geschichte aus der Bibel erzählt. Sie handelt von Noah, der auf seiner Arche die Sintflut überlebt. Nach der Sintflut läßt er drei Tauben ausfliegen. Eine von ihnen kehrt mit einem Ölzweig zurück. Jetzt weiß Noah, daß Gott die Sintflut beendet hat. Und dann macht Gott einen Regenbogen am Himmel. Er soll Noah zeigen, daß jetzt Frieden sein soll."
„Und du meinst, wir sollten die Taube auf unser Auto kleben?" fragte Vater.
Stephanie nickte. „Unser Lehrer hat gesagt: Der Friede ist das Wichtigste auf der Erde. Und die Taube erinnert alle Menschen daran, daß sie Frieden untereinander halten sollen."
„Gut", sagte Vater und lächelte. „Dann werden wir morgen eine Taube unterm Regenbogen auf unser Auto kleben."

Am Wochenende machten die Eltern mit Stephanie einen Ausflug. Sie hatten Glück mit dem Wetter: Es war ein sonniger Tag, und sie konnten sogar in einem See baden. Aber auf dem Heimweg geschah ein Mißgeschick: Vater stieß mit einem anderen Auto zusammen, das die Vorfahrt nicht beachtet hatte.

„Wo haben Sie denn nur Ihre Augen", schrie er wütend. „Sehen Sie sich meinen Kotflügel an. Das wird Sie teuer zu stehen kommen. Am besten rufen wir gleich die Polizei."

Der Fahrer des anderen Autos sah schuldbewußt auf den eingedrückten Kotflügel.

„Tut mir leid", sagte er. „Ich habe meinen Führerschein noch nicht sehr lange. Entschuldigen Sie. Vielleicht können wir das Ganze ohne Polizei regeln?"

„Von Ihrer Entschuldigung kann ich mir nichts kaufen", sagte Vater noch immer sehr wütend. Und dann zu Stephanie, die ihn schon die ganze Zeit am Ärmel zog: „Was ist denn? Was willst du?"

„Ich will dir nur etwas zeigen, Vater", flüsterte Stephanie. Sie wies mit ihrem Finger auf die weiße Taube unter dem Regenbogen, die Vater auf das Auto geklebt hatte. Vater starrte einen Augenblick wortlos auf den Aufkleber. Dann sah er Stephanie an und sagte:

„Du hast recht, wenn man mit einer Friedenstaube herumfährt, muß man selber auch friedlich sein. Wir werden uns schon einigen", wandte er sich an den Fahrer des anderen Autos und lächelte.

Andreas Kleinschmidt

Ein ganz besonderer Gast in unserem Haus

Inhalt:	Ein Junge findet ein verirrtes Huhn und baut ihm einen Stall. Gespannt warten alle auf das erste Ei.
Symbolwort:	Ei
Was gezeigt wird:	Das Ei als Symbol immerwährenden Lebens auf Erden, der Vollkommenheit und der Erneuerung.
Biblische Anklänge:	Die österliche Erfahrung der Erneuerung ist ein täglicher Prozeß: „Der innerliche Mensch wird von Tag zu Tag erneuert" (2. Korinther 4,16).
Vorlesezeit:	6 Minuten ●●●

Die jungen Grashalme, die frischen Blätter, die neuen Blumen im Frühling waren mit Sicherheit Bestandteil des Immerwährenden, aber es gab noch eine andere Sache, etwas Helleres, eine schönere Form, und sie begegnete uns, wie so vieles, durch Zufall.

Als ich eines Abends nach dem Zeitungsverkaufen nach Hause ging, sah ich einen Vogel auf der Straße, der sich unter geparkten Autos versteckte. Ein Vogel in der Stadt, auf der Straße, ein gefiedertes Wesen. Es war ein verirrtes, verängstigtes Huhn. Ich fing es ein, nahm es unter den Arm und trug es nach Hause.

Das Tier tat mir leid. Es hatte Angst und fürchtete sich unter meinem Arm. Jedesmal, wenn wir unter einer Straßenlaterne vorbeikamen, sah ich ihm in die Augen. Sie schienen voller Traurigkeit zu sein, voller Heimweh und Sehnsucht nach Freunden und voller irdischer Einsamkeit. Ich sprach armenisch mit der Henne und versuchte sie die ganze Zeit über zu trösten. „Wein doch nicht, hab keine Angst", sagte ich, denn ich dachte, sie müßte innerlich weinen. Ein Huhn, das sich in die Stadt verirrt und unter Autos einen Platz zum Brüten gesucht hatte. Ich brachte die Henne in unser Haus und zeigte sie meinem Bruder Krikor, meiner Mutter und meinen Schwestern.

„Das Huhn habe ich gefunden", sagte ich. „Es hatte sich auf der Straße verirrt. Ich bin unter ein Auto gekrochen und habe es gefangen. Erst rannte es vor mir weg, aber ich habe auf das Tier eingeredet und es gefangen."

Ich war sehr glücklich. Ich setzte die Henne auf den Fußboden, und sie begann, in unserem Eßzimmer herumzulaufen. Ab und zu hielt sie an, legte den Kopf schräg und hörte zu, wie wir lachten. Wir lachten sehr lange, denn es war lustig, ein Huhn zu finden, nach Hause zu bringen und zuzusehen, wie es im Haus herumlief. Es war sehr lustig, und an diesem Abend hatten wir alle das Gefühl, einen ganz besonderen Gast in unserem Haus zu haben.

Am Morgen war die Henne nicht mehr unglücklich. Sie lief in unserem Garten herum, und im Sonnenlicht war sie ein sehr schmuckes Huhn. Mein Bruder Krikor holte einen Hammer und eine Säge und machte ihr ein kleines Haus und einen kleinen Käfig. Wir setzten die Henne in den Käfig und begannen zu warten.

Wir wollten ein Ei. Nicht irgendein Ei, sondern das Ei, unser Ei. Ich hatte die Henne gefunden. Ich hatte sie vor der Stadt gerettet. Sie hätte ja von einem Auto überfahren werden können. Sie hätte erfrieren können.

Wir machten der Henne ein Nest und warteten auf unser Ei, dachten an das Wunder, das so ein Ei darstellte. Wir unterhielten uns, und ich fragte nach der Schale, warum sie so fest und klar war, warum die Form der Eier so schön und vollkommen war. Warum? Mein Bruder Krikor sagte, er wisse es nicht. Es sei eben so. Es sei unmöglich zu erklären, warum. Es sei wie alles, wie Blätter und Blumen und Menschen, wunderbar, einfach und mühelos.

Der erste Tag verging ohne Ei. Wir wurden unruhig. Wir machten uns Sorgen. Es gab für die ganze Episode nur einen einzigen richtigen Schluß: ein Ei, *das Ei*. Es mußte aus dem Nichts in die Welt kommen, völlig losgelöst und vollkommen und doch mit allen Varianten der Dinge und allen Formen verwandt: ihre Mutter. Ein Ei? Das Universum, Gott, die Einfachheit des Universums, die Gnade Gottes.

Ein weiterer Tag verging ohne Ei. Wir gingen zu der Henne hin, sahen sie an und sprachen mit ihr. Wir begannen zu befürchten, daß ihr der Keim des Lebens fehlen könnte. Wir begannen ärgerlich zu werden. Wir wollten etwas, das genau war, abstrakt und rein und vollkommen. Wir hatten schon Uhren und elektrische Lampen studiert. Wir hatten Angst, wir könnten Gott zu lästern beginnen. Es gab alle möglichen Arten von Eiern. Wir konnten in den Laden gehen und sofort ein Dutzend kaufen. Aber wir wollten dieses Ei, wir wollten, daß es aus dem Nichts zu uns kam, und wir hatten immer mehr Angst.

Dann hörten wir eines Tages, als wir am Mittagstisch saßen, unsere Henne laut jubeln. Wir gingen alle zu dem kleinen Käfig hinaus, mein Bruder Krikor, meine Mutter und meine Schwestern, und sahen in dem Nest ein wunderschönes weißes Ei. Es war wunderbar, und unsere Henne lief triumphierend auf und ab. In dem Nest war Gott, war der Anfang, und alles auf der Welt schien großartig zu sein und genau, alles war scharf umrissen und anmutig wie dieses Ei, man mußte es einfach bewundern und anbeten. Mein Bruder Krikor hielt das Ei in der Hand und lächelte es an, als ob alle Irrtümer des Menschen damit korrigiert seien und das erstaunlichste Wunder sich offenbart habe. Und als ich in sein Gesicht sah, spürte ich all seine Freude und sein Entzücken, und ich war glücklich. Das Ei war eine Statue der Anmut, fest, verschlossen und heil, der Keim des Lebens und aller Dinge, das Prinzip der Saat und des Anfangs, die erste Form, die früheste Anmut. Es war Gott, und seine Kunstlosigkeit war größer als die größte Kunst des Menschen, es war das Symbol immerwährenden Lebens auf Erden und immerwährender Erneuerung.

Die von Menschen gemachten Dinge konnten enden, sie konnten verfallen und in Stücke zerbrechen, aber dieses Ei, dieses weiße Oval, war unvergänglich; aus seiner Form und seiner Bedeutung konnten alle Formen des Menschen überreichlich vermehrt werden, und da lag es, unser Ei, in der Hand meines Bruders. Und er stand da und lächelte darauf hinunter.

William Saroyan

Elisas schönstes Osterei

Inhalt:	Die Kinder suchen Ostereier; auch die blinde Elisa sucht mit.
Symbolwort:	Ei
Nebenaspekt:	Ostern
Was gezeigt wird:	Ein symbolischer Brauch wird benutzt, um Menschen Freude zu machen. Aus einem Symbol, das man sehen kann, wird ein Symbol, das man hören kann.
Biblische Anklänge:	„Wir sind Gehilfen eurer Freude" (2. Korinther 1,24).
Vorlesezeit:	11 Minuten ●●●

Seit drei Monaten lebte Elisa in ihrer neuen Familie, aber richtig zu Hause war sie noch nicht. Sie redete kaum. Meist stand sie abseits, die Arme auf dem Rücken verschränkt. Nur an dem gespannten Ausdruck ihres kleinen runden Gesichts war zu erkennen, daß sie auf alles genau lauschte.

Die neuen Eltern hatten natürlich gewußt, daß es nicht leicht war, zu ihren beiden eigenen Kindern ein blindes kleines Mädchen zu adoptieren. Aber sie hatten gehofft, daß Elisa schneller zu ihnen finden würde. Sie hatten gedacht: Wenn sie erst einmal heraus ist aus dem Heim, wenn wir ihr zeigen, daß wir sie liebhaben, dann wird sie bald fröhlich werden. – Aber Elisa brauchte Zeit.

In der Wohnung hatte sie sich schnell zurechtgefunden. Mit ihren kleinen Händen, an denen sich die Finger wie Fühler bewegten, hatte sie alles ertastet, was ihre Augen nicht sehen konnten.

Mit drei Jahren hatte sie eine schwere Krankheit durchgemacht. Fast wäre sie damals gestorben. „Es war eine Hirnhautentzündung", erklärte die Heimleiterin den neuen Eltern. „Wir haben getan, was wir konnten. Aber es ist auf die Augen geschlagen. Da war nichts mehr zu machen."

Jetzt war Elisa sechs, und sie erfuhr zum erstenmal in ihrem Leben, wie es ist, zu einer Familie zu gehören. Sie hatte noch nie zu jemandem „Mutter" oder „Vater" gesagt. Mit Bärbel und Peter ging alles leichter. Bärbel war acht, Peter fünfzehn.

Bei Peter fühlte sich Elisa am wohlsten. Wenn er am Tisch saß und bastelte, stellte sie sich neben ihn. Sie befühlte das Werkzeug und die dünnen Platten aus Balsaholz, aus denen er ein Schiff baute. Es kam vor, daß er sagte: „Reich mir mal den Kleber!" Das war dann ein glücklicher Augenblick für Elisa. Sie merkte sich nämlich immer genau, wo alles lag. Und wenn Peter zum Beispiel die Schere benutzt hatte und sie auf den Tisch zurücklegte, hörte sie am Klang, an welcher Stelle sie jetzt war.

Einmal sagte Peter:
„Du, Elisa, übermorgen kommt der Osterhase. Wünschst du dir etwas?"
Elisa zögerte lange mit der Antwort. Dann sagte sie:
„Vom Osterhasen kann man sich nichts wünschen."
Peter stellte die verleimten Holzteile vorsichtig auf den Tisch.
„Stimmt", sagte er. „Zu Ostern wünscht man sich nichts. Da bekommt man
nur Eier und Schokoladehasen. – Suchst du gern Ostereier?"
Elisas Antwort war so leise, daß Peter sie kaum verstand.
„Ich hab noch nie."
„Was sagst du?" rief Peter. „Du hast noch nie Ostereier gesucht? Habt ihr
das im Heim nicht gemacht?"
„Die anderen Kinder schon. Ich nicht. – Mir haben sie ein Körbchen mit
Eiern neben mein Bett gestellt."
Jetzt war es Peter, der nicht gleich etwas darauf sagen konnte. Es war ihm, als
müsse er sich für die andern schämen. Aber bei Peter hielt so ein Gefühl nie
lange an. Er faßte Elisas Hände, patschte sie aneinander und sang:

> „Patsche patsche Kuchen,
> zu Ostern mußt du suchen.
> Elisa kriegt ein Osterei
> und vielleicht noch was dabei,
> patsche patsche bumm."

Über Elisas Gesicht huschte ein heller Schimmer. Und als Peter ihre Hände
losließ, stupste sie ihn an und sagte: „Nochmal!"
An diesem Abend, nachdem Elisa und Bärbel ins Bett gegangen waren, ver-
schwand Peter mit der Mutter in der Küche, um Ostereier zu färben. Peter
setzte die Farbbrühe an, die Mutter ließ die Eier darin kochen und fischte sie
dann mit einem Sieblöffel heraus.
Als die meisten Eier zum Trocknen auf einem Fließpapier lagen, sagte Peter:
„Wenn du mich jetzt nicht mehr brauchst, würde ich gern noch was anderes
machen."
Er holte eine kleine rotlackierte Dose und Deckfarben aus seiner Schultasche.
Die Dose war aus Holz und hatte die Form eines Eis.
„Ein Holzei? Was wird das?" wollte die Mutter wissen.
„Eine Überraschung", antwortete Peter, und er begann, die Dose zu bema-
len. Grüne Ranken, bunte Blumen und Schmetterlinge setzte er auf den roten
Grund.
„Für Bärbel?" fragte die Mutter. „Für Elisa", sagte Peter.
„Für Elisa? Wozu denn Blumen und Schmetterlinge. Sie kann's doch gar
nicht sehen."

„Aber vorstellen kann sie sich's", sagte Peter. „Wenn ich ihr beschreibe, was drauf ist.... Bestimmt, sie kann sich alles genau vorstellen."

Er hatte auf dem Ei eine ovale rote Stelle ausgespart. Dahinein schrieb er jetzt mit hellblauer Farbe: Elisa.

In diesem Augenblick steckte der Vater den Kopf zur Tür herein.

„Aha, Osterhasenwerkstatt!" sagte er. Dann entdeckte er das Ei für Elisa und nickte Peter zu. „Schön, wirklich sehr schön."

„Ist ja noch gar nicht fertig", sagte Peter. „Die Überraschung kommt erst noch." Er ließ die Dose eine Weile trocknen und zog dann mit ihr ab in sein Zimmer.

Am Ostermorgen waren Elisa und Bärbel schon ganz früh wach. Sie hörten es in den anderen Zimmern wispern; sie hörten, daß jemand auf leisen Sohlen durch die Wohnung schlich; − und dann wurde an ihre Tür geklopft. Der Vater stand davor und rief:

„Kommt schnell, der Osterhase war da!"

Bärbel hüpfte aus dem Bett, faßte Elisa bei der Hand und zog sie mit fort ins Wohnzimmer.

„Und Peter?" fragte Elisa. Sie spürte, daß er nicht dabei war.

„Richtig!" sagte der Vater. „Diese Schlafmütze müssen wir sofort aus dem Bett werfen!"

Da stolperte Peter auch schon über die Schwelle, reckte sich und gähnte.

„Was soll denn der Tumult?"

„Der Osterhase war da", erklärte ihm Bärbel. „Los! Suchen!"

Und dann ging die Sucherei los. Bärbel hatte sofort zwei Eierverstecke aufgestöbert. Jetzt stand sie auf einem Stuhl und suchte das Büchergestell ab. Peter lag auf dem Boden und angelte ein Nest unter dem Schrank hervor.

„Und du, Elisa, willst du nicht auch suchen?" fragte der Vater.

„Soll ich?"

„Natürlich."

„Überall?" fragte Elisa.

„Überall", bestätigte der Vater.

Da fing auch Elisa an zu suchen. Ganz sicher bewegte sie sich durch die Wohnung. Sie suchte in der Spielzeugkiste, faßte in die hohe Bodenvase und tastete hinter den Fernsehsessel. Auf einer Fensterbank hinter dem Vorhang fand sie das erste Versteck.

„Ich hab was, ich hab was!" rief sie.

Neben drei gefärbten Eiern saß ein großer Hase in dem Nest. Zuerst befühlte ihn Elisa, dann lutschte sie an seinen Ohren.

„Ein Zuckerhase, das ist ein Zuckerhase!"

„Weiter!" feuerte Peter sie an. „Bärbel hat schon drei Nester gefunden, ich zwei."

Elisa suchte im Kleiderschrank und kroch unter die Eckbank in der Küche – aber da war nichts. Als sie in die große Teigschüssel griff, fühlte sie ein Nest aus Holzwolle und Moos. Viele kleine Schokoladeneier lagen darin, und in der Mitte saß ein wolliges Küken. Elisa rieb ihre Wange an dem Küken. „Es fühlt sich an wie echt", sagte sie.

Jetzt wollte sie aber nicht mehr weitersuchen. Sie kauerte sich auf den Boden vor ihre Ostersachen und fing an, damit zu spielen. Sie ließ den Zuckerhasen von einem Nest ins andere hüpfen. Sie hielt dem Küken ihre hohle Hand hin und sagte: „Da, Küken, friß!" Und sie ließ die Eier auf dem Boden herumkullern.

Peter setzte sich neben sie und fragte:

„Wieviel Eier hast du eigentlich?"

„Neun und drei", sagte Elisa. „Neun kleine Schokoladeneier und drei richtige, die sind größer."

„Nur drei größere?" fragte Peter.

„Bist du sicher, daß es nicht vier sind?"

Elisa war ganz sicher. Zählen konnte sie schon sehr gut. Aber Peter gab nicht auf.

„Ich glaub, da hast du dich verzählt. Ich sehe nämlich vier."

„Es waren aber bestimmt nur drei!" rief Elisa.

„Wenn das so ist", sagte Peter, „du, Elisa, dann muß der Osterhase nochmal heimlich in dein Nest gekommen sein!"

Elisa tastete nach ihren Ostersachen. Sie legte die kleinen Schokoladeneier, den Zuckerhasen und das Küken in das eine Nest, die größeren Eier in das andere – und tatsächlich, es waren jetzt vier gleichgroße. Aber ganz gleich waren sie nicht. Elisa merkte sofort, daß das eine Ei nicht zum Essen war und daß aus seiner Spitze eine kleine Kurbel herausragte.

„Was ist das, Peter?"

„Probier's doch aus!" sagte Peter. Da nahm Elisa das Ei in die linke Hand und drehte mit der rechten vorsichtig an der Kurbel.

„Kling kling klingelingeling kling kling", klimperte es aus dem Osterei. Eine kleine Melodie, acht Takte, und dann fing sie wieder von vorne an.

Alle wurden still und schauten auf Elisa, die ganz versunken dasaß. Sie hielt den Kopf zur Seite geneigt und lauschte.

Dann aber sprang sie auf. Sie hüpfte im Zimmer herum; ihr Gesicht leuchtete.

„Ich hab das schönste Osterei, das allerschönste Osterei!"

Sie hielt es Peter hin.

„Was hat es für eine Farbe?"

„Es ist bunt, Elisa, richtig bunt."

Peter führte ihren rechten Zeigefinger über die Blumen und Schmetterlinge und fuhr die Buchstaben nach, die da standen: Elisa.

„Steht das wirklich dort?" fragte Elisa. „Und Schmetterlinge sind auch drauf?"

Sie streichelte über die kleine Spieldose. Dann schmiegte sie sich an Peter und flüsterte:

„Du, Peter, ich weiß was! – Der Osterhase... gell Peter... der Osterhase warst du!"

Tilde Michels

Neugeboren

Inhalt:	Alex beobachtet eine Schafherde und erlebt die Geburt eines Lamms.
Symbolwort:	Lamm
Was gezeigt wird:	Die Fürsorge des Schäfers für die ihm anvertraute Herde. Die Schafherde als Bild des Friedens. Wie das neugeborene Lamm aus dem Schäfer einen anderen Menschen macht. Wie Zärtlichkeit entsteht und weiterwirkt. Tatsächlich: ein Unschuldslamm.
Biblische Anklänge:	Psalm 23,1: „Der Herr ist mein Hirte, mir wird nichts mangeln." Das zehnte Kapitel des Johannesevangeliums: Jesus ist der gute Hirte. Er läßt sogar sein Leben für die Schafe.
Vorlesezeit:	4 Minuten ●●●

Als der Alex und ich über den Hügel kommen, sehen wir den Schäfer. Wir ruhen eine Weile aus. Märzluft weht von Osten herüber. Es ist ein schönes Bild, den Schafen zuzuschauen. Sie haben Friedfertiges an sich, wenn sie in kleinen Gruppen über die Wiese ziehen und das Gras abweiden. Manche liegen da, die Hufe unter dem Leib geborgen.

Es ist kurz vor Mittag. Gleich wird die Turmuhr schlagen. Zwischen dem Augenblick des Wartens und des Schlagens habe ich das Gefühl, die Zeit hält den Atem an.

Es ist nicht viel mehr wahrzunehmen als die wohltuende und gleichmäßig fließende Bewegung der Tiere innerhalb der Herde. So als geschieht nichts Schlimmes in der Welt. Das Bild deckt mit seiner Fülle alles Bedrohliche zu.

„So ein Schäfer hat einen schönen Beruf", meint der Alex.

„Er hat keine Hausaufgaben, ist immer an der frischen Luft, muß sich nicht sonderlich plagen, muß nicht reden, nicht denken und nur über die Wiese schreiten."

„Wer sagt denn, daß der nichts denkt? Und wenn der Regen über die Felder peitscht, Blitz und Donner herunterkrachen oder der Wind durch die Hecke pfeift, da möchte ich kein Schäfer sein."

Jetzt aber scheint die Sonne, und der Schäfer stützt sich auf seinen langen Hirtenstab und schaut irgendwo in eine unergründbare Ferne. Als die Schafe ins junge Getreide einbrechen, fängt er auf einmal an zu schreien. Er hat eine rauhe, gewalttätige Stimme. Der Hund kommt herangehetzt, und die Schafe flüchten in weiten Sätzen zurück. Das wiederholt sich einige Male, dieses laute, fast verärgerte Brüllen des Schäfers, der Hund, der nur darauf wartet, die Herde zu jagen, vom Urtrieb des Verfolgens und Zupackens geleitet.

Der Schäfer selbst löst sich plötzlich aus seiner Bedachtsamkeit, ergreift seinen Hirtenstab, der vorne mit einer Art Eisenhaken versehen ist. Er holt mit einer blitzschnellen Bewegung ein Schaf von den Beinen, indem er mit seinem Stab den Hinterlauf des Tieres ruckartig hochzieht. Das Tier verliert das Gleichgewicht, stürzt, zappelt und fängt an zu blöken. Schon ist der Schäfer über ihm, betrachtet sich die Hufe, läßt es nach einer Weile wieder laufen. Dann ruft er wieder mit diesen urigen Lauten nach dem Hund, zieht mit der Herde westwärts.

Ein Schaf bleibt in der Mulde zurück, sondert sich von der Herde ab. Der Schäfer scheint es nicht zu bemerken. Wir gehen hin, um es ihm zu sagen. Der schaut uns an, als wären wir gar nichts, richtig finster und karg, mit einem Gesicht wie aus Leder und sehr harten Augen.

„Es lammt", sagt er nur knapp und brüllt dann wieder seinem Hund. Wenig später geht er zu dem einzelnen Schaf zurück. Wir bleiben stehen, weil wir uns nicht recht trauen zu folgen.

Nach einer Weile kommt der Schäfer wieder. Es ist etwas ganz Besonderes mit ihm geschehen. Schon wie er geht. Den Hirtenstab hat er abgelegt und hält das neugeborene Lamm in beiden Armen. Mir fallen seine groben, knochigen Hände auf, wie behutsam sie das junge Leben umfassen.

„Schau mal, wie sich sein Gesicht verändert hat", flüstere ich dem Alex zu, „wie er zärtlich hinsieht und in sich hineinlächelt."

„Es ist das Lamm!" sagt der Alex.

Jetzt erst schlägt es Mittag. Die Zeit ist wirklich stehengeblieben. Der Schäfer kehrt zu seiner Herde zurück. Kein Laut. Kein Rufen.

Das friedliche Bild der Herde gräbt sich in mein Gedächtnis.

Kurt Hock

Die Schlange

Inhalt:	Christoph wird bei einem Sonntagsspaziergang von einer Schlange überrascht.
Symbolwort:	Schlange
Nebenaspekt:	Ostern
Was gezeigt wird:	Die Möglichkeit, aus der Haut zu schlüpfen. Der Wunsch, ein anderer oder eine andere zu werden. Ostern als Zeit des Neuwerdens.
Biblische Anklänge:	Der Entschluß, „die Werke der Finsternis abzulegen" (Römer 13,12). Die Aufforderung, „den alten Menschen abzulegen und den neuen Menschen anzuziehen" (Epheser 4,22 f.). „Der geistliche Leib ist nicht der erste, sondern der natürliche; danach der geistliche" (1. Korinther 15,46).
Vorlesezeit:	3 Minuten •

Christof machte mit den Eltern einen Sonntagsspaziergang. Es war Frühling. Bäume und Sträucher trugen noch keine Blätter, aber die Veilchen blühten, und es war schon so warm, daß Christof ohne Jacke gehen konnte. Er hatte sich von den Eltern getrennt, die auf dem Weg geblieben waren, und strolchte durch das Gebüsch oberhalb des Baches. Überall lag trockenes Laub vom letzten Jahr. Christof sammelte leere Schneckenhäuser und suchte nach Versteinerungen.

Plötzlich blieb er wie angewurzelt stehen. Vor ihm raschelte es im Laub. Ein silbernes Band bewegte sich ziemlich rasch durch das Gestrüpp. Christof erschrak und wich zurück. Eine Schlange! Wie lang und dick die war! Hinter dem Kopf hatte sie zwei große, gelbe Flecken.

Christof rannte zu den Eltern und holte sie herbei. Doch als sie an der Stelle ankamen, war die Schlange verschwunden. Sie suchten, aber sie entdeckten sie nicht mehr.

„Das muß eine Ringelnatter gewesen sein", meinte Papa. „Sie ist sicher zum Bach hinuntergekrochen."

Und er erzählte Christof, daß Nattern ungefährlich, ja sogar sehr nützlich seien, weil sie Mäuse und Ungeziefer fressen.

„Schaut mal!" rief die Mutter.

An einem Strauch hing eine Schlangenhaut. Man konnte die Schuppen gut erkennen, sie waren grau gemustert.

„Da hat sich die Schlange doch tatsächlich gerade gehäutet!"

Vorsichtig legte Mutter die Haut über Christofs Arm.

„Wenn die Schlange wächst, und ihr die alte Haut zu eng wird, streift sie sie einfach ab", erklärte Papa.

„Hat sie deshalb so silbern geglänzt?" fragte Christof. „Ihre neue Haut war viel heller und schöner als diese hier."

Sie nahmen die Schlangenhaut mit.

„Wenn wir doch auch manchmal so einfach aus unserer alten Haut schlüpfen könnten", lachte Mutter.

„Gerade so im Frühling, so um Ostern herum", ergänzte Vater und reckte sich.

„Komisch", überlegte Christof. „Die alte Schlange in einer neuen Haut – jetzt ist sie anders und doch dieselbe."

Mechtild Theiss

Eine kleine Raupe

Inhalt:	Das Leben einer kleinen Raupe ist gefährdet, aber sie gibt nicht auf.
Symbolwort:	Raupe
Was gezeigt wird:	Aus kleinem Unscheinbaren kann etwas großes Schönes werden. Was Verwandlung ist.
Biblische Anklänge:	Die Entwicklung gegen den Augenschein und eine Bewertung mit inneren und nicht mit äußeren Maßstäben hält das Jesuswort „Die Letzten werden die Ersten sein" (Matthäus 19,30 und Kapitel 20) für eine im Reich Gottes eher selbstverständliche Erscheinung.
Vorlesezeit:	2 Minuten

Eine kleine Raupe bewegte sich mühsam über einen staubigen Weg. Sie konnte kaum noch atmen, kaum noch etwas sehen: so viel Staub! Aber sie hoffte immer noch, grüne Blätter zu finden. Und so kroch sie weiter.

Hab' Geduld, kleine Raupe, noch wachsen genügend Blätter für dich!

Vorsicht! Ein kleines Mädchen kommt gelaufen. Hoffentlich zertritt sie mich nicht, denkt die Raupe. Ich spüre so viel Großes in mir. Ich will leben!

Das kleine Mädchen bleibt stehen und schaut der Raupe zu. Es hält seinen Finger hin. Kaum ist die Raupe an ihm hochgekrochen, geht das Mädchen vorsichtig zum nächsten Strauch. „Hier, kleine Raupe, kannst du dich sattfressen!"

Und wie die Raupe frißt! Sie wird dicker und größer.

Vorsicht! Ein Vogel sucht Nahrung für seine Jungen. Da kommt ihm die große Raupe gerade recht. „Laß mich leben, Vogel!" denkt die Raupe. „Ich spüre so viel Großes in mir!" Und – der Vogel fliegt weiter.

Die Raupe frißt und frißt. Sie ist dick und fett geworden. Eines Tages ist die Raupe satt. Ob aus mir etwas Großes werden kann? fragt sie sich nachdenklich. Ob die Stimme in mir recht hatte? Mein Kleid zerreißt fast, weil ich so dick bin. Ich weiß nicht...
Sie kriecht in die Höhle einer Baumrinde und hält sich fest. Langsam wird ihr Kleid so dunkel und starr wie die Baumrinde. Ob sie gestorben ist?
Hab Geduld, alte Raupe! Die Stimme in dir hatte recht: Etwas Großes wird aus dir! Alle werden staunen, wenn sie dich sehen!
Du brauchst nicht mehr zu kriechen: Du kannst fliegen!
Du brauchst dich nicht mehr mit Blättern zu begnügen. Du kannst Honig schlecken!
Du bist nicht mehr häßlich: Alle staunen über deine Schönheit!
Und richtig: Aus der dicken, grauen, abgestorbenen Raupe schlüpft ein bunter, zarter, zauberhaft schöner Schmetterling!

Willi Hoffsümmer

So einer war Thomas

Inhalt:	Mit sechs Jahren ist Thomas gestorben. Er war schwer behindert. Aber durch ihn ist viel Freude zu den Menschen gekommen.
Symbolwort:	Raupe
Was gezeigt wird:	Die Identifikation eines behinderten Kindes mit Raupe und Schmetterling. Daß in einem häßlichen Körper ein schöner Geist wohnen kann. Welchen hohen Wert Leben hat.
Biblische Anklänge:	Matthäus 25,14, die Sorge um die Geringsten unter uns. Psalm 113, das Lob des Gottes, der den Geringen aufrichtet aus dem Staube und der den Armen aus dem Schmutz erhöht, daß er ihn setze neben die Könige. Die Verheißung „Ihr seid das Licht der Welt!" (Matthäus 5,13) gilt allen Menschen – auch den Leidtragenden und Armseligen.
Vorlesezeit:	4 Minuten ●●●

Heute haben wir Thomas beerdigt. Das ganze Dorf ist mitgegangen. Kinder und Erwachsene. Alte und junge Leute. Viele haben Blumen mitgebracht. Und die Kränze, die die Leute auf den kleinen Sarg legten, trugen alle leuchtende Blumen, gelbe und weiße, blaue, rote und violette.
Heute haben wir Thomas beerdigt, und es fällt uns so schwer, Abschied von ihm zu nehmen. Jetzt spüren wir immer deutlicher, wie lieb wir ihn hatten

und wie lieb er uns alle hatte. Mit sechs Jahren ist Thomas gestorben. Sechs
Jahre ist er nur alt geworden. Aber jeder im Dorf hat ihn gekannt.
Unser Dorf ist klein. Da kennt jeder jeden. Aber den Thomas, den haben alle
ganz besonders gut gekannt. Vielleicht sogar besser als den Bürgermeister
und den Pfarrer. Das sagt sogar die Zeitungsfrau, die auch zur Beerdigung gekommen ist. Von der Klinik in Göttingen sind auch die Schwestern gekommen. Sie haben einen großen Strauß Tulpen mitgebracht.
„Er war immer froh, obwohl er so krank war!" sagte Schwester Ilse.
„Mit seiner Fröhlichkeit hat er den anderen in seinem Zimmer Mut gemacht!"
„Dabei war er doch so stark behindert!" fügt Schwester Claudia hinzu.
Ja, daß Thomas behindert war, das wußten alle im Dorf. Nicht nur körper-
behindert. Er war so stark geistigbehindert, daß er ganz spät erst angefangen
hat, überhaupt etwas zu sprechen. Oft konnte man ihn nicht richtig verstehen. Und in eine richtige Schule hätte er auch nie gehen können. Er ging in
eine Kindertagesstätte für Geistigbehinderte.
Aber lachen konnte Thomas. Und er freute sich mit jedem, dem er begegnete,
wenn er an der Hand seines Vaters oder seiner Mutter langsam durchs Dorf
ging.
„Gott hat ihn einschlafen lassen, bevor seine Schmerzen noch schlimmer
wurden", sagt sein Vater. „In Göttingen in der Klinik waren viele kranke
Kinder. Leukämie. Blutkrebs. Wie Thomas. Er hat alle Untersuchungen über
sich ergehen lassen. Er lernte sogar die vielen fremden Namen der Untersuchungen und der Krankheit. Aber dann wurde er schwächer und schwächer.
Seine Heilung wurde immer aussichtsloser!"
„Es war richtig, daß wir ihn dann nach Hause genommen haben!" sagt seine
Mutter. „Über zwei Monate lang haben wir ihn noch bei uns haben dürfen.
Und seine Fröhlichkeit ist zurückgekommen. Nicht mehr so wie vorher, aber
er hat wieder lachen können. Und Musik hat er gehört. Immer wieder dieselbe Kassette. Das Lied von der dicken Raupe. Dann hat er sich hingestellt
und gespielt, wie sich die dicke Raupe in einen Schmetterling verwandelt.
‚Gleich fliege ich!' hat er gesagt und seine Arme weit ausgebreitet."
„Es war richtig, daß sie ihn wieder nach Hause geholt haben!" sagt Frau Krü-
ger, die Nachbarin. „Was sie alles für Thomas getan haben!"
„Was Thomas für uns getan hat...", sagt sein Vater leise. „Obwohl er so
krank war, hat er uns getröstet, wenn wir traurig waren. ‚Mir geht's gut!' hat
er immer gesagt. ‚Und einmal ist die Krankheit zu Ende!' So einer war Thomas!"
Heute haben wir Thomas beerdigt. Das ganze Dorf ist mitgegangen. Und die

Erzieher aus der Kindertagesstätte, die er nur kurz besucht hat. Und die Schwestern von der Klinik.

„Ich bin so glücklich, daß so viele Blumen auf seinem Grab sind!" sagt sein Vater. „Thomas hatte Blumen so gern. Deshalb haben wir ihn immer Tommy Tulpe genannt."

„Er hat ein Licht in uns angezündet!" hat der Pfarrer bei der Beerdigung gesagt.

„Ein Licht auf unserm Weg."

„Ja, so einer war Thomas!" sagt seine Mutter.

Rolf Krenzer

Fred erfindet ein Spiel

Inhalt:	Fred denkt sich zu einzelnen Wörtern Sätze aus, indem er die Wörter des Satzes mit den Buchstaben des gegebenen Wortes beginnen läßt, z.B. zu F-i-sch.
Symbolwort:	Fisch
Was gezeigt wird:	Man kann den Buchstaben eines Wortes Wörter zuordnen, die zusammen eine verschlüsselte Botschaft ergeben.
Biblische Anklänge:	Sowohl zur Kompositionstechnik wie zur Theologie der Offenbarung des Johannes gehören verschlüsselte Botschaften; ein berühmtes Beispiel ist die Zahl 666 (Offenbarung 13,18), die „eines Menschen Zahl" ist – ein noch nicht ganz gelöstes Rätsel: vielleicht ist Nero gemeint?
Vorlesezeit:	5 Minuten ●●

Fred konnte schon lesen. Sein erstes Geschichtenbuch hatte er schon ein paarmal durchgelesen von vorne bis hinten. Und auch das Märchenbuch kannte er schon bald auswendig.

Wenn nachmittags die Zeitung kam, setzte er sich hin und buchstabierte auch darin. Nur – Zeitunglesen war viel schwieriger. In den Texten und Anzeigen tauchten so merkwürdige Wörter auf. Das waren gar keine richtigen Wörter, sondern nur Buchstaben: VHS oder UNO oder USA...

Fred fragte seine Mutter: „Was sollen die Buchstaben in der Zeitung, die man nicht lesen kann?"

„Welche denn, Fred?"

„Hier, dieser Buchstabensalat." Und er zeigte auf V-H-S.

„Das ist doch kein Salat. Da steht nichts durcheinander wie Kraut und Rüben. Die Buchstaben sind Abkürzungen."
„Und wie weiß man, was es heißt? Was bedeutet V-H-S?"
„V H S, das sind die Anfangsbuchstaben von VOLKS-HOCH-SCHULE."
„VOLKS-HOCH−SCHULE, aha."
Das wußte Fred nun, aber zufrieden war er trotzdem nicht. Warum schrieben die Zeitungsmenschen so viele Abkürzungen? Waren sie zu faul zum Schreiben oder zum Lesen? Sagten sie dann nur mehr „Vau-Ha-Es und nicht, wie es sich gehörte, Volkshochschule? Gab es noch einen anderen Grund? Sollte man vielleicht gar nicht alles verstehen? War das so eine Art Geheimschrift?
Fortan las Fred die Zeitung wie ein Rätselheft. B U N D stand da. Das war wieder so ein Geheimzeichen. Was ein Bund Stroh oder Radieschen war, das wußte Fred. Aber dieses BUND? Das war ein Wort und mußte doch eine Abkürzung sein.
Unfair, dachte Fred. Unfair von den großen Leuten, daß sie es uns Kindern so schwer machen, die Zeitung zu lesen.
Als Fred die Masern hatte und ein paar Tage im Bett bleiben mußte, bat er Mutter um Papier und Bleistift. Er wollte auch ein solches Geheimwort erfinden. Es sollte ein richtiges Wort sein − so wie BUND − und doch etwas anderes bedeuten. Das weiß dann nur ich, freute sich Fred. Ich erfinde mein Geheimwort. Alle können es lesen, aber nur ich kann sagen, was es wirklich heißt.
Was Fred sich vorgenommen hatte, war gar nicht so einfach. Er dachte und dachte und versuchte, verschiedene Wörter zu benutzen. Mutter wunderte sich schon, daß Fred im Bett lag und nur immer schrieb. Seine ganze Bettdecke war schon mit Zetteln bestückt. Wieder war der Bleistift stumpf.
Endlich! Am nächsten Tag fiel Fred das richtige Wort ein. Da stand es groß und deutlich: F-I-SCH. Das heißt Fisch. Ja, aber was konnte es noch bedeuten?
In Riesenbuchstaben schrieb Fred auf ein Blatt:

F-I-SCH

Mehr nicht. Er wollte sein Geheimnis ja nicht verraten. Wie ein Plakat lehnte das Papier an der Blumenvase.
„Bitte, Mutter, laß es dort stehen", bettelte er, als Mutter aufräumen kam.
Fred lag in den Kissen, sah auf das geheimnisvolle Wort und dachte nach.
Welchen Sinn wollte er dem F-I-SCH geben?
Viele Sätze entstanden:
Fernsehen ist schön. − Schön? Eigentlich müßte es heißen „gut". Also schön und gut. Schön wie gut.

Fernsehen ist schön.
Fernsehen ist schlecht.
Freundschaft ist schön.
Freundschaft ist schwer. Oder schwierig?
Feindschaft ist schlimm…
Mutter kam herein und mußte sich wieder wundern, als sie ihren Sohn dasitzen sah, stumm wie ein Fisch. Mit großen Augen starrte er auf das Papier.
„Was treibst du denn?"
„Ich spiele ‚Fuchs ist schlau'. O weh!"
„Was ist o weh?"
„Ach, nichts!"
Eigentlich hatte Fred sich schon verraten. Aber Mutter hatte nichts gemerkt. Sie fragte auch nicht weiter. Dieses Spiel kannte sie nicht. Fred sann weiter den Bedeutungen nach, die sein F-I-SCH haben sollte. Heute fiel ihm nichts mehr ein, nur noch: Fred ist schläfrig.
Am nächsten Morgen ging es weiter. „Frühstück ist schön", das war der erste Satz des Tages. Voller Freude ging Fred wieder an die Arbeit, Denkarbeit: F-I-SCH, – was kann das alles sein? Was kann für ein Sinn dahinterstecken? Es wurde ein Spiel ohne Ende…
(Auch diese Geschichte hat kein Ende. Weiterdenken!)

Sonja Matthes

Ein Fisch ist mehr als ein Fisch

Inhalt:	Der Lehrling eines Tuchmachers im biblischen Ephesus webt ein kunstvolles Fischmuster, als ein Unbekannter auf ihn zutritt und ihn mit einem Geheimnis konfrontiert.
Symbolwort:	Fisch
Was gezeigt wird:	Die Bedeutung des Fischzeichens für die Christen. Worauf es bei einem Bekenntnis in Stenogrammform ankommt.
Biblische Anklänge:	Die Samariter in Johannes 4 bekennen: „Wir haben erkannt, daß dieser der Welt Heiland ist" – das Wesentliche in kürzester Form! Noch kürzer lautet das Bekenntnis in Philipper 2,11 (und öfter): „Jesus Christus der Herr."
Vorlesezeit:	8 Minuten ●●●

Ja, dieser Tag erinnert mich an meine wichtigste Begegnung, die ich je in der Stadt Ephesus hatte. So wichtig ist mir das, daß ich alles aufgeschrieben habe.

In Ephesus habe ich nämlich zwei volle Jahre bei einem berühmten Tuchmacher gearbeitet. Ich habe ihm genau auf die Finger geschaut und eine Menge von ihm gelernt. Er war ein Meister darin, Tiergestalten in Tücher zu weben. Schließlich hat er gesagt:

„Hör zu", hat er gesagt, „von mir kannst du nichts mehr lernen. Du mußt weiterziehen. Aber ich habe eine Bitte an dich: Webe mir zum Abschied und zum Andenken an dich ein Tuch mit einem Fisch darin. Ich gebe dir eine Woche Zeit. Ich werde, wie du weißt, gerühmt, weil ich das Kamel so einwebe, daß es wie lebendig aussieht. Mein Elefant ist – in aller Bescheidenheit will ich es sagen – ein Meisterwerk. Aber ich will es bekennen, und es geht mir nur schwer von den Lippen: Wenn du einen Fisch webst, Junge, dann könnte ich weinen vor Glück, so herrlich schimmern seine Schuppen durch das klare Wasser, so zart sind seine Flossen, so lebendig leuchtet das Auge. Ich bitte dich also, webe mir in ein schönes, fehlerfreies Tuch den Fisch ein."

Naja. Ich fühlte mich ganz stark, als der Meister mich auf diese Weise lobte. Sonst war er nämlich eher geizig mit seinem Lob. Und dann machte ich mich ans Werk. Zwei volle Tage arbeitete ich an dem Entwurf. Mühsam, sage ich, mühsam. Der Entwurf ist für mich immer das schwerste. Manchmal liegt mir diese Zeit wie ein Zentnerstein auf der Brust. Aber dann mit einem Male fließt es aus meinem Stift. Es ist wie bei einer Geburt, denke ich mir. Du trägst es mit dir herum, du weißt nicht genau, wie es aussehen wird, aber du spürst, daß es lebendig in dir ist. Und dann endlich drängt's ans Licht. Du fühlst dich glücklich wie ein Kamel, das nach langer Wüstenwanderung die Oase erreicht.

Also los. Ich fange an, spanne die Kettfäden, webe ein hauchzartes Tuch. Und dann die Farben! Die schönen sanften Farben des Wassers, die Gestalt des herrlichen Fisches. Ich webe und färbe und färbe und webe und bin ganz in meine Arbeit eingesponnen. Habe das Tuch fast fertig. Ein Fisch im sonnendurchfluteten Wasser. Ein Fischchen, sage ich euch, ein Fischchen! Dabei merke ich gar nicht, daß da einer hinter mir steht. Ich zucke richtig zusammen, als er zwischen Daumen und Finger den Stoff prüft. Ich sehe es an diesem Griff – so tastet keiner nach dem Tuch, der nichts von der Tuchweberei versteht. Das ist einer, der geht oft mit Stoffen um. Ein wandernder Geselle? Nein, dafür ist er zu alt. Ein Meister, der den Lebensabend im Ruhestand genießt? Nein, dafür ist er zu jung.

Was ist das nur für ein Mensch? Wieso kann er am hellichten Tag hier in der Werkstatt herumlungern? Fummelt an meinem Tuch herum und sagt kein einziges Wort.

„Ist was?" frage ich ihn nicht gerade freundlich.

Er schaut mich an und schweigt, deutet auf den Fisch. Dann tritt er an die
Wand und malt mit einem Stück Kreide einen Fisch mit zwei Strichen. Nicht
gerade kunstvoll. Kann er nicht sprechen? Braucht er die Zeichensprache? Ist
er stumm?
„Ein Fisch", sage ich. „Ein ganz einfacher Fisch."
Er lacht. Und jetzt redet er.
„Sagt dir das Zeichen nichts, der du den Fisch webst?"
„Was soll mir das Zeichen sagen?" frage ich. „Ein Fisch ist ein Fisch. Basta."
Er lacht wieder. Mit seiner Kreide schreibt er die Buchstaben untereinander
an die Wand. Ganz groß.

F
I
S
C
H

Dann schaut er mich wieder so an, als ob er etwas von mir erwartet.
„Du hältst mich bei der Arbeit auf. Ich kann zwar lesen, aber ich habe auch
aus deiner Kinderzeichnung bereits den Fisch erkannt. Du hättest das Wort
gar nicht aufschreiben müssen. Und dann auch noch die Buchstaben unter-
einander. Statt nebeneinander, wie sich's gehört."
Ich schnaufe verächtlich durch die Nase. Diesmal lacht er nicht. Er tritt nahe
an mich heran und sagt:
„Dieser Fisch ist ein geheimes Zeichen. Hast du es in Ephesus niemals zuvor
gesehen?"
Jetzt fällt's mir wieder ein. So ein Fischzeichen war hier und da neben manche
Haustüren gekritzelt. Meist waren es die Türen ärmlicher Häuser. Ich werde
neugierig.
„Was bedeutet das Zeichen?" frage ich.
Er schaut mich an. Ziemlich lange. Dann sagt er:
„Ich habe von dir gehört, daß du herrliche Tücher mit Fischbildern herstellen
kannst. Und noch mehr habe ich von dir gehört."
Ist er ein Spion? Will er mich aushorchen? Will er mir vielleicht etwas Böses?
Eigentlich sieht er nicht danach aus. Er fährt fort:
„Du hast neulich den Lehrling Theophilus gefragt: Was meinst du, Junge,
wenn ein Mensch stirbt, ist dann alles aus mit ihm? Oder, was meinst du, was
dann mit dem Menschen ist?"
„Ja, das stimmt", bestätige ich. „Aber der Theophilus hat's auch nicht ge-

wußt. Hat nur die Schultern gezuckt. Ich denke, auf diese Frage gibt's keine Antwort."

„Weil du diese Frage gestellt hast, Bruder, deshalb bin ich in deine Werkstatt, deshalb bin ich zu dir gekommen."

„Was soll das alles bedeuten?" frage ich.

Er tritt wieder an die Wand, schreibt neben die FISCH-Buchstaben neue Wörter. Neben das F schreibt er Freund. Neben das I schreibt er Iesus. Neben das S schreibt er SUCHT, und aus dem CH wird das Wort Christen.

„Lies!" sagt er.

Ich lese: „FREUND JESUS SUCHT CHRISTEN."

„Das ist ja wirklich ein Geheimzeichen", sage ich.

Er lacht wieder. „Ein Zeichen mit doppeltem und dreifachem Boden", sagt er. „Man kann auch sagen:

FREUND
JESUS
SOHN
GOTTES
CHRISTUS
HEILAND."

Er ist eifrig geworden. Seine Augen leuchten. Er ist ein Feuerkopf. Ich merke, daß ich aufgeregt werde. Er verrät mir nichts, dir nichts ein Geheimnis. Was ist das für ein Mensch?

Ich frage ihn: „Wer bist du?"

„Mein Name ist Paulus!" antwortet er.

„Du sprichst so große Worte aus...", sage ich. „Und wer ist das, dieser JESUS?"

„JESUS ist die Antwort auf deine Frage, auf die Frage, die du an den Lehrling Theophilus gestellt hast: Was meinst du, wenn ein Mensch stirbt, ist dann alles aus?"

„Die Antwort auf diese Frage soll JESUS sein?" frage ich und staune.

„So ist es", sagt er und ist ganz sicher. Und er lädt mich ein. Ich soll zur Versammlung der Christen kommen. An einem der nächsten Abende soll ich kommen. Da werde ich mehr hören.

Er hält, bevor er geht, noch einmal das Tuch mit beiden Händen empor und sagt: „Ein herrliches Tuch. Und du hast es begriffen, Bruder, ein Fisch ist mehr als ein Fisch." Er geht.

Willi Fährmann

Die
Welt der Dinge

Einleitende Hinweise

Es handelt sich bei diesen Symbolwörtern nicht um Begriffe und Gegebenheiten aus dem „Bilderbuch" Gottes, der Schöpfung, sondern um Gebilde von Menschenhand. Natürlich spielt die Schöpfung auf mancherlei Weise in diese Dinge hinein. Am Übergang stehen am ehesten „Haus" und „Garten" mit ihren Bedeutungshintergründen „Behausung, bergende Höhle" und „Paradiesische, fruchtbare Landschaft".

Im heutigen Sprachgebrauch treten die kulturellen Aspekte gegenüber den natürlichen Implikationen stärker in den Vordergrund, ohne daß die Erinnerung an tiefere Zusammenhänge ganz verlorengegangen wäre. Es handelt sich im wahrsten Sinne des Wortes um Erinnerungsstücke. Dabei sind in ihnen Erfahrungen des persönlichen Lebens genauso präsent wie Erfahrungen z.B. von Familien, Dörfern, Völkern, ja ganzen Kulturkreisen. Ob diese Erinnerungen lebendig bleiben oder nicht, hängt davon ab, daß es in einer Gemeinschaft von Menschen eine Erzählkultur gibt. Gerade in diesem Zusammenhang wird deutlich, daß zu einem lebendigen Traditionsprozeß Menschen gehören, die erzählen. Wo gibt es sie noch, die Großeltern, die ihre Enkel bei der Hand nehmen, sie durch Haus und Hof führen und darüber hinaus in die ihnen vertraute Landschaft, die da und dort verweilen und auf einzelne Dinge hinweisen: „Siehst du diese Turmruine dort?" Wo gibt es die Eltern, die gelegentlich einen ihrer Schätze aus der Schublade kramen und ihren Kindern sagen: „Dieser kleine verrostete Schlüssel da hat einmal einem Menschen das Leben gerettet"?

Selbstverständlich fällt bei diesen Geschichten auch ein gerütteltes Maß an Welterklärung an, so daß die Bedürfnisse des Verstandes und des Verstehenwollens durchaus ernstgenommen werden, aber: Mehr noch fällt Weltdeutung an, so daß die Bedürfnisse der Fantasie und der Gefühle und vor allem auch die religiösen Bedürfnisse entwickelt und befriedigt werden. Und was fast das Wichtigste ist: Die Erfahrungen werden beim Erzählen unmittelbar von Mensch zu Mensch transportiert, sie sind authentisch. Und sie erscheinen als etwas, das bewältigt ist und somit das Selbstvertrauen stärkt. Der Erzähler steht uns ja quicklebendig gegenüber, wir hören seine Stimme, und wir fühlen seinen Arm um unsere Schultern; wir sehen ihm in die Augen und blicken ein Stück weit in seine Seele; wir spüren seine Erleichterung wie seine Traurigkeit, seine Hilflosigkeit wie seine Stärke; und wir können jederzeit nachfragen. Indem wir das tun, prüfen wir die Glaubwürdigkeit derer, die uns ihre Geschichten erzählen.

Ich fürchte, daß solche Erzählerinnen und Erzähler es heutzutage sehr schwer haben. Gegen sie wirkt die Tatsache, daß unsere Kinder von früh an die Welt vom Fernsehen erklärt und gedeutet bekommen, also jeweils zu Zeitpunkten, die vom Programm des Senders und nicht vom jeweiligen Entwicklungsbedürfnis des Kindes bestimmt werden – in einer Weise, die ebenso kurzatmig wie formal perfekt und mithin unmenschlich ist. Die Information geht von elektronisch erzeugten menschenähnlichen Figuren aus, die man nicht unterbrechen und nicht fragen kann und die einem überhaupt keine Zeit lassen, irgend etwas richtig zu verdauen. Es ist eine fortwährende sinnliche und emotionale Vergewaltigung.

Dazu kommt, daß auch das Umfeld Schule das Erzählen in dem beschriebenen Sinn sehr schwer macht. Das Erlernen der Kulturtechniken wie Lesen, Schreiben und Rechnen, der Erwerb von Wissen und das Training der Wettbewerbsfähigkeit haben einen so hohen Stellenwert, daß ein stiller und innerlicher Umgang mit der Welt der Dinge beinahe als Zeitverschwendung erscheint. Die Fragen nach Funktion, Zweck und Nutzen der Dinge haben die Frage nach ihrem Sinn an den Rand, ja nicht selten bereits ganz aus dem Blickfeld gedrängt. Mit anderen Worten: Bei der Produktion der Dinge kommt es von A bis Z auf ihre kommerzielle Verwertbarkeit an und nicht darauf, daß sie den Menschen irgend etwas sagen.

Und doch: Wir brauchen Dinge, die wir uns aneignen können – über den Tag hinaus! In unserer vorwiegend materialistisch bestimmten Zeit sind die meisten Zugänge zu geistigen und geistlichen Bereichen verschüttet, und damit erscheint auch das Reich Gottes verschlossen. Die Dinge müssen wieder reden lernen, in einem ganz elementaren Sinn. Tun sie das nicht, werden wir am Ende zwar viel besitzen, aber nichts davon haben. Was ist – zum Beispiel – ein Becher? Ein Trinkgefäß aus Pappe oder Plastik, mit dem wir unseren Durst – ex und hopp – ganz nebenbei und rasch mal eben löschen, ohne einen einzigen Gedanken an diesen Vorgang zu verschwenden? Ein artifiziell gefertigtes Prunkstück für unsere Festtafel, mit dem wir demonstrieren, zu welch gehobenem Lebensstil wir fähig sind? Ein Gegenstand aus Keramik, dem Künstlerhände ein unverwechselbares Gesicht gegeben haben und der dem Vorgang des Trinkens seine alltägliche Beiläufigkeit nimmt? Ein Ding, das durch seine Schalenform daran erinnert, daß offen sein muß, was geben will, und daß empfangen haben muß, was geben kann? Ein Kelch, der geleert werden will bis zur Neige, demnach ein Bild für unabweisbares Geschick? Ein sakraler Gegenstand, der die Gegenwart Gottes repräsentiert? Ein Zeichen der Gemeinschaft? Ein Ruf zur Besinnung auf die Quellen, aus denen das wahre Leben kommt? Ein Becher ist ein Becher?

Erklärungen zu den Symbolwörtern

Das *Haus* ist unsere Behausung, es bietet Heimat und Geborgenheit (auch
wenn es nur eine winzige Wohnung ist). Wir erleben, was *heraus*gehen und
*aus*ziehen ist und was demgegenüber *ein*kehren und nach Hause kommen ist.
Das Haus bietet Raum für Alleinsein und für Gemeinschaft. Es ist der Rahmen für die Erfahrung von Innenwelt und Außenwelt und der Spannungen
und Übergänge zwischen beiden. Es hat ein tragendes Fundament und ein
schützendes Dach. Es hat eine Fassade.
Durch *Tür* und *Tor* gelangen wir von innen nach außen und umgekehrt. Sie
verschließen oder öffnen Räume, sie halten fern, oder sie laden ein. Sie schließen aus, oder sie schließen ein. Sie öffnen sich nicht jederzeit und nicht jedem.
Wer eintreten will, muß anklopfen.
Wer den richtigen *Schlüssel* hat, kann die Tür öffnen. Er erschließt und ver-
sperrt Zugänge. Ohne ihn geht's nicht weiter, wenn die Tür zu ist. Wer den
Schlüssel hat, hat Macht.
Wege gibt es von Ort zu Ort und von Mensch zu Mensch. Aber wir müssen
sie manchmal erst suchen und finden. Oft sind es Umwege oder Irrwege. Wo
sich Wege kreuzen, müssen wir uns entscheiden. Wir können allein unseren
Weg gehen, aber meistens kommen wir weiter, wenn andere mitgehen. Wege
haben eine Richtung und ein Ziel. Sie führen hinauf oder hinunter. Wir können jemanden den Weg ebnen oder erschweren. Solange wir leben, sind wir
unterwegs.
Mit dem *Garten* holen wir die Natur in unsere Nähe und lassen uns von ihr
beschenken: leiblich mit allerlei Nahrung, geistig mit allerlei Schönheit. Der
Garten braucht Pflege. Er spiegelt die Jahreszeiten und unsere Abhängigkeit
von ihnen. Manchmal ist er groß wie ein Park, manchmal so klein wie ein
Blumenkasten. In jedem Fall ist er begrenzt und insofern behütet und über-
schaubar.
Der *Krug* füllt unsere Becher. Er ist Vorrats- und Transportbehälter. Wasser-
holen war zu biblischer Zeit ein notwendiger Vorgang, nicht nur zur Nahrung, sondern auch zur Reinigung. Vom Krug wünschen wir uns, daß er un-
erschöpflich sei. Aus ihm schenken wir aus.
Vom *Brot* leben wir. Es ist von allen Nahrungsmitteln dasjenige, dem wir
mit der größten Andächtigkeit begegnen. Es ist der Bedeutung des Korns und
dessen Geschichte eng verbunden und weist auf die für unsere Seele nötige
Nahrung hin: auf Christus, das Brot des Lebens. Die Bitte um das tägliche
Brot ist die Mitte des Vaterunsers.
Um den *Tisch* herum sitzen wir zum Essen, Reden, Feiern, Spielen und Arbei-

ten. Er drückt unseren Willen aus, Gemeinschaft zu halten. Manchmal ist diese Gemeinschaft bedroht: Bei Jesu letzter Mahlzeit mit seinen Freunden war einer am Tisch, der es nicht gut mit ihm meinte.

Das *Schiff* fährt über das tiefe und gelegentlich stürmische Meer. Es braucht eine kundige und verläßliche Führung, um sicher den Hafen zu erreichen. Ein Bild unseres Lebens, das den Hafen noch nicht erreicht hat und des Steuermannes bedarf. In der Noahgeschichte bringt es die Geretteten an das Ufer der neuen Zeit.

Der *Anker* verbindet das ruhende Schiff mit dem Grund. Er ist das, was Halt gibt.

Zum *Schatz* kann alles werden, was wir uns angeeignet und zu dem wir eine innere Verbindung haben. Wir verbergen ihn vor anderen. Es gibt sichtbare und unsichtbare Schätze. Die unsichtbaren Schätze sind die wertvollsten: „Ein guter Mensch bringt Gutes hervor aus dem guten Schatz seines Herzens" steht bei Matthäus (12,35), der sogar das Himmelreich mit einem Schatz vergleicht (13,44f).

Der *Ring* hat keinen Anfang und kein Ende, er erzählt von Dauer und Treue. In die schweren eisernen Ringe auf der Hafenmauer werden die Schiffstaue verknotet; sie ermöglichen Verbindung und halten fest.

Der *Kranz* ist ein aus Blumen oder Zweigen geflochtener Ring; er hebt hervor und schmückt. Er zeichnet aus. Er ist eine kleine Krone.

Das *Licht der Kerze* krönt manche festliche Tafel, es stimmt uns besinnlich und froh. Es ist mild und blendet nicht, es ist eine lebendige Flamme. Die Kerze verzehrt sich im Leuchten. Für andere Licht zu sein, tut manchmal weh, denn es erfordert Verzicht. Trotzdem sollen wir „unser Licht nicht unter den Scheffel stellen" (Matthäus 5,15). Die Kerze erinnert als kleines Leuchten daran, daß die Menschen vom großen Licht Gottes, Christus, leben (Johannes 8,12). So ist die Osterkerze, Taufkerze, Adventskerze und Weihnachtskerze.

Auf Christus weist auch das *Kreuz* . Es verkündet, daß das Leben stärker ist als der Tod (Auferstehung Jesu) und wird daher oft als Lebensbaum dargestellt. Es spricht von Trauer, aber auch von Hoffnung.

Solche Häuser und andere Häuser

Inhalt:	Kinder klingeln bei Leuten und fragen: „Dürfen wir reinkommen?"
Symbolwort:	Haus
Nebenaspekt:	Tür
Was gezeigt wird:	Wer die Welt aussperrt und niemanden einläßt, macht sein Haus zu seinem Gefängnis. Wessen Denken um nichts anderes kreist als um den vollkommenen Zustand seines Hauses, macht es zu seinem Fetisch. Wer es weit öffnet allen, die anklopfen, macht es zu einem Ort der Gastlichkeit.
Vorlesezeit:	1 Minute •

Eva, Usch und Daniel gehen die Straße entlang und klingeln an den Häusern.
„Guten Tag", sagen sie zu Herrn Max. „Dürfen wir reinkommen?"
„Was? Ihr? Jetzt?" ruft Herr Max und schlägt die Tür zu. „Unverschämtheit!
In meinem Haus will ich meine Ruhe haben!"
Eva, Usch und Daniel klingeln bei Frau Else.
„Dürfen wir reinkommen?" fragen sie.
„Ihr? Jetzt?" sagt Frau Else. „Das paßt mir gar nicht. Gerade eben habe ich
frisch geputzt und aufgeräumt. Ihr würdet nur wieder Schmutz und Unordnung machen!"
Eva, Usch und Daniel klingeln bei Herrn Walter:
„Dürfen wir reinkommen?"
Herr Walter steht auf der Leiter und streicht die Wand.
„Jetzt? Tut mir leid!" sagt er. „Ihr seht ja, daß ich arbeite. An einem Haus
gibt es immer Arbeit. Ich habe keine Zeit, mit euch zu spielen."
Eva, Usch und Daniel klingeln bei Frau Rosa. Frau Rosa breitet die Arme aus
und ruft:
„Ihr kommt gerade am richtigen Augenblick. Ich habe einen Kuchen gebakken. Es ist ein bißchen Durcheinander in der Küche, aber wir werden's uns
schon gemütlich machen."
Sie öffnet die Tür weit, ganz weit, und sagt: „Herzlich willkommen!"

Renate Schupp

Häuser anschauen

Inhalt: Eine in der Barracke untergebrachte Flüchtlingsfamilie geht sonntags Häuser anschauen und träumt von einem gemütlichen Heim.

Symbolwort: Haus

Nebenaspekt: Tür

Was gezeigt wird: Der Unterschied zwischen Unterbringung und Wohnen. Die Notwendigkeit, ein Heim zu haben. Der utopische Traum vom zukünftigen Zuhause hilft die Gegenwart ertragen.

Biblische Anklänge: Das Volk Israel hatte in der Zeit der Wüstenwanderung nichts als seinen Traum von dem zukünftigen Zuhause, dem verheißenen Land.

Vorlesezeit: 6 Minuten ••

Draußen vor der Stadt, wo sich heute das Industriegelände ausdehnt mit Fabrikhallen und Parkplätzen und einem Supermarkt, war gleich nach dem Krieg ein Flüchtlingslager – fünf niedrige langgestreckte Holzbaracken, die sich vollkommen glichen. Innen hatten sie alle einen langen düsteren Mittelgang, rechts und links eine Reihe Türen, und hinter jeder Tür eine Familie. Susi Jablonski wohnte hier mit ihrer Mutter und ihrem Bruder Paul. Sie hatten eine von den kleinsten Stuben, weil sie nur zu dritt waren. Aber für mehr als drei hätte der Platz auch nicht gereicht. Sie konnten gerade die allernötigsten Dinge unterbringen.

Für jede Baracke gab es einen einzigen Wasserhahn am Ende des Flurs und eine Toilette, die immer besetzt war und vor der sich die Mutter unaussprechlich ekelte.

Wenn es regnete, tropfte es in der Stube durch die Decke, immer an einer anderen Stelle, und sie mußten die Betten verschieben, mal hierhin, mal dorthin, damit das Bettzeug nicht naß wurde. Als der Winter kam, pfiff der Wind so erbärmlich durch alle Ritzen, daß das schwache Feuerchen im Ofen nichts gegen die Kälte ausrichten konnte. Dann saßen Susi und Paul in Mütze, Schal und Mantel am Tisch und machten ihre Aufgaben mit klammen Fingern.

Für die Mutter war das schlimmste, daß man nie und nirgends wirklich allein sein konnte. Jeden Augenblick geschah es, daß jemand den Kopf durch die Tür steckte oder im Vorbeigehen mal eben durchs Fenster sah. Und die Wände zwischen den Stuben waren so dünn, daß man jeden Atemzug hörte, den nebenan einer tat. Jeder nahm zu jeder Zeit an jedermanns Reden und Lachen und Weinen teil. Nie, nicht einmal nachts, war es wirklich still.

Manchmal, wenn Paul und Susi aus der Schule kamen, saß die Mutter auf dem Bett und weinte. Dann setzten sie sich zu ihr und weinten mit. Es gab nichts, das man fragen oder sagen konnte – nur dieses ganz trostlose Leben.

Immerhin ging der Winter vorüber, und allem Unglück zum Trotz wurde der
Frühling strahlend schön. Da fingen sie an, große Spaziergänge zu machen,
den Fluß entlang und in die umliegenden Wälder oder einfach planlos durch
die Landschaft – nur weg von diesem Ort des Elends.
Sonntags gingen sie Häuser anschauen. Sie spazierten durch die stillen, aus-
gestorbenen Straßen und überlegten, in welchem Haus sie am liebsten wohnen wollten.
Es gab Mietshäuser mit langen Reihen hoher Fenster. In solch einer Wohnung hatten sie früher gewohnt – in großen hellen Zimmern mit schönen
Möbeln und sauberen Vorhängen. Sie sahen zu den Fenstern hoch und ver-
teilten die Zimmer und ereiferten sich, bis sich irgendwo ein Fenster öffnete
und jemand herausschaute. Dann grüßten sie verlegen und gingen rasch weiter.
Susi hätte am liebsten in einer von den alten Villen am anderen Ende der Stadt
gewohnt. Sie standen in großen verwilderten Gärten unter alten Bäumen und
waren mit Erkern und Türmchen geschmückt. Besonders von den Türmchen
war Susi entzückt.
„Schau doch, schau!" rief sie und hielt die Mutter am Ärmel fest. „Wie ein
Dornröschenschloß!"
Aber die Mutter winkte ab.
„Nein, nein! So ein großes Haus muß man nicht haben. Ich wäre schon mit
einem ganz kleinen zufrieden. Zwei Räume – das wär' genug! Einer zum
Schlafen und einer für alles andere."
Sie gingen nebeneinander her, die Kinder eng an die Mutter gedrängt, und
träumten sich ihr Häuschen zurecht. Umsichtig bedachten sie alles, was nötig
war, damit sie es schön und behaglich darin hätten. Eine Küche wurde einge-
richtet und ein Schlafzimmer mit weichen weißen Betten. Allerlei Möbelstük-
ke wurden hin- und hergeschoben und Schränke eingeräumt. Und die Fenster
bekamen innen Vorhänge und außen feste Läden, die man abends zumachen
konnte.
„Gegen den Wind", sagten die Kinder.
„Gegen die Leute", sagte die Mutter.
„Und die Haustür kann man abschließen, nicht wahr", rief Paul eifrig. „Wir
machen ein Schild an die Tür mit unserem Namen darauf. Dann wissen alle:
Hier wohnen Jablonskis. Und wer uns besuchen will, muß klingeln."
„Und wenn wir keine Lust haben, machen wir nicht auf", erklärte Susi
schlau. „Wir lassen nur liebe Leute rein."
„Ganz bestimmt!" sagte die Mutter und lächelte. „Und am Abend bringe ich
euch ins Bett und sage: Schlaft schön, Kinder, ich gehe ins ANDERE Zim-

mer! Und das tue ich dann auch. Ich mache die Tür hinter mir zu und gehe ins ANDERE Zimmer!"

„Und was tust du da?" fragten die Kinder neugierig.

„Oh", sagte die Mutter, „ich setze mich an den Tisch und höre zu, wie still es ringsum ist."

„Das ist langweilig", erklärte Paul.

Aber die Mutter schüttelte den Kopf. Sie sah über die Kinder hinweg in eine unerreichbare Ferne. Und in ihren Augen lag ein verträumtes Lächeln.

Renate Schupp

Lukas in der Hundehütte

Inhalt:	Lukas macht es sich in einer Hundehütte gemütlich.
Symbolwort:	Haus
Was gezeigt wird:	Die eigenen vier Wände müssen kein Palast sein, um der Freude und dem Frieden Raum zu bieten. Was ein warmes Nest für den Menschen bedeutet.
Biblische Anklänge:	Der Stall zu Bethlehem.
Vorlesezeit:	4 Minuten

Harko, der große alte Hofhund, ist schon seit einem Monat tot. Aber seine Hütte steht noch immer leer. Die Eltern wollen keinen neuen Hofhund kaufen.

„Was wird mit der Hütte?" fragte Lukas.

Darüber hat sich der Vater noch keine Gedanken gemacht.

„Darf ich sie haben?" fragt Lukas.

„Was, um alles in der Welt, willst du mit dieser Hütte anfangen?" fragt der Vater.

„Drin wohnen", antwortet Lukas, ohne lange überlegen zu müssen.

„Was?" sagt der Vater und muß lachen. „Verrückte Idee. Du kannst dich da drin nicht mal richtig ausstrecken, so klein ist sie."

„Darf ich?"

„Also, von mir aus − meinetwegen", sagt der Vater. „Aber mach sie vorher sauber. Sie wird voller Flöhe und Hundehaare sein."

Lukas räumt Harkos alte Decke aus der Hütte und wirft sie in den Müllcontainer. Dann holt er einen Eimer voll Wasser und eine Wurzelbürste. Damit schrubbt er die Hütte aus. Flöhe hüpfen auf, und im Eimer schwimmen Hun-

dehaare. Die Mutter bringt Lukas eine Streubüchse voll Insektenpulver. Das
streut er in der Hütte aus, sobald sie wieder trocken ist. Dann läßt er sich von
der Mutter das Schaffell geben, das früher mal ein Bettvorleger gewesen ist.
Es hat schon ein paar kahle Stellen, aber es ist noch immer schön weich und
flauschig. Er breitet es auf dem Boden der Hütte aus. Seine kleine Nacht-
tischlampe fällt ihm ein. Er holt sie aus seinem Zimmer, klopft einen Nagel
in die Innenwand der Hütte, hängt die Lampe daran, bettelt sich von Mutter
und Großmutter drei Verlängerungskabel zusammen und legt damit eine
elektrische Leitung aus dem Kuhstall in die Hundehütte. Die Großmutter
schenkt ihm zwei alte Kissen, die für ihr Sofa nicht mehr schön genug sind,
und der Vater borgt ihm die Reisedecke aus dem Auto.
„Kannst du für deine Wohnung vielleicht einen Kalender gebrauchen?" fragt
die Mutter.
Natürlich kann Lukas ihn gebrauchen, denn was ist eine Wohnung ohne Kalender? Er hängt ihn neben die Lampe. Und ein Poster klebt er sich auch hin.
Auf dem Poster ist ein Vogelnest zu sehen, in dem eine Vogelmutter ihre Jungen füttert.
„Wie wär's mit Proviant?" fragt die Großmutter.
O ja, Proviant ist immer gut, vor allem, wenn's Gummibärchen sind. Aber
wohin mit ihnen? Noch ein Nagel muß her, damit Lukas die Gummibärchen-
tüte an die Wand aufhängen kann. Dieser Nagel muß auch noch die Tasche
mit der Blockflöte und dem Liederheft tragen. Und über dem Türloch befe-
stigt Lukas mit Reißzwecken einen leeren Kartoffelsack, den er wie einen
Vorhang herunterlassen kann.
Dunkle Wolken ziehen auf.
„Gleich wird's gießen!" ruft die Mutter Lukas zu. „Komm rein!"
„Wozu?" fragt Lukas. „Ich hab doch ein Haus."
Er kriecht in die Hundehütte, läßt den Sack herunter, kuschelt sich aufs
Schaffell, deckt sich mit der Reisedecke zu, kaut Gummibärchen und lauscht
dem Regen, der auf das Hüttendach trommelt. Kein Tropfen dringt ein, kein
Sturm, keine Kälte. Lukas findet es urgemütlich. Nur daß er sich manchmal
kratzen muß, weil es ihn juckt. Sind etwa doch ein paar Flöhe auf ihn ge-
hüpft?
Ab und zu schaut die Mutter aus dem Küchenfenster zur Hundehütte hinüber. Es dämmert schon. Noch immer regnet es. Auf einmal sieht sie Licht
aus den Ritzen der Hütte schimmern. Und dann hört sie ein Lied auf der Flö-
te.
Da möchte sie am liebsten zu Lukas in die Hütte kriechen.

Gudrun Pausewang

Die Sandburg

Inhalt:	Andreas baut am Strand eine Sandburg, die vom Sturm zerstört wird.
Symbolwort:	Haus
Was gezeigt wird:	Was schön ist, ist nicht unbedingt auch dauerhaft. Ein Haus braucht Festigkeit und ein Fundament.
Biblische Anklänge:	Die Geschichte vom Mann, der sein Haus auf den Sand baute (Matthäus 7,24-27).
Vorlesezeit:	3 Minuten ●

Andreas saß mit seinen Eltern im Strandkorb, den sie für die Zeit ihrer Ferien am Meer gemietet hatten. „Sieh einmal, Vater", sagte er. „Die Leute dort drüben haben für ihren Strandkorb eine richtige Sandburg gebaut. Warum haben wir keine?"

Mutter sah zu Vater hinüber und lachte.

„Willst du uns nicht auch eine Burg bauen?" fragte sie.

Vater sah von seiner Zeitung auf.

Er seufzte.

„Ich dachte, wir haben Ferien. Und in den Ferien muß man nicht arbeiten."

„Wir helfen dir", sagte die Mutter.

Und so machten sie sich daran, eine Sandburg zu bauen.

Zuerst mußten sie mit Schaufeln eine Mulde graben. Je tiefer sie gruben, um so höher türmte sich am Rand der Sand.

„Du kannst schon einmal Wasser aus dem Meer holen", sagte Vater zu Andreas und reichte ihm einen Eimer.

„Damit mußt du den Sand begießen und anschließend festklopfen."

„Ich gehe Muscheln suchen", sagte Mutter.

„Au fein", rief Andreas. „Mit den Muscheln können wir auf unsere Strandburg Bilder machen."

Den ganzen Tag arbeiteten sie an ihrer Strandburg. Mutter machte aus den Muscheln einen Fisch, Vater eine Möwe und Andreas ein Schiff.

Als sie am Abend ihr Werk betrachteten, waren sie alle sehr stolz darauf.

„Unsere Sandburg ist die schönste am Strand", sagte Andreas.

Weil sie so sehr in ihre Arbeit vertieft gewesen waren, hatten sie nicht bemerkt, daß Wolken am Himmel aufgezogen waren. Ein böiger Wind kam vom Meer her.

Jetzt fielen die ersten Tropfen.

„Das Wetter gefällt mir gar nicht", sagte der Vater, sah zum Himmel hinauf und runzelte die Stirn.

Die ganze Nacht über regnete und stürmte es.

Aber gegen Morgen legte sich der Wind, es hörte auf zu regnen, und die Sonne kam heraus.

„Ich lauf schon einmal vor zum Strand", rief Andreas.

Aber als er dort ankam, erlebte er eine böse Überraschung. Von der Strandburg, die sie gestern mit soviel Mühe gebaut hatten, war nicht viel übriggeblieben. Der Sturm hatte den Sand wieder in die Grube gefegt und der Regen noch zusätzlich alle Muschelbilder zerstört.

Als Vater und Mutter kamen, standen Andreas Tränen in den Augen.

„Unsere schöne Burg", sagte Mutter und legte tröstend den Arm um ihn.

„Sie war eben nur aus Sand", sagte Vater. „Der Sturm und der Regen waren stärker. Aber wir haben ja noch unseren Strandkorb. Dem hat der Sturm nichts anhaben können."

„Aber ich möchte wieder eine Sandburg haben", sagte Andreas trotzig. „Hilfst du mir, eine neue zu bauen?"

Mutter lachte, und Vater seufzte wieder.

„Zum Glück ist unser Haus aus Steinen und nicht aus Sand gebaut. Sonst müßte ich es nach jedem Sturm wieder neu aufbauen."

                                                                                    Andreas Kleinschmidt

Die Tür

Inhalt:	Geros Eltern sind mit Großvater zerstritten, und Gero traut sich nicht, den Großvater in seinem schönen großen Haus zu besuchen.
Symbolwort:	Tür
Nebenaspekt:	Haus
Was gezeigt wird:	Die verschlossene Tür wird zum Ausdruck der Feindschaft. Dabei muß es nicht bleiben: Jemand braucht den Mut, an der Tür zu klopfen.
Biblische Anklänge:	„Wer da anklopft, dem wird aufgetan" (Matthäus 7,8).
Vorlesezeit:	4 Minuten ●●

Auf seinem Weg zur Geigenstunde kam Gero immer an einem alten Haus vorbei. Es war grün und weiß getüncht, seine großen Fenster waren in kleine Einzelscheiben eingeteilt, es hatte ein mächtiges Dach. Einige flache Stufen führten zu der breiten Haustür hinauf.

Gero hielt kurz vor dieser Treppe an. Früher war er sie oft hinaufgeeilt und hatte die schwere Türklinke über dem verzierten Schloß nur mit Mühe bewegt. Den runden Türklopfer, den ein messingner Löwenkopf im Maul hielt, hatte er lange nicht erreichen können. Ganz klein war er sich immer vor dieser Tür vorgekommen. Aber dann hatte Großvater die Tür geöffnet und ihn mit ins Haus genommen.

All das war schon lange her. Großvater wohnte zwar noch hier, aber Gero durfte ihn nicht mehr besuchen. Die Eltern und Großvater hatten Streit miteinander.

„Es ist doch unsinnig, wenn ein alter Mann in so einem schönen Haus wohnt", hatte der Vater gemeint. Er wollte, daß Großvater das Haus verkaufen und ihm dann eine größere Geldsumme geben sollte. Großvater aber wollte im Haus wohnen bleiben.

„Es gehört mir, und solange ich mich selbst versorgen kann, bleibe ich", antwortete er Vater. Es gab immer wieder Streit wegen des Hauses, einmal hatte Vater den Großvater beschimpft und angeschrien. Nun besuchten sie sich schon jahrelang nicht mehr.

Wenn Gero an dem Haus vorüberging, zögerte er jedesmal. Dort oben hinter dem Eckfenster saß Großvater jetzt bestimmt an seinem Schreibtisch.

„Wenn ich käme, würde er sich wohl freuen", dachte Gero, denn Großvater hatte ihn immer gern gehabt. Aber da war die Tür zwischen ihnen, die Tür mit der schweren Klinke, die dunkle Tür, die so abweisend war, als wollte sie zu ihm sagen: „Bleib draußen!"

Einmal war Gero einfach die Stufen hinaufgerannt und hatte die Klinke heruntergedrückt. Aber die Tür war verschlossen. Den Türklopfer zu bedienen, traute er sich nicht. Großvater hatte immer noch keine Klingel. Wie oft hatte sich Vater auch darüber aufgeregt!

Beschämt ging Gero weiter und blickte sich noch einmal um. Oben in Großvaters Arbeitszimmer brannte Licht. Gero sah Großvaters Schatten am Fenster. Ob er gehört hatte, daß jemand an der Haustür gewesen war? Aber er hatte ihn nicht eingelassen!

Eines Tages rief der Lehrer Gero zu sich. Er zeigte ihm ein Buch und fragte: „Hat das eigentlich dein Großvater geschrieben?"

Gero las den Namen und nickte.

„Es gefällt mir sehr. Richte das deinem Großvater aus", sagte der Lehrer. Gero wurde rot. Er hatte keine Ahnung, daß Großvater Bücher schrieb. „Auf so einen Großvater kannst du stolz sein. Grüß ihn von mir!" sagte der Lehrer.

Als Gero wieder einmal an dem alten Haus vorbeikam, blieb er stehen. In Großvaters Arbeitszimmer brannte Licht.

„Dort oben sitzt er und schreibt", dachte Gero, „und hier unten stehe ich und

würde ihn so gerne vieles fragen. Wenn die Tür nicht wäre, würde ich einfach
'reingehen!"
Gero stieg langsam die Treppe hinauf. Er drückte die Klinke herab. Im Haus
rührte sich nichts. Zaghaft griff Gero nach dem Türklopfer. Er schlug den
Ring gegen die Tür – einmal, ein zweites Mal. Dann lauschte er gespannt.
Das Fenster von Großvaters Arbeitszimmer wurde geöffnet. Großvater
beugte sich heraus.
„Gero? Bist du es, Gero?" rief er zögernd und sah angestrengt hinunter. „Es
ist Gero!" Seine Stimme klang freudig-erregt. „Warte, ich komme herunter!"
Das Fenster ging wieder zu. Gero hörte Schritte. Ein Schlüssel wurde umge-
dreht. Großvater öffnete die Tür. Helles Licht strömte heraus in die Abend-
dämmerung.
„Gero!" rief der Großvater. „Wie groß du geworden bist! Ich habe so gehofft, daß du einmal zu mir kommen würdest!" Er legte freundlich den Arm
um Geros Schultern und führte ihn ins Haus.

Mechtild Theiss

Das Fischmaul

Inhalt:	Lena muß ins Krankenhaus. Als sie vor dem Tor steht, läuft sie weg.
Symbolwort:	Tor
Was gezeigt wird:	Die Angst, durch ein Tor zu gehen, wenn wir nicht wissen, was da-hinter auf uns wartet. Daß Sprachlosigkeit den Weg versperrt, und wie man wieder zueinander finden kann.
Biblische Anklänge:	„Weint mit den Weinenden" (Römer 12,15). „Du lässest mich erfah-ren viele und große Angst und machst mich wieder lebendig" (Psalm 71,20).
Vorlesezeit:	6 Minuten ●●

Anfang Mai rief der Arzt an. Er redete lange mit Lenas Mutter. Sie sagte nur
ab und zu: „Ja", und „Hm, hm", und einmal laut: „Nein!" Dabei wurde sie
blaß, und so blieb sie. Den ganzen Tag und noch länger.
Zu Lena sagte sie nur: „Doktor Germer findet, du solltest mal für eine Weile
ins Krankenhaus gehen. Nur so lange, bis die Ärzte herausgefunden haben,
warum du jetzt immer so müde bist."
Na, das hörte sich nicht weiter schlimm an. Schon gar nicht für Lena! Die war
nämlich schon mal im Krankenhaus gewesen. Drei Tage lang, bis ihr Gips-

bein so weit war, daß sie damit nach Haus humpeln konnte. Sie hatte sich damals das Bein gebrochen und sehr, sehr viele Geschenke bekommen.
Bloß irgend etwas war diesmal anders. Nur wußte Lena nicht, was.
Ihre Mutter kaufte ein Buch mit Bildern. Es hieß „Fridolin im Krankenhaus" oder so ähnlich. Das besahen sie beide zusammen. Als ob Lena nicht selber lesen könnte! Schließlich ging sie schon in die zweite Klasse.
Es war aber schön, sich an Mami zu kuscheln. Das Buch hatte 64 Seiten mit vielen Bildern. Es war alles beschrieben, was es im Krankenhaus gibt: Lange Flure mit vielen, vielen Türen. Betten natürlich. Tabletten und Spritzen. Schwestern mit Hauben, Ärzte und Ärztinnen mit Kitteln, meistens weiß, manchmal grün. Ach, viel, viel mehr noch! Nur eines stand nicht drin: Wie ist das, wenn man dort lang bleiben muß?
Lena fragte die Nachbarn:
„Wie lange braucht ein Doktor, um 'rauszufinden, was jemandem hilft?"
Da strichen die ihr übers Haar und sagten: „Ja, ja... Wie lange? Das ist verschieden." Oder: „Tja, weißt du: mal kürzer, mal länger."
Da war Lena genauso klug wie zuvor.
Sie ging zur Oma und fragte das gleiche. Da mußte die sich die Nase putzen, obwohl sie gar keinen Schnupfen hatte.
„Was hast du?" wollte Lena sie fragen. Aber sie kriegte den Mund nicht auf.
Blieb noch die Mutter. Die stand in der Küche und rührte im Kochtopf. Rechts herum, immer rechts herum. Sie sah Lena gar nicht.
Dann klingelte wieder das Telefon.
Diesmal war es nur ein kurzes Gespräch.
„Im Krankenhaus ist ein Platz frei geworden", erzählte die Mutter. „Morgen geht's los. Nach Hamburg diesmal. Dort gibt es bessere Krankenhäuser als hier bei uns in der kleinen Stadt."
„Hm", sagte Lena. Ihr sackte das Herz immer tiefer. Aber Mutter kam gleich mit der Waschzeugtasche. Die hatte sie extra für Lena gekauft. Hellblau mit Blümchen. Ganz süß!
Lenas Freundinnen kamen. Der Abend war schön. Auch die Fahrt nach Hamburg. Zu Anfang. Vater hatte sich frei genommen und erzählte das Märchen von der Prinzessin Samanta, während er ‚seine Frauen' nach Hamburg fuhr.
Bloß dann sah Lena auf Vaters Finger. Die zitterten wie die von Opa. Das taten sie sonst nie. Und als die ersten Hochhäuser kamen, suchte die Mutter ihr Taschentuch. Sie sagte: „Mir ist was ins Auge geflogen." Aber das Fenster war fest geschlossen. Lena saß still und fühlte sich scheußlich.
Das wurde noch schlimmer, als sie schließlich vor dem Krankenhaus stan-

den. Das war gar kein einzelnes Haus! Das war eine ganze Kette von Häusern: alle hoch wie Bäume, eins dicht am andern. Wie eine einzige schnurgerade Mauer, die kein Ende zu nehmen schien. Sie gingen daran entlang, Vater, Mutter und Lena in der Mitte.

Irgendwann kam dann doch ein Eingang. Lena mochte gar nicht hinsehen: So hoch war das Tor! Unheimlich und grau wie die Häusermauern. Es kam ihr vor wie ein riesiges Fischmaul – wie etwas, das sie fressen wollte. Lena schrie: „Nein!", riß sich los und lief weg.

In der Nähe war eine Grünanlage: ein paar Ahornbäume und Blumenbeete. Auch Bänke gab es. Die eine war leer. Dort fanden die Eltern ihr Kind.

Sie setzten sich rechts und links neben Lena, damit sie sich bei beiden ankuscheln konnte. Dann fragte Mutter:

„Was hat dich denn bloß so furchtbar erschreckt?"

„Das... das... das Fischmaul!"

„Was für ein Fischmaul?" sagte Vater verwundert.

„Na, das gräßliche Tor!"

Auf einmal konnte Lena weinen. Und nach und nach auch ein bißchen erzählen: Von Oma, die ein Taschentuch brauchte, obwohl sie doch gar keinen Schnupfen hatte. Von Mutter, die in den Kochtopf starrte. Von all dem, was ihr unheimlich war, weil sie es nicht verstand. Es war, als sei eine Tür aufgegangen: zum ersten Mal konnten sie über alles reden, wovor sie Angst hatten.

Das Haus mit dem Fischmaul fand Lena auch nach dem Gespräch noch gräßlich. Es war immer noch schwer, da hineinzugehen. Aber Lena dachte: „Wenn Vater und Mutter mich dahin schicken, wird irgendwo etwas Gutes dran sein."

„Es gibt eben Sachen: Da muß man durch!" sagte der Vater.

„Na ja", nickte Lena. „Dann laß uns 'mal gehn."

Das Fischmaul von vorhin war weg.

Friderun Krautwurm

Als Mutter einmal nicht zu Hause war

Inhalt:	Zum erstenmal ist Mutter nicht da, als Christian nach Hause kommt.
Symbolwort:	Tür
Was gezeigt wird:	Die Erfahrung, plötzlich vor verschlossener Tür zu stehen. Innere Verbindung wird durch Trennung nicht automatisch aufgehoben, sondern manchmal sogar verstärkt.
Biblische Anklänge:	Der „Gerechte", der eine Verbindung zu Gott hat, wird die Nähe Gottes gerade dann erleben, wenn andere sagen würden „Gott ist fern" oder gar „Es gibt ihn nicht": „Der Herr ist nahe allen, die zerbrochenen Herzens sind" (Psalm 34,19). Durch das Gebet ist die Tür zu dem fernen Gott immer offen: „Rufe mich an in der Not, so will ich dich erretten!" (Psalm 50,15).
Vorlesezeit:	3 Minuten

Wenn Christian an heißen Sommertagen mittags müde und hungrig nach Hause kam, empfing ihn der breite schattige Hauseingang wie ein guter Freund.

Gleich würde die Mutter auf sein Schellen hin die Tür öffnen, und es würde schon unten im Flur nach Mittagessen duften. Wenn die Haustür hinter ihm zugefallen war, dann lag die Schule weit hinter ihm.

Jedesmal hatte sich bisher die Tür für Christian geöffnet, wenn er auf den Klingelknopf gedrückt hatte. Er wußte, die Mutter erwartete ihn schon. Nie hatte er daran gedacht, daß es einmal anders sein könnte.

Aber heute war ihm schon von weitem der weiße Zettel aufgefallen, der an die Haustür geheftet war. Als er näher kam, las er: „Mein lieber Christian. Papa hatte einen Betriebsunfall und mußte ins Krankenhaus gebracht werden. Ich bin sofort zu ihm gefahren und werde wohl erst am Nachmittag zurückkommen. Aber ich habe Frau Lehmann gebeten, für dich Mittagessen zu machen. Du kannst bei ihr auch deine Schularbeiten machen. Mutti."

Christian nahm nachdenklich den Zettel ab und ging zu Frau Lehmann. Frau Lehmann war sehr freundlich zu ihm. Die Suppe, die sie gemacht hatte, schmeckte sehr lecker, wenn auch nicht so gut wie die, die Mutter machte.

Im Wohnzimmer der Lehmanns konnte Christian dann seine Schularbeiten machen. Aber heute brauchte er mehr Zeit als sonst. Immer wieder dachte er an seinen Vater und fragte sich, ob Mutter vielleicht schon wieder zu Hause war.

„Ich geh einmal hinüber", sagte er „vielleicht ist Mutter schon wieder da." Frau Lehmann nickte.

Als Christian vor der Haustür stand, war er ganz aufgeregt. Er schellte und wartete. Aber nichts tat sich.

Enttäuscht kehrte er zu Frau Lehmann zurück.

„Deine Mutter wird schon zurückkommen", tröstete ihn Frau Lehmann. „Du mußt eben noch etwas Geduld haben. Im Augenblick ist es gewiß wichtiger, daß sie bei deinem Vater bleibt."

Nachdem Christian seine Schularbeiten gemacht hatte, durfte er im Garten der Lehmanns mit Bello, ihrem Dackel, spielen. Aber auch das machte ihm heute keinen rechten Spaß.

Da rief Frau Lehmann plötzlich aus dem Fenster heraus:

„Deine Mutter hat angerufen. Du kannst jetzt nach Hause gehen. Sie ist wieder da."

Vater war auch da. Er hatte einen Verband um den rechten Arm. Zusammen mit der Mutter stand er unter der Haustür und wartete auf ihn.

Andreas Kleinschmidt

Der Schlüssel

Inhalt:	Ein Junge wird von den Mauern um die Burg des alten Grafen angezogen; da wird eines Tages das große Tor geöffnet, und er darf eintreten.
Symbolwort:	Schlüssel
Nebenaspekte:	Tor, Garten
Was gezeigt wird:	Schlüssel öffnen abgetrennte Bezirke, und sie öffnen Bezirke, die wir in uns verschlossen halten. Was ein unverlierbarer innerer Besitz ist.
Biblische Anklänge:	In der Offenbarung des Johannes wird der Gemeinde von Philadelphia eine offene Tür verheißen, die niemand zuschließen kann, weil sich die Menschen dort zu Christus bekannt haben. Sie werden ermahnt, diesen wertvollen Besitz nicht zu verlieren, sondern zu behalten (Offenbarung 3,7 ff.).
Vorlesezeit:	6 Minuten ●●●

Keine fünf Kilometer von unserem Ortsrand entfernt erhob sich die Weidenburg auf einem Felsen und ragte mit ihren runden Türmen gebieterisch über den Fichtenwald. Einmal waren wir mit unserer Schulklasse an den hohen Mauern vorbeigegangen, die das Anwesen einfriedeten. Seitdem wollte ich unbedingt noch einmal alleine hingehen, vielleicht konnte ich über die Mauer klettern und sehen, was dahinter war.

Eines Tages lief ich einfach von zu Hause weg in Richtung Weidenburg. Mein Herz klopfte heftig vor Aufregung und Abenteuerlust. Als ich bei der Burg ankam, schienen mir die Mauern noch höher und wuchtiger, als ich sie in Erinnerung hatte.

Ich pirschte vor bis zum Eingang. Ein riesiges, schmiedeeisernes Tor, mit Blattrosetten geschmückt, gab den Blick auf die Burg frei. Im Anschluß daran dehnte sich ein großer Park aus. Die Blumen waren gepflegt, die Bildstöcke mit Weinlaub umrankt. Es sah alles sehr ordentlich aus. Ich weiß nicht, was mich an dem Platz so bannte. War es der verschlossene Eingang, diese an den Felsen gegossene Burg oder die unsagbare Stille ringsherum?

Ich hatte den alten Grafen nicht kommen sehen. Plötzlich stand er da, und ich war so erschrocken, daß ich nicht einmal davonlaufen konnte. Er trug trotz des Sommerwetters einen mantelähnlichen Umhang und hatte ein verwittertes Gesicht. Aber seine Augen waren lebendig und unternehmungslustig. Er fragte mich, ob ich hereinkommen wolle, und wartete meine Antwort gar nicht erst ab, zog vielmehr einen riesigen Schlüssel von dem Schlüsselbund an seinem Gürtel und sperrte das Eingangstor auf. Der Schlüssel hatte einen großen Bart und lag dem Alten in der Hand wie ein Werkzeug. Er mußte sehr schwer sein, denn als ihn der Graf wieder an den Gürtel knüpfte, baumelte er heftig gegen seine Hüfte.

Der Graf ging mit großen, flinken Schritten voraus, und wir näherten uns, noch immer schweigsam, einer Laube. Hinter der Laube war ein etwas kleineres Tor, das aber nicht weniger schön geschmiedet war als das große. Der Graf zog einen kleineren Schlüssel vom Gürtel, und ich durfte das Tor aufschließen.

Was ich vor mir sah, glich einem kleinen Paradies. Eine Blumenwiese mit leuchtenden Farben bot sich den Augen; Akeleien, Knabenkraut, Trollblumen und Margeriten in bunter Vielfalt. Im Mittelpunkt dieses Blumenmeers befand sich ein Teich, in dem sich der Himmel spiegelte. Von Zeit zu Zeit sprang ein Fisch aus dem Wasser, dann kehrte wieder Stille ein. Schwäne glitten geruhsam dahin, und Libellen mit glitzernden Flügeln schossen durch die Mittagshitze.

Wir saßen stumm am Wegrand. Schmetterlinge tanzten über dem Boden. Der Graf hob die Hand, drückte Daumen und Zeigefinger zusammen und streckte den Arm vor. Sofort ließ sich ein Tagpfauenauge auf seinen Fingerspitzen nieder.

Ich hatte so etwas noch nie gesehen.

„Es ist ein Geheimnis", sagte er. „Man braucht einen besonderen Schlüssel dazu."

Ich schaute ihn verwirrt an. Plötzlich sagte er:

„Hast du auch ein Geheimnis?"

Ich schwieg, später sagte ich:

„Ja, ich habe ein Geheimnis, aber ich verrate es nicht."

„Bravo!" sagte der Alte und nickte.

Es war so schön hier, daß wir überhaupt nicht weggehen wollten. Plötzlich schlug eine Nachtigall. Der Gesang war so hell und frisch, als könne er mit jedem Ton die Stille festhalten. Hier war alles anders: die wilde Wiese, der dunkeläugige Teich, die Nachtigall, die sonst nur um 3 Uhr am Morgen singt, schlug hier zur Mittagsstunde.

Auf einmal zog der Alte erneut einen Schlüssel vom Gürtel, kleiner, aber auch handgeschmiedet. Den konnte man richtig in die Tasche stecken.

„Damit kannst du dich aufschließen", lachte er und drückte ihn mir in die Hand. Ich begriff nicht ganz, was er meinte, aber ich war sehr glücklich und voller Besitzerstolz. Vielleicht war es meine Freude über das Geschenk, vielleicht die verzauberte Stimmung – aber plötzlich erzählte ich dem Grafen mein Geheimnis.

„Ich bin in die Anna verliebt", sagte ich leise, „obwohl sie schon über 13 ist."

Der Alte schwieg. Er lachte mich auch nicht aus.

„Das hab' ich noch keinem erzählt", vertraute ich ihm an.

Ich spürte meinen kleinen, kantigen Schlüssel in der Faust und hatte das Gefühl, als schmiege er sich zärtlich in meine Hand.

Ich glaube, die Stille machte uns beide glücklich.

Dann legte mir der Graf den Arm um die Schulter, und wir gingen zusammen zurück durch den Park, durch die Laube bis zum großen Eingangstor, das der Alte hinter mir verschloß. Er winkte und lächelte mir nach.

Wenn der Schlüssel nicht bei mir zurückgeblieben wäre, hätte ich glauben können, alles sei nur ein Traum gewesen.

Von meinem Erlebnis habe ich niemandem erzählt. Als der Graf später starb, war ich sehr traurig. Im Dorf erzählten sie, man habe ihm den großen Schlüssel mit in den Sarg gegeben.

Seine Erben haben die Blumenwiese niedergemäht und als Rasen dem Park angegliedert. Der Naturteich wurde kunstvoll eingefaßt, und ein riesiger Springbrunnen aus Stein und Metall ergießt seine Wasser über Betonquader.

Die Anna hat nie etwas von meinem Geheimnis erfahren. Doch der alte Graf ist noch richtig lebendig in mir. Der Schlüssel, den er mir geschenkt hat, hilft mir manchmal, Dinge zu erschließen, die mir verborgen waren. Ich halte ihn oft in der Hand und glaube, seinen Sinn immer besser zu begreifen.

                                                                              Kurt Hock

Schlüsselkind

Inhalt:	Als einziger in seiner Klasse darf Peter den Schlüssel zu seiner Wohnung zum Spielen und zum Sport mitnehmen.
Symbolwort:	Schlüssel
Was gezeigt wird:	Die „Schlüsselgewalt" legt Verantwortung auf. Wer den Schlüssel hat, auf den muß Verlaß sein.
Biblische Anklänge:	Die Vorstellung vom Himmel als Haus mit vielen Wohnungen macht die Einsetzung eines Hausverwalters notwendig, der die Schlüsselgewalt hat. Christus setzt Petrus ein (Matthäus 16,19); die höhere Gewalt des „Schlüssels Davids" (Offenbarung 3,7) behält Christus; er ist „der Erste und der Letzte und der Lebendige" und hat „die Schlüssel zur Hölle und des Todes" (Offenbarung 1,18).
Vorlesezeit:	2 Minuten

Peter fühlte noch einmal den Schlüssel. Ja, da hing er am Band um seinen Hals, und er konnte ganz sicher sein, daß das Band sich nicht lösen würde. Er wird also heute abend in die Wohnung hineinkommen können.

Mama hatte zu ihm gesagt: „Du mußt ganz vorsichtig sein, du mußt immer wieder fühlen, ob er noch da ist..."

„Und was ist, wenn ich ihn verliere?" hatte er Mama gefragt.

„Das wäre schlimm, denn wenn ein anderer den Schlüssel zu unserer Wohnung findet, kann er hineingehen. Dann würde ich mich nicht mehr so sicher fühlen."

„Du hast Angst, daß etwas gestohlen wird, nicht wahr?"

Mama hatte genickt und ihm den Schlüssel gegeben. „Paß schön auf."

Und ob er das täte! Keiner in seiner Klasse durfte bisher einen Schlüssel einfach so mitnehmen zum Sport und nachmittags zum Spielen. Nur er. Er war stolz. Denn mit einem Schlüssel kann man ganz allein ins Haus gehen, kann man ganz allein nach draußen gehen und abschließen. Mit seinem Schlüssel fühlte er sich richtig erwachsen.

Während des ganzen Nachmittags tastete er immer wieder nach dem Band. Der Schlüssel war noch da.

Als er am Abend zurückkam, nahm er das Band vom Hals und steckte den Schlüssel ins Schloß. Er drehte ihn um, die Tür sprang auf, und er ging ins Haus.

Mama war noch nicht da. Jetzt würde er für sie etwas zu essen machen. Sie war immer so müde nach der Arbeit. Er wollte ihr zeigen, daß er schon groß war: Auf ihn konnte sie sich verlassen.

Elisabeth Zöller

Mirandolo

Inhalt:	Stefan erzählt von einer Bergwanderung in den Sommerferien.
Symbolwort:	Weg
Was gezeigt wird:	Manchmal kommt es nicht so sehr auf das Ziel als auf den Weg an; der Weg ist das Ziel.
Biblische Anklänge:	Wer den Weg zum Leben gefunden hat, kann „Freude die Fülle" erwarten (Psalm 16,11).
Vorlesezeit:	5 Minuten ●

Die Sommerferien sind gerade zu Ende. Da läßt Frau Witt ihre Schüler erstmal erzählen.
„Was war denn am schönsten?" fragt sie.
„Mirandolo!" sagt Stefan sofort.
Mi-ran-do-lo!
So, wie Stefan das ausspricht, klingt's wie der Name von einem Traumschiff. Oder ist es vielleicht eine Insel? Eine mit Palmen und Kokosnüssen?
Aber Florian grinst bloß:
„Mirandolo? Da bin ich durchgefahren. 'Ne Bahnstation ist das – auf 'nem Berg, der so heißt. So ein mittelhoher. Den kennt kaum einer. Wir sind noch viel weiter hinaufgefahren. Bis auf den Mando. Da liegt immer Schnee. 3000 Meter hoch hab' ich gestanden! Dagegen ist Stefans Berg bloß ein Zwerg."
Tja, was ist nun so toll an Mirandolo?
„Stefan, erzähl mal!"
Der Junge stottert:
„Na ja, zuerst... war's ja bloß, weil... weil Mutter gesagt hat: Das mit der Wanderung auf den Mirandolo geht nicht. Wegen Stefan. Das ist zu weit für den Kleinen! Da hab ich gesagt: Ich bin nicht mehr klein! Ihr werdet schon sehen! Weil ich gleich gedacht hab: Das wird was Tolles! Na, dann durfte ich auch mit! Ganz früh morgens gingen wir los."
So allmählich kommt Stefan in Fahrt! Er erzählt von der langen, langen Strecke geradeaus. Nur mal so'n bißchen hinauf und hinunter, sonst gar nichts. Nach einer Stunde noch immer dasselbe. Wäre der Mirandolo nicht gewesen – nie im Leben hätt' er das durchgestanden, der Stefan, der leicht etwas langweilig findet. Aber wo er doch nun gesagt hatte: „Ihr werdet schon sehen!", da mußte er eben. Und na ja: Es ging auch!
Danach ist der Abkürzungsweg gekommen. Ein ganz steiler. Den sind sie hinaufgekraxelt.
Mutter hat dauernd „Oh Walter, Walter!" gesagt. „Wären wir bloß auf der

Straße geblieben." Sie hat sich an Äste geklammert – oder was da sonst gerade war. Ein Ast war morsch und ist abgebrochen. Das hat geknackt. Mutter hat „Huch" geschrien vor Schreck. Ja, und da... da hat's auf einmal gekracht und gepoltert und wusch-sch-sch... ist was Braunes vorbeigerauscht. Was Braunes mit Hörnern. Was Braunes auf Beinen. Keiner hat so schnell hingukken können, wie das da vorbeigesaust ist. Einmal trapp, trapp – und weg war's.

,Das waren Gemsen!' hat Vater gesagt. Sie sind dann an die Stelle gegangen, wo die runtergerannt sind. Puh, war das steil! ,Da würden wir mühsam hinunterklettern', hat Vater gesagt. ,Und die sind gesprungen!'

Stefan spricht immer schneller:

Vom Mittagsbrot auf den Felsen da oben, mit dem Blick auf den großen Rasolno-Gletscher, der in der Sonne geglitzert hat. Von den Käfern am Wegrand und von der Libelle. Vom Bergkristall, den er gefunden hat. Von der Quelle, wo sie getrunken haben: Wasser, so klar, wie's sonst keiner mehr kennt.

Zwei Sätze noch von dem schmalen Bergpfad. So steil ging's nach beiden Seiten hinunter! Ja nicht hingucken: Huh!

Und schon ist er bei den letzten Metern, wo der Wind auf einmal so seltsam geweht hat – weil nichts mehr da war, ihn aufzuhalten. Und dann sind sie oben gewesen. Juhu!

Keiner fragt mehr, wie hoch dieser Berg ist. Sogar Florian spürt: Das ist's nicht, was zählt!

Nur Tanja will wissen:

„Und was war das Beste?"

„Ich weiß nicht", sagt Stefan. „Die Gemsen vielleicht. Und die Quelle. Der Wind da ganz oben. Und daß ich's geschafft hab! Sogar die langweilige Strecke zu Anfang. Und das Murmeltier: Hab ich von dem schon erzählt?" Wahrhaftig, dem Stefan fällt immer noch mehr ein!

Auf einmal begreifen sie's alle: Ein Berg ist nicht bloß 'ne Spitze. Schon der Weg war ,Mi-ran-do-lo'!

Friderun Krautwurm

Der Hexenplatz

Inhalt:	Vater führt die Kinder zum Hexenplatz am Waldrand, von dem aus sechs Wege in den Wald hineinführen; aber nur einer ist der richtige Weg zurück zum Auto.
Symbolwort:	Weg
Was gezeigt wird:	Die Situation am Scheideweg. Der richtige Weg ist nicht unbedingt der bequemste.
Biblische Anklänge:	Weggabeln geben zu abergläubischem Zauber Anlaß, um einen Hinweis auf den richtigen Weg zu erhalten. Hesekiel erzählt davon (Hesekiel 21,26). Besser aber ist es, sich auf die Weisheit Gottes zu verlassen, die „an der Kreuzung der Straßen steht" (Sprüche 8,1) und die von Anfang an als der wahre Wegweiser da war (Sprüche 8,22).
Vorlesezeit:	4 Minuten

●

„Ich muß den Kuchen für Sonntag backen", sagte Mutter zu Vater. „Am liebsten wär mir's, du gingst mit den Kindern spazieren, damit ich Ruhe in der Küche habe."

Die Kinder sahen nicht begeistert aus.

„Ich würde dir lieber beim Kuchenbacken helfen", sagte Christoph.

„Du willst ja nur naschen", rief Constanze. Nicht einmal Markus hatte Lust zum Spazierengehen. Aber Vater machte ein geheimnisvolles Gesicht.

„Wir gehen zum Hexenplatz", sagte er.

Die drei Kinder sahen ihn mit großen Augen an.

„Der Hexenplatz?" fragte Christoph. „Da war ich noch nie. Warum heißt er denn Hexenplatz?"

„Wird nicht verraten", sagte Vater. „Das müßt ihr schon selber herausbekommen."

Jetzt waren alle drei so neugierig, daß keiner mehr zu Hause bleiben wollte. Vater parkte das Auto an einem See. Der Weg zum Hexenplatz führte durch Wiesen und Felder bis zu einem Wald. Hier blieb Vater stehen.

„Das ist der Hexenplatz", sagte er.

Constanze sah sich um.

„Aber ich sehe hier gar keine Hexe."

„Die gibt es ja auch nur im Märchen", erklärte Markus.

„Und warum heißt der Platz dann Hexenplatz?" fragte Constanze.

„Das werdet ihr gleich sehen", sagte Vater. „Aber zuerst müßt ihr herausfinden, wie der Weg weitergeht."

Vom Waldrand aus führten sechs Wege in den Wald hinein.

„Ich weiß nicht", sagte Markus und zuckte ratlos die Schultern. „Sie sehen alle ziemlich gleich aus."

„Aber ich", rief Christoph, „ich weiß jetzt, warum der Platz Hexenplatz heißt: weil es verhext schwer ist, den richtigen Weg zu finden!"
Vater lachte. „So ungefähr", sagte er.
„Und du, Vater?" fragte Constanze. „Weißt du den richtigen Weg?"
„Aber sicher", beruhigte Vater sie. „Wenn wir den Weg in der Mitte nehmen, kommen wir genau zu unserem Auto."
Der Weg führte durch den Wald und auf der anderen Seite wieder durch Wiesen und Felder. Es war ein schlechter Weg. Der Boden war naß und aufgeweicht, und manchmal versanken sie so tief im Schlamm, daß sie ihre Stiefel fast nicht wieder herausbrachten.
„Bist du sicher, daß das wirklich der richtige Weg ist?" fragte Markus. „Sollen wir nicht lieber umkehren?"
Aber Vater schüttelte den Kopf.
„Dort unten sehe ich schon den See. Schaut nur, dort steht unser Auto!"
Als Mutter ihnen zu Hause die Tür öffnete, schlug sie die Hände über dem Kopf zusammen.
„Wo um Himmels willen seid ihr denn herumgelaufen?" rief sie.
„Wir waren am Hexenplatz", erzählte Constanze. „Dort gibt es sechs Wege, und nur einer ist der richtige."
„Aber Vater wußte den richtigen Weg", sagte Christoph.
„Na, ich weiß nicht", sagte Mutter und zeigte auf die schmutzigen Stiefel. „Anscheinend hat die Hexe euren Weg verhext."
Vater lachte.
„Es war eine etwas schwierige Wegstrecke", sagte er. „Aber wenn man sicher ist, daß man den richtigen Weg hat, dann darf man sich durch so etwas nicht abbringen lassen."

Andreas Kleinschmidt

Von einem Ausländer

Inhalt:	Der Dichter Camillus Hyazinth liebt abendliche Spaziergänge in der kleinen Stadt; eines Abends begegnet er einem seltsamen Mann, der den Weg sucht.
Symbolwort:	Weg
Was gezeigt wird:	Wegweisung ist über Sprachschwierigkeiten hinweg möglich. Es kann sich herausstellen, daß man am Ende schließlich gemeinsam auf dem Weg ist: der Wegbereiter und der Wegsucher.
Biblische Anklänge:	Israel erinnert sich daran, daß es Zeiten gab, in denen es „irreg in der Wüste, auf ungebahntem Weg" (Psalm 107,4) und daß Gott schließlich „den richtigen Weg zur Stadt" wies (Psalm 107,7). Der Weg Gottes ist darüber hinaus der Weg des Rechtes, der Weisheit und Wahrheit, auf dem die Gebote Gottes gelten (Psalm 119,14). Christus sagt von sich selbst, daß er Weg, Wahrheit und Leben ist (Johannes 14,2+6).
Vorlesezeit:	6 Minuten ● ● ●

Wenn es abends still wird in den Straßen, geht der Dichter Camillus Hyazinth noch gern spazieren. An frischer Luft kann er besser denken.

Eines Abends fiel ihm ein dunkler Mann auf, der ratlos um den Marktplatz irrte. Dunkel war an dem Mann die Kleidung und das Haar, etwas dunkler als bei den Mitbürgern auch die Hautfarbe. Weil Hyazinth ihn beobachtete, fiel schließlich auch er dem Mann auf, der unsicher näher kam und ihn sonderbar ansprach:

„Willkommen, sehr geehrter Herr. Ich freue mich, Sie zu sprechen."

Camillus Hyazinth hörte sofort heraus, daß ein Ausländer vor ihm stand, der sein merkwürdiges Deutsch obendrein unter der Straßenampel aus einem kleinen Buch ablas. Darum fragte Hyazinth:

„Suchen Sie etwas? Soll ich Ihnen helfen?"

Der Mann starrte wieder in sein Büchlein und sagte mühsam:

„Wie ist Ihr Befinden? Danke. Diese Stadt hat herrliche Denkmäler."

Verwundert schüttelte der Dichter den Kopf. Außer dem Reiterdenkmal im Stadtpark und dem Marktbrunnen gab es hier keine sehenswerten Denkmäler. Offenbar begriff der Mann gar nicht, was er aus seinem Sprachführer ablas.

„So kommen wir nicht weiter", sagte Camillus Hyazinth. „Capito, amigo?"

„Ich nicht Spanio, nicht Italo, ich Sivas! Ankara! Istanbul!"

Hyazinth rief:

„Ein Türke also?"

Und der Fremde nickte begeistert.

Laut überlegte Hyazinth, woher um diese Zeit ein Türke auf den Marktplatz geraten sein konnte? Hier gab es nur kleinere Betriebe, und Ausländer beschäftigte am ehesten die Reisebusfirma samt Autowerkstatt Billing. Kaum hatte er das Wort „Billing" ausgesprochen, nickte der Türke wieder und behauptete:

„Ich verstehe alles in Ordnung. Vielleicht störe ich? Sehr geehrter Herr. Bitte wo ist Straße? Ich klage über Zahnschmerzen."

Dazu verzog er schmerzlich sein Gesicht und pochte sich gegen die Wange. Mitfühlend sagte Hyazinth:

„Das tut mir wirklich leid!"

Der Türke wiederholte:

„Ich klage über Zahnschmerzen. Wo ist Straße?"

Irgend etwas meint er damit, dachte Hyazinth, klatschte sich gegen die Stirn und rief:

„Ich verstehe: Billing hat sie zum Zahnarzt geschickt? Vielleicht zu Doktor Schlimm?"

Der dunkle Mann strahlte trotz seiner Zahnschmerzen und rief zurück:

„Doktor! Ja! Oh – uh, ich klage sehr über Zahnschmerzen! Wo ist Straße?"

Camillus Hyazinth merkte nicht gleich, daß er jetzt selber schon zu reden anfing, wie es der Ausländer immer aus seinem Sprachführer ablas. Er deutete mit ausgestrecktem Arm in Richtung Stadtpark und antwortete:

„Die Straße ist dort hinten. In dieser Straße wohnt der Zahnarzt. Der Zahnarzt heißt Doktor Schlimm. Sie müssen…"

Er unterbrach sich, klatschte sich nochmal gegen die Stirn und redete weiter wie sonst:

„Was bin ich für ein Hornochse. Kommen Sie mit, Efendi, ich bring Sie selber hin."

Er nahm den Fremden am Arm und kommandierte:

„Avanti!"

„Ich nicht Spanio, nicht Portugale!" wehrte der Türke ab.

Hyazinth nickte lächelnd, machte eine einladende Handbewegung und ging einfach voran. Dabei erklärte er:

„Ich mit du zu Doktor!"

Der Mann begriff und folgte ihm mit begeistertem Kopfnicken. Sie palaverten unterwegs lebhaft weiter. Camillus Hyazinth brachte auf dem zehn Minuten langen Weg immerhin heraus, daß der Türke Automechaniker, „Chauffeur und Reiseführer" war und für Billings Busfirma arbeitete.

„Das ist gut", sagte Hyazinth gedankenvoll, „dort werde ich Sie hin und wie-

der aufsuchen, Efendi, und mit Ihnen unsere Sprache üben. Die ist nämlich
mein Handwerk. Man muß mit euch plaudern, euch fragen, sonst verstehen
wir uns gegenseitig nie. Sie können mir dafür von Istanbul oder Trapezunt
oder Anatolien erzählen, damit ich Bescheid weiß, falls ich mal dorthin komme. Und alles Wichtige über Autos können Sie mir auch erklären, falls ich
mal eins in einem Preisausschreiben gewinne."
Der Türke lauschte verwundert dieser langen Rede und fragte am Ende ratlos:
„Häh?"
Da kamen sie gerade vor dem Haus des Zahnarztes an. Hyazinth drückte auf
die Klingel und erwiderte lächelnd:
„Wart's nur ab. Bald wirst du mich besser verstehen. Und ich dich auch, mein
Freund."
– So einfach begann noch vor der Nacht eine abend- und morgenländische
Freundschaft auf einer Straße in der kleinen Stadt.

Eva Rechlin

Himbeeren

Inhalt:	Tina wohnt in Arabien, wo ihr Vater arbeitet. Für ihren Garten wünscht sie sich einen Himbeerstrauch. Aus Deutschland schickt Großmutter Wurzelschößlinge, aber da bricht Krieg in der arabischen Stadt aus.
Symbolwort:	Garten
Nebenaspekt:	Wurzel
Was gezeigt wird:	Der Garten als Insel der Vertrautheit inmitten der Fremde und als Insel der Ruhe inmitten der Unruhe. Garten als Bild für das Kindheitsparadies. Die Vertreibung aus dem Garten.
Biblische Anklänge:	Solange wir leben, werden wir vertrieben: „Wir haben hier keine bleibende Stadt" (Hebräer 13,14). Aber: „Es ist noch eine Ruhe vorhanden dem Volke Gottes" (Hebräer 4,9). Vorübergehend gibt es das Erlebnis kleiner Paradiese – so wie es Ruhe gab auf der Flucht der heiligen Familie nach Ägypten (Matthäus 2,15).
Vorlesezeit:	5 Minuten ••

Tina lebte mit ihren Eltern in einem arabischen Land, weil der Vater hier Arbeit gefunden hatte. In diesem Land schien fast immer die Sonne. Sie lockte
das Mädchen aus dem Zimmer hinaus in den kleinen Garten, der ganz von

hohen Mauern umschlossen war. Hier spielte Tina meist allein mit ihren Puppen, während draußen auf der Straße die fremden Kinder lärmten. Tina hatte Angst vor ihnen, weil sie ihre Sprache nicht verstand. Doch im Gärtchen fühlte sie sich sicher und geborgen.

Hier konnte sie auch sein, wenn es doch einmal regnete, denn ein großer Teil des Gärtchens war von Balkonen überdacht. Es gab auch keine langweiligen Gemüsebeete, die man nicht zertrampeln durfte, denn nur ein schmaler Rand entlang der Mauer war bepflanzt, die übrige Bodenfläche aber mit Steinfliesen belegt. So konnte Tina das ganze Gärtchen in ihre Spiele einbeziehen. Es war ihr heimliches Königreich.

Nur etwas fehlte darin: ein Himbeerstrauch, von dem sie süße rote Beeren hätte naschen können, wie sie es früher im Garten der Großeltern so gern getan hatte. Darum wünschte sich Tina für ihr Gärtchen in der Fremde nichts sehnlicher als einen Himbeerstrauch.

Da es in diesem sonnigen Land keine Himbeeren gab, wurden die Großeltern informiert. Sie versprachen, Wurzelschößlinge zu schicken.

Als die Mutter und Tina schließlich das Päckchen aus der Heimat öffneten, lagen darin, sorgsam in feuchte Watte gebettet, zwei dunkelbraune Wurzeln, die während der langen Reise bereits kräftig getrieben hatten. Die Mutter pflanzte die Himbeerwurzeln nahe der Gartenmauer, und Tina begoß liebevoll die zarten Triebe. Sie hoffte, daß sie rasch zu Ruten emporwachsen würden, denn die Frühlingssonne wärmte den Boden bereits. In wenigen Monaten würde Tina köstliche Beeren ernten!

Tinas Vorfreude war groß, aber die Eltern schienen sie nicht zu teilen. Sie sprachen oft lange und ernst miteinander. Im Sommer würde Vaters Arbeitsvertrag zu Ende gehen. Sollte er ihn verlängern, oder sollte die Familie nicht lieber in die Heimat zurückkehren? Ob der Vater aber dort gleich wieder Arbeit finden würde?

„Für Tina ist es besser, sie kommt in Deutschland zur Schule", sagte die Mutter. „Dort wird sie auch Spielgefährten finden. Sie ist hier immer so allein."

Tina, die die Worte der Mutter gehört hatte, erschrak.

„Ich brauche keine Spielgefährten! Ich will hierbleiben!" rief sie und lief hinaus in ihr Gärtchen.

Einige Wochen später berichtete der Vater, man befürchte, daß im Lande Kämpfe zwischen zwei politischen Parteien ausbrechen könnten, und er beschloß:

„Im Sommer kehren wir auf jeden Fall zurück."

Tina weinte.

Es folgte eine unruhige Zeit. Tage- und nächtelang hallten Schüsse und Detonationen durch die Straßen der Stadt. Niemand durfte sich mehr auf die Straße wagen. Sogar in Tinas Gärtchen fielen Schüsse, so daß sie nicht mehr draußen spielen konnte. Sie spürte, daß die Eltern Angst hatten.

„Ist in Deutschland auch Krieg?" fragte sie.

Die Eltern verneinten.

„Dann ist es doch besser, wir fahren dorthin", meinte das Kind.

Nach ein paar Tagen wurde die Ausgangssperre aufgehoben, aber die Gefahr, daß erneut gekämpft würde, war nicht vorüber. Darum verstauten die Eltern ihre Habseligkeiten im Auto.

Schweren Herzens nahm Tina von ihrem Gärtchen Abschied. Noch einmal wollte sie sehen, wie hoch die Himbeersprossen bereits gewachsen waren. Aber wo saßen sie überhaupt? Tina konnte nichts Grünes mehr entdecken. Die Mutter grub die Himbeerwurzeln aus und prüfte ihre Festigkeit. Morsch brachen sie entzwei.

„Meine Wurzeln sind ja gestorben!" rief Tina entsetzt.

„Gott sei Dank, nur die Himbeerwurzeln", entgegnete die Mutter. „Für Himbeeren ist diese Erde hier eben nicht geeignet. Du wirst sehen, wie gut sie in Deutschland wachsen."

Am nächsten Tag fuhr Tina mit ihren Eltern in die Heimat zurück.

Ingrid Abou-Rikab

Der Garten

Inhalt:	Anna wohnt in einem Land, wo es nur armselige Ernten gibt. Da zeigt ihr nachts im Traum ein Engel das Paradies, und Anna beginnt, einen kleinen Garten anzulegen.
Symbolwort:	Garten
Nebenaspekte:	Wasser, Brunnen
Was gezeigt wird:	Die motivierende und belebende Kraft lebendiger Bilder und Utopien. Die Utopie genügt nicht, wir müssen etwas tun.
Biblische Anklänge:	Die Paradiesbilder am Anfang und am Ende in 1. Mose 1 + 2 und in Offenbarung 22. Was wir tun müssen, wird z.B. in der Geschichte vom barmherzigen Samariter erzählt (Lukas 10,25 ff.). Außerdem: Wer zu arbeiten begonnen hat, darf sich nicht vom Blick zurück (oder vom Blick nach vorn) ins Paradies ablenken lassen (Lukas 9,62).
Vorlesedauer:	5 Minuten ●●

Anna lebte in einem armseligen Dorf auf der Hochebene. Die Häuser waren aus Lehm gebaut und lagen eng beisammen, um sich gegenseitig vor Sonne und Wind zu schützen. Die Menschen bemühten sich, ihre Felder zu bestellen, doch die Arbeit war mühsam und die Ernte gering, denn es gab wenig Wasser, und das Land war Sonne und Wind schutzlos preisgegeben.

Eines Nachts hatte Anna einen seltsamen Traum. Ein junger Mann, in dem sie einen Engel erkannte, rief ihr zu: „Komm mit!" und ging ihr voraus. Sie wanderten einige Zeit und kamen schließlich an eine hohe Mauer, die aus Lehm gebaut war und eine riesige Fläche im Viereck umgab. Der Engel legte eine Leiter an und sie stiegen hinauf. Oben war die Mauer so breit, daß sie bequem darauf gehen konnten. Wie staunte Anna, als sie unter sich einen wunderschönen Garten sah.

Da wuchsen die verschiedensten Bäume. Einige hatten dichte Kronen, in denen bunte Vögel herumflatterten und zwitscherten; andere trugen Früchte, die Anna noch nie gesehen hatte. Das Laub der Bäume leuchtete in den verschiedensten Farben. Der Garten wirkte schattig und angenehm kühl. Zwischen den Bäumen breitete sich eine Wiese aus, auf der kleinere Blütenbüsche standen, dann gab es auch Beete, gefüllt mit Blumen aller Arten und Farben. Die ganze Luft war von einem feinen Duft erfüllt.

Anna schaute und konnte sich nicht satt sehen. Da führte der Engel sie ein Stück weiter auf der Mauer und zeigte ihr die Mitte des Gartens. Dort stieg Wasser in einem Springbrunnen in die Höhe und ergoß sich in ein großes Becken. Von da aus verteilte es sich in vier Bäche, die nach allen vier Seiten

hin den Garten durchflossen. Anna bekam große Lust, von der Mauer zu
hüpfen und ihre Arme in dieses Wasser zu tauchen. Wasser, das war etwas,
das ihnen im Dorf immer fehlte. Und hier gab es sprudelndes Wasser in großer Menge! Aber der Engel hielt sie zurück:
„Du kannst nicht in den Garten", sagte er, „aber sieh weiter!"
Nun erst gewahrte Anna die Menschen, die sich dort unten aufhielten. Unter
einem Baum saß eine Gruppe von Leuten, die miteinander sangen. Einige be-
gleiteten die Lieder auf Musikinstrumenten, andere tanzten. An einer anderen Stelle waren zwei Jungen dabei, eine Brücke über einen der Bäche zu bau-
en. Sie halfen sich gegenseitig, zuweilen hielten sie inne und überlegten miteinander, bevor sie weiterbauten. Nun erblickte Anna eine Gruppe von Menschen, die im Garten auf und ab gingen und sich lebhaft unterhielten. Wenn
einer sprach, hörten die anderen zu. Es waren ältere und jüngere Menschen,
und Anna hatte das Gefühl, daß jeder vom anderen lernen wollte.
In einer abgelegenen Ecke des Gartens saßen sich ein Mann und eine Frau unter einem blühenden Kirschbaum gegenüber. Sie hielten sich an der Hand
und schauten sich glücklich an. In der Nähe des Brunnens las ein Vater seinem Kind aus einem Buch vor. Er hatte den Arm um das Kind gelegt, hielt
beim Lesen immer wieder inne und erklärte ihm etwas.
Zuletzt richtete Anna ihren Blick auf eine dichte Rosenhecke. In ihrem Schatten wiegte eine Mutter ihr Kind auf den Armen.
„Ach, laß mich doch in den Garten hinunter", bat Anna den Engel.
„Dies ist der Garten des Paradieses", antwortete er, „ein Ort, an dem alle in
Liebe beieinanderwohnen. Du kannst jetzt noch nicht hinein. Aber du kannst
versuchen, ein wenig davon auf Erden zu verwirklichen."
Darauf wurde es um Anna dunkel, und der Engel war verschwunden.
Als Anna erwachte, war sie sehr traurig. Sie lag auf ihrer Strohmatte, drau-
ßen heulte der Wind, der das Land austrocknete und die Regenwolken ver-
trieb, auf die sie so sehr warteten. Warum hatte sie nicht in diesem herrlichen
Garten bleiben dürfen? Hatte sie hineinschauen sollen, damit ihr Herz immer
vor Heimweh danach brannte? Oder gab es noch einen Grund?
Später trat Anna auf die Gasse, und wie immer scharten sich die Kinder des
Dorfes um sie.
„Kommt mit", sagte sie, „wir wollen gemeinsam einen Garten pflanzen."
Während sie am Rand des Dorfes den trockenen Boden umgruben, mühsam
wässerten und kleine, dürftige Pflanzen einsetzten, erzählte Anna von dem
Garten, den sie im Traum gesehen hatte.
„So schön wird unser Garten nie werden", seufzte sie, „aber ein wenig soll er
ihm ähneln."

Und sie freute sich, als sie sah, wie Tom und Paulo gemeinsam die Gießkanne schleppten, und wie Maria dem weinenden Jan tröstend übers Haar strich und ihm die Tränen abwischte.

Mechtild Theiss

Der andere Garten

Inhalt:	Angelika wohnt in einem Haus inmitten eines wunderschönen großen Gartens; aber eines Tages ist die Zeit des Reichtums zu Ende, und sie ziehen in eine kleine Wohnung in der Stadt.
Symbolwort:	Garten
Nebenaspekte:	Haus, Schatz
Was gezeigt wird:	Auch wenn sich die äußeren Verhältnisse verschlechtern, geht nichts verloren, wovon wir einmal gelebt haben. Schönheit zu erleben ist so wichtig wie Liebe zu erleben. Von solchen Schätzen zehren wir.
Biblische Anklänge:	In allem Wechsel der Verhältnisse und bei aller Vergänglichkeit haben wir doch „einen Schatz in irdenen Gefäßen", so daß wir innerlich erneuert werden, auch wenn wir „äußerlich verfallen" (2. Korinther 4, 7 + 16).
Vorlesezeit:	9 Minuten

Das kleine Mädchen wohnte in einem weißen Haus. Das lag in einem Garten. Der war so groß, so groß: Man konnte sich darin verlaufen. Tulpen und Narzissen, Rittersporn und Rosen, bunte Dahlien und goldgelbe Sonnenblumen wuchsen auf den vielen Blumenbeeten, immer wieder neue. Erst blühte der Flieder, dann Goldregen und Schneeball an den Büschen, und im Juni fing der Jasmin an zu duften. Die Bienen summten, und abends stand der Mond über den hohen Tannen. Das kleine Mädchen konnte ihn manchmal vom Schlafzimmerfenster aus sehen.
Sie hatte nämlich ein eigenes Zimmer, die Kleine. Angelika hieß sie. Das Haus hatte so viele große Zimmer. Das kleine Mädchen zählte sie nie. Es dachte, alle Menschen lebten in solchen Häusern. Es dachte, alle Mütter trügen wunderschöne Kleider und hätten Hausmädchen, die bei der Arbeit halfen. Es glaubte, alle Väter seien immer fröhlich und ritten auf großen Pferden über Felder, die ihnen gehörten.
Aber es irrte sich, das kleine Mädchen. Es kam eine Zeit, da war der Vater nicht mehr fröhlich, und die Mutter weinte mehr als einmal. Und dann kam ein Tag, da zogen sie fort aus dem weißen Haus mit dem schönen Garten.

Die freundlichen Mädchen, die immer um sie gewesen waren, blieben dort. Eins weinte. Auch das Kinderfräulein, das immer für den noch viel kleineren Bruder des Mädchens gesorgt hatte, war plötzlich nicht mehr da.

„Wir haben kein Geld mehr, sie zu bezahlen", sagte die Mutter. „Es ist etwas Schlimmes passiert. Das verstehst du noch nicht. Jetzt gehört uns fast gar nichts mehr. Wir müssen froh sein, daß wir erst einmal in die Wohnung zu Tante Hanna ziehen können."

„Gehört mir mein Pummelchen auch nicht mehr?" fragte das kleine Mädchen besorgt.

„Doch, alle deine Puppen gehören dir noch!" antwortete die Mutter.

„Na, dann ist es ja gut", sagte das Kind, und die Mutter lächelte wieder. Wenigstens ein ganz klein bißchen.

Nun sah das kleine Mädchen zum ersten Mal, daß es auch ganz andere Häuser gibt: Hohe, dunkle, die dicht beieinander stehen und alle gleich aussehen. Über der Haustür des einen stand eine große schwarze 44. In das Haus ging die Mutter mit Angelika und dem Brüderchen hinein. Eine Treppe hinauf, und noch eine und noch eine und noch eine. Dann waren sie da.

Eine lange dünne Frau mit grauen Haaren sagte:

„Guten Tag! Da seid ihr also. Traurig, daß wir uns so wiedersehen müssen. Aber meine Eltern und ich sind so oft eure Gäste gewesen. Ich nehme euch gerne bei mir auf. Es wird ja hoffentlich nicht gar so lange sein."

„Nein, nein", antwortete die Mutter hastig. „Sowie Bernd eine Arbeit gefunden hat und wieder Geld verdient, suchen wir uns natürlich eine eigene Wohnung."

„So eilig ist es ja auch wieder nicht", sagte die Frau und guckte auf einen Fleck auf der Flurtapete. Den hatte der kleine Bruder gleich in der ersten Minute gemacht. Er hatte immer schmutzige Pfötchen, der Peter. Das kam, weil er alles anfassen mußte. Er war eben noch sehr klein. Aber die Tante sah aus, als hätte sie noch nie ein Kind mit Schmutzhänden gesehen.

„Ich bring' das bestimmt wieder in Ordnung", sagte die Mutter ganz ängstlich.

„Ach, laß man. Das macht nichts", sagte die Tante.

Aber man konnte gut sehen, daß es ihr doch etwas machte. Sie guckte immer wieder hin zu dem dummen Fleck.

Ja, und dann gingen sie in das Zimmer, in dem sie nun zu dritt wohnen sollten. es war so lang und schmal wie die Tante. Und eine Tapete hatte es: Auf der waren lila Rosen. Unmengen Rosen, alle lila.

„Ich habe noch nie eine so scheußliche Farbe gesehen", sagte die Mutter, als die Tante hinausgegangen war.

An diesem Abend konnte das kleine Mädchen lange nicht einschlafen. Es mußte immer wieder auf die lila Rosen gucken. So im Dämmerlicht sahen sie gar nicht mehr wie Blumen aus. Eher wie Tiere. Und sie hatten alle sehr unfreundliche Gesichter, die Tiere. Gesichter wie Tanten, die auf Flecken gukken, an denen man selber schuld ist. Da weinte das kleine Mädchen und dachte an die rosa und roten und weißen Rosen auf den Beeten daheim.

„Wo ist denn hier der Garten?" fragte das Mädchen am nächsten Morgen.

„Der Garten?" wiederholte die Mutter und machte ein ganz erschrockenes Gesicht. Sie guckte zum Fenster hinaus, und dann lächelte sie auf einmal wieder und sagte:

„Warte, bis wir gefrühstückt haben. Dann zeig ich ihn dir."

Es dauerte aber eine Weile, bis das Frühstück fertig war. Da ging das Kind ans Fenster und schaute hinaus. Aber es sah nur graue Häuserwände mit Fenstern, die aussahen wie dunkle Löcher. Es mußte sich erst einen Stuhl ans Fenster rücken, um bis auf die Erde hinunterschauen zu können. So hoch war das Haus.

Aber da ganz unten, da war auch kein Garten. Bloß Steine. Die waren alle grau, wie Steine eben sind.

„Mutti, wo ist denn der Garten?" rief sie wieder und lief in die Küche.

„Kind, kannst du nicht etwas leiser sprechen?" sagte die Tante.

„Warte, das ist ein Geheimnis!" sagte die Mutter ganz, ganz leise.

Und dann aß Angelika ganz, ganz leise ihr Frühstück. So gespannt war sie auf den geheimnisvollen Garten, den man von hier oben nicht sehen konnte.

„Nimm dein Pummelchen mit", sagte die Mutter.

Dann gingen sie hinunter. Pummelchen, Peter, Mutter und Angelika. Eine Treppe und noch eine und noch eine und noch eine, wie gestern hinauf. Unmengen Türen waren in dem Haus, alle verschlossen. Aber endlich kam eine: Die ging auf.

„Ja, wo ist denn der Garten?" fragte das Mädchen wieder.

Diesmal war es maßlos enttäuscht. Es sah nur einen Hof mit grauen Steinen und lauter staubigen Ascheimern.

„Es ist eine etwas andere Art Garten", sagte die Mutter.

Und dann sah das kleine Mädchen ihn auch. Überall zwischen den Steinen wuchsen kleine grüne Graspuschel. An den Rändern war es eine richtige hohe grüne Wand mit kleinen weißen und gelben Tupfen darin.

„Guck, da wächst Löwenzahn und Schafgarbe und Spitzwegerich", sagte die Mutter.

„Oh, da ist auch eine Pusteblume!" rief das kleine Mädchen glücklich und ließ ihr Pummelchen mal pusten.

„Und Gänseblümchen! Guck mal, Mami. Eine ganze Familie! Die Gänse-
blümchenkinder sind an den Spitzen ganz rosa. Oh, wie viele sind da!"
„Viel mehr als zu Hause!" sagte die Mutter. „Da hat der Rasenmäher sie immer gleich abgemäht."
„Ja, und die hier, die mit den klitzekleinen weißen Blüten! Die hat der Onkel
mit der grünen Schürze immer ausgerupft, wenn er irgendwo welche gesehen
hat."
„Ja, das ist Vogelmiere", sagte die Mutter. „Das ist ein Unkraut. Das mag
kein Gärtner gern."
„Aber hier darf es wachsen?" fragte das kleine Mädchen und klatschte glücklich in die Hände. „Oh, was ist das für ein hübscher Garten hier."
Sie hockten sich auf die Steine und machten Puppenspinat aus Spitzwegerich-
samen für Pummelchen. Peterchen tappelte auf den Steinen herum und
brauchte keine Angst zu haben, etwas kaputt zu treten. Sie hatten es sehr
schön auch in dem neuen Garten.
Nur als sie „Abend" spielte und sich mit Pummelchen auf die Erde legte,
guckte Angelika einen Augenblick erschrocken. Sie schaute hinauf in das
winzige blaue Viereck zwischen den hohen Häusern und fragte:
„Mami, ist der Himmel hier kleiner?"
„Nein", sagte die Mutter. „Er ist genau so groß und weit wie er immer war.
Es stehen nur ein paar Häuser davor."
„Ach so", sagte das kleine Mädchen und legte beruhigt den Kopf in Mutters
Schoß.
Die Mami war bei ihm, und Pummelchen und Peter waren bei ihm, und einen
Garten hatte es auch. In dieser Stunde hatte es keine Angst mehr vor den ho-
hen dunklen Häusern, die den Himmel verdeckten. Nicht einmal vor den lila
Rosen mit den Tantengesichtern.

                                                                    Friderun Krautwurm

Begegnung im Park

Inhalt:	Andreas liebt es, im Park zu liegen und von tollen Geschichten zu träumen, aber eines Tages wird er unsanft aus seinen Träumen gerissen.
Symbolwort:	Garten
Was gezeigt wird:	Manchmal wollen Menschen allein sein und ziehen sich in künstliche Paradiese zurück. Doch irgendwann fordern andere Menschen ihr Recht: Wir sind nicht nur für uns alleine da.
Biblische Anklänge:	Gott schafft das Paradies nicht für einen Menschen allein (1. Mose 1,18).
Vorlesezeit:	5 Minuten ●●

An schönen Sommernachmittagen gab es für Andreas nichts Schöneres, als in den Park zu gehen und sich dort unter den Birnbaum zu legen. Stundenlang konnte er durch die Zweige des Baumes in den Himmel schauen und seinen Gedanken nachhängen. Keiner störte ihn dabei.

Seine Mutter hätte es lieber gesehen, wenn er mit den anderen Kindern auf der Straße gespielt hätte. Sie nannte ihn oft „ihren Träumer" und seufzte dann etwas sorgenvoll.

Aber Andreas war gerne allein. Er dachte sich Geschichten aus, Geschichten von fernen Ländern und aufregenden Abenteuern.

Als er sich eines Nachmittags gerade auf einer Wolke niedergelassen hatte, die hoch über dem Birnbaum dahinschwebte, um mit ihr in die Ferne zu reisen, wurde er unsanft aus seinen Träumen gerissen.

„He, was machst du hier in unserem Park?"

Andreas brauchte einige Augenblicke, um von seiner Reise mit der Wolke auf die Erde zurückzukommen. Er richtete sich auf: Vor ihm stand ein Mädchen, das ihn mit großen Augen zornig anfunkelte.

„Du hast hier nichts verloren, das ist unser Park. Und wie kommst du überhaupt dazu, eine Birne von unserem Birnbaum zu essen?"

Andreas wußte nicht, was er sagen sollte. Noch nie war ihm bisher jemand hier im Park begegnet. Bis auf den alten Gärtner, aber der hatte nie etwas gesagt, wenn er Andreas gesehen hatte. Im Gegenteil, er hatte ihm sogar noch Birnen und Äpfel geschenkt.

„Ich wußte nicht, daß der Park jemandem gehört", stotterte Andreas. „Ich komme immer hierher, fast jeden Nachmittag."

„Uns gehört er!" sagte das Mädchen und zeigte dabei mit dem Finger auf ihre Brust. „Wenn du nicht sofort gehst, hol' ich Vater, und dann kannst du etwas erleben."

Sie standen einander jetzt ganz dicht gegenüber. Andreas war einen Kopf
größer als sie, aber das schien sie überhaupt nicht zu beeindrucken.
„Ist ja gut", beruhigte Andreas das zornige Mädchen. „Ich gehe schon frei-
willig. Du brauchst deinen Vater nicht zu holen."
Noch einmal blickte er in den Birnbaum hinauf und sah sich in dem Park um.
Er seufzte. Es kam ihm vor, als treibe man ihn aus dem Paradies.
Das Mädchen blickte ihn jetzt etwas weniger böse an.
„Was hast du denn eigentlich hier gemacht im Park – so ganz allein?" fragte
sie verwundert.
„Nichts Besonderes", antwortete Andreas ausweichend, weil er nicht wußte,
ob sie ihn verstehen würde. „Gelesen und nachgedacht."
„Worüber hast du nachgedacht?" wollte das Mädchen wissen.
„Über vieles", sagte Andreas.
Er wußte nicht, ob sie sich vielleicht nur über ihn lustig machen wollte. Er
konnte ihr doch nicht von den Wolkenschiffen erzählen, mit denen er in ferne
Länder fuhr.
„Was geht es dich an?" sagte er trotzig.
„Viel geht es mich an", sagte das Mädchen. „Du warst in unserem Park und
hast dir hier deine Gedanken gemacht. Also habe ich auch ein Recht, sie zu
erfahren."
„Ich denke mir Geschichten aus", antwortete Andreas zögernd. „Ich sehe in
den Himmel und denke, die Wolken sind Schiffe. Ich fahre mit ihnen in ferne
Länder. Dort gibt es noch wilde Tiere und unterirdische Höhlen und vergra-
bene Schätze."
Jetzt wird sie mich gleich auslachen, dachte Andreas. Aber als er in das Gesicht des Mädchens sah, war es noch immer sehr ernst und gar nicht mehr
zornig.
„Du kannst ruhig weiter zu uns in den Park kommen", sagte sie. Andreas war
ganz erstaunt.
„Aber du mußt mich mitnehmen auf deine Reise in die fernen Länder. Du
mußt mir alle deine Geschichten erzählen, die du dir ausdenkst. Versprichst
du mir das?"
Einen Augenblick zögerte Andreas. Das Paradies hatte sich wieder geöffnet.
Aber es würde nicht mehr wie früher sein. Jetzt war er nicht mehr allein darin. Er würde sich umgewöhnen müssen. Aber vielleicht würden sie ja Freunde
werden, er und das Mädchen, und vielleicht würde es dann hier im Park noch
schöner sein als früher.

Andreas Kleinschmidt

Michels Garten

Inhalt	Alle Familienmitglieder betreuen ein Stück Garten, und Michel zeigt, wie man so einen Garten richtig ausnutzt.
Symbolwort:	Garten
Was gezeigt wird:	Natur läßt sich nicht beliebig domestizieren. Man kann sie so lange nutzen, bis sie tot ist.
Biblische Anklänge:	Gott setzte den Menschen in den Garten, „damit er ihn bebaute und bewahrte" (1. Mose 1,15). Jesus erzählt die Geschichte von den anvertrauten Pfunden: Lukas 19,11 ff.
Vorlesezeit:	6 Minuten ●●●

Michel hatte das Glück, mit seinen Eltern, seiner Schwester Gabi und dem Opa im Grünen zu wohnen. Gleich vor der Stadt, wo schon Wiesen und Wald begannen, stand sein Elternhaus in einem großen Garten. Sie wohnten noch nicht lange hier, der Garten war etwas verwildert.
„Daraus machen wir was!" sagte Michels Opa tatenlustig.
Er kaufte sich ein Buch, es hieß so ähnlich wie „Der große Gartenberater für jeden Geschmack." Darin las er den Winter über und las den anderen oft laut vor. Die ganze Familie kriegte so richtig Lust auf Gartenarbeit. Michels Mutter schwärmte von einem Blumengarten, der Vater wollte einen Gemüsegarten, der Opa beides. Gabi wollte vor allem Schwimmbecken oder Tennisplatz anlegen.
„Und du, Michel?" fragte der Opa. Michel sagte:
„Oha, ich wüßte ja einiges!"
Er hatte den Kopf voller Wünsche. Der Opa schlug vor:
„Teilen wir doch den Garten einfach unter uns fünf. Jeder kriegt seinen Streifen Land und kann damit machen, was er will. Einverstanden?"
Und wie sie einverstanden waren!
Michels breiter grüner Gartenanteil streckte sich in der Südwesthälfte am Zaun entlang. Das erschien ihm für seine Pläne sehr günstig. Gegenüber am Nordostzaun wollte Gabi wenigstens einen Seerosenteich und einen bescheidenen Sportplatz anlegen, mit Reck und Balancierstange, Ballfangnetz, etwas Minigolf undsoweiter. Südwärts, quer von Zaun zu Zaun züchtete der Vater sein Gemüse. Und die mittleren Gartenteile bestellten Mutter und Opa gemeinsam mit Blumen, Stauden, mit Zier- und Obstbüschen.
Und Michel? Er wollte es allen zeigen, sein Garten sollte der brauchbarste sein. Zuerst pflanzte er darum rasch wachsendes Frühgemüse wie Radieschen, Spinat, Salat. Seitwärts davon allerlei Sorten zeitig blühender Blumen,

eine bunte Pracht. Michels Garten sah als erster nach etwas aus. Bereits zum Muttertag konnte der jüngste Gärtner daraus einen dicken, wunderschönen Blumenstrauß pflücken.

Im Juni war dann auch das Frühgemüse abgeerntet und günstig an Mutters und Nachbars Küchen verkauft worden. Längst entwarf Michel den nächsten Plan. Für den Sommer wollte er einen Rasen zum Spielen, Bolzen, Toben mit seinen Freunden. Dank des feuchten Juni-Endes wuchs der Rasen rasch. Löwenzahn und andere Unkräuter darin störten Michel nicht. Er bastelte nämlich inzwischen mit Opas Hilfe einen versetzbaren Weidekäfig für zwei Hühner und Kaninchen. Die konnten Gras und Kräuter knabbern, auch Gemüseabfälle. Und mit frischen Hühnereiern kam sogar noch Michel auf seine Kosten, ob er sie nun verkaufte oder selber aß.

„Donnerwetter", staunte sein Vater, „der Junge ist tüchtig, aus dem wird mal was!"

Wo Michels Tiere gerade nicht scharrten und fraßen, da kickte er mit seinen Freunden den Fußball oder ließ Federbälle fliegen. Sie tobten herum oder faulenzten an der Sonne. Manchmal machten sie in einem Kreis von Steinen ein Feuerchen und brieten sich Eier von Michels zwei Hühnern. Sein Freizeitgelände wurde für ihn und einige Jungen aus Schule und Nachbarschaft ein richtiger Erfolg.

Leider dauerte der Spaß nicht lange. Noch vor dem Herbst war der dichte grüne Rasen zerscharrt und abgeknabbert, zertrampelt und steinhart. Allmählich sah er aus wie ein zerlumpter alter Teppich. Aber was machte das schon? Natürlich hatte sich Michel längst eine andere Verwendung ausgedacht. Hühner und Kaninchen verkaufte er gewinnbringend in Nachbars Kochtöpfe und Bratpfannen. Seinen schäbig aussehenden Gartenplatz deckte er mit Kies und Sand zu. Schubkarrenweise holten er und die Freunde den neuen Belag von einem nahe gelegenen Baggersee. Michel harkte Sand auf und glättete alles mit der Walze.

Eigentlich hatte er hier Rollschuh laufen wollen, doch dafür würde er es ein nächstes Mal asphaltieren müssen. Immerhin reichte der Platz für Rollerskating, Fahrradakrobatik, kleine Autorenn- und Kegelbahnen und dergleichen. Im Winter wollte Michel auf den ebenen Sandplatz Wasser spritzen und zum Schlittschuhlaufen, Schlittern, Eisschießen frieren lassen. Er überlegte, ob er auch von seinen Freunden wenigstens etwas Platzgeld dafür verlangen sollte – ja, warum nicht? Auf jeden Fall gingen diesem Michel die Einfälle zur Nutzung seines Landstückes nicht aus.

Sein Vater nannte ihn allerdings nicht mehr tüchtig. Der sah wohl längst kommen, was sich binnen zwei Jahren hier vorbereitete. Nach zwei Jahren

nämlich taugte Michels einstiger Garten höchstens noch für eine Müllkippe,
so kaputt und ausgelaugt und zugestampft war der schöne Flecken Erde. Da
konnte für lange Zeit nichts, aber auch gar nichts mehr gedeihen.
Michel, selber zwei Jahre älter und größer, spuckte auf seinen einstigen Gar-
ten und wandte sich angeödet von ihm ab.
„Für meine Freizeit", sagte er, „gibt es noch genug schöne Plätze in der Welt.
Ich spare jetzt für mein erstes eigenes Auto. Wenigstens das hat ja genug
Parkplatz hier..."

Eva Rechlin

Der Tonkrug meiner Großmutter

Inhalt:	Großmutter hat einen Krug, den sie hütet wie einen Schatz, denn vie-le Menschen haben ihn gebraucht.
Symbolwort:	Krug
Nebenaspekt:	Wasser
Was gezeigt wird:	Das Schicksal eines Menschen verbindet sich eng mit dem Schicksal eines Gegenstandes. Was ein Mensch in einem Ding sehen kann. Wie ein Krug zum Symbol wird.
Biblische Anklänge:	Wie durch den Krug das lebenswichtige Wasser zu den Menschen kommt, so kommt durch Christus das Wasser des Lebens zu ihnen (Johannes 4). Er ist im geistlichen Sinne der Krug.
Vorlesezeit:	1 Minute ●●

Eines Tages sagte meine Großmutter, als sie vom Feld kam:
„Mein Töchterlein, ich habe kein Wasser mehr, bitte, geh und schöpfe mir
Wasser aus der Quelle, ich bin durstig."
Ich gehorchte, trat in ihre Hütte und holte den schwarzen Krug, der in der
Hütte war, und ging zur Quelle. Es ist ein kleiner Krug, aus Ton gemacht. Er
ist rund und schwarz, mit drei Verzierungsreihen. Zwischen der ersten und
der zweiten Reihe sind kleine Zeichnungen. Er hat eine kleine Öffnung, die
mit goßer Kunstfertigkeit gemacht ist.
Meine Urgroßmutter hat diesen Krug gemacht und ihn meiner Großmutter
als Andenken geschenkt. Das war im zweiten Weltkrieg.
Damals diente der Krug als „Kühlschrank". Meine Großmutter bewahrte
darin das Wasser auf. Wenn sie frisches Wasser wollte, schöpfte sie es aus
diesem Krug. Sie hütete ihn gut. Alle Soldaten, die frisches Wasser wollten,
gingen zu meiner Großmutter.

Meine Großmutter liebt den Krug. Die kleinen Kinder dürfen ihn nicht be-
nützen, denn sie hat Angst, daß sie ihn zerbrechen. Sie sagt immer:
„An dem Tag, an dem der Krug zerbrechen wird, werde ich auch sterben."
Ich passe sehr sorgfältig auf den Krug auf, denn ich hänge sehr an ihm. Ich
weiß, wenn meine Großmutter sterben wird, wird sie ihn entweder mir oder
meiner Mutter geben. Durch diesen Krug sehe ich alle Leute, die ihn einmal
gebraucht haben. Ich erinnere mich an alle Menschen der Vergangenheit,
und sie werden dadurch wieder lebendig. Das ist der Grund, weshalb ich den
Krug so liebe.

Aufsatz einer afrikanischen Schülerin

Das Brot

Inhalt:	Nachkriegszeit. Weil er Hunger hat, stiehlt sich ein Mann nachts heimlich in die Küche und ißt Brot. Seine Frau merkt es.
Symbolwort:	Brot
Was gezeigt wird:	Was Brot für einen Menschen bedeutet, der Hunger hat. Was Verzicht ist.
Biblische Anklänge:	Das Lob des Gebens, vor allem in Apostelgeschichte 20,35: „Geben ist seliger denn nehmen."
Vorlesezeit:	5 Minuten ●●●

Plötzlich wachte sie auf. Es war halb drei. Sie überlegte, warum sie aufge-
wacht war. Ach so! In der Küche hatte jemand gegen einen Stuhl gestoßen.
Sie horchte nach der Küche. Es war still. Es war zu still, und als sie mit der
Hand über das Bett neben sich fuhr, fand sie es leer. Das war es, was es so besonders still gemacht hatte: sein Atem fehlte. Sie stand auf und tappte durch
die dunkle Wohnung zur Küche. In der Küche trafen sie sich. Die Uhr war
halb drei. Sie sah etwas Weißes am Küchenschrank stehen. Sie machte Licht.
Sie standen sich im Hemd gegenüber. Nachts. Um halb drei. In der Küche.
Auf dem Küchentisch stand der Brotteller. Sie sah, daß er sich Brot abge-
schnitten hatte. Das Messer lag noch neben dem Teller. Und auf der Decke
lagen Brotkrümel. Wenn sie abends zu Bett gingen, machte sie immer das
Tischtuch sauber. Jeden Abend. Aber nun lagen Krümel auf dem Tuch. Und
das Messer lag da. Sie fühlte, wie die Kälte der Fliesen langsam an ihr hoch-
kroch. Und sie sah von dem Teller weg.
„Ich dachte, hier wäre was", sagte er und sah in der Küche umher.
„Ich habe auch was gehört", antwortete sie und dabei fand sie, daß er nachts

im Hemd doch schon recht alt aussah. So alt wie er war. Dreiundsechzig.
Tagsüber sah er jünger aus. Sie sieht doch schon alt aus, dachte er, im Hemd
sieht sie doch ziemlich alt aus. Aber das liegt vielleicht an den Haaren. Bei den
Frauen liegt das nachts immer an den Haaren. Die machen dann auf einmal
so alt.

„Du hättest Schuhe anziehen sollen. So barfuß auf den kalten Fliesen. Du erkältest dich noch."

Sie sah ihn nicht an, weil sie nicht ertragen konnte, daß er log. Daß er log,
nachdem sie neununddreißig Jahre verheiratet waren.

„Ich dachte, hier wäre was", sagte er noch einmal und sah wieder so sinnlos
von einer Ecke in die andere, „ich hörte hier was. Da dachte ich, hier wäre
was."

„Ich hab auch was gehört. Aber es war wohl nichts." Sie stellte den Teller
vom Tisch und schnippte die Krümel von der Decke.

„Nein, es war wohl nichts", echote er unsicher.

Sie kam ihm zu Hilfe: „Komm man. Das war wohl draußen. Komm man zu
Bett. Du erkältest dich noch. Auf den kalten Fliesen."

Er sah zum Fenster hin. „Ja, das muß wohl draußen gewesen sein. Ich dachte,
es wäre hier."

Sie hob die Hand zum Lichtschalter. Ich muß das Licht jetzt ausmachen,
sonst muß ich nach dem Teller sehen, dachte sie. Ich darf doch nicht nach
dem Teller sehen. „Komm man", sagte sie und machte das Licht aus, „das
war wohl draußen. Die Dachrinne schlägt immer bei Wind gegen die Wand.
Es war sicher die Dachrinne. Bei Wind klappert sie immer."

Sie tappten sich beide über den dunklen Korridor zum Schlafzimmer. Ihre
nackten Füße platschten auf den Fußboden.

„Wind ist ja", meinte er. „Wind war schon die ganze Nacht."

Als sie im Bett lagen, sagte sie: „Ja, Wind war schon die ganze Nacht. Es war
wohl die Dachrinne."

„Ja, ich dachte, es wäre in der Küche. Es war wohl die Dachrinne." Er sagte
das, als ob er schon halb im Schlaf wäre.

Aber sie merkte, wie unecht seine Stimme klang, wenn er log.

„Es ist kalt", sagte sie und gähnte leise, „ich krieche unter die Decke. Gute
Nacht."

„Nacht", antwortete er und noch: „Ja, kalt ist es schon ganz schön."

Dann war es still. Nach vielen Minuten hörte sie, daß er leise und vorsichtig
kaute. Sie atmete absichtlich tief und gleichmäßig, damit er nicht merken
sollte, daß sie noch wach war. Aber sein Kauen war so regelmäßig, daß sie
davon langsam einschlief.

Als er am nächsten Abend nach Hause kam, schob sie ihm vier Scheiben Brot hin. Sonst hatte er immer nur drei essen können.

„Du kannst ruhig vier essen", sagte sie und ging von der Lampe weg. „Ich kann dieses Brot nicht so recht vertragen. Iß du man eine mehr. Ich vertrag es nicht so gut."

Sie sah, wie er sich tief über den Teller beugte. Er sah nicht auf. In diesem Augenblick tat er ihr leid.

„Du kannst doch nicht nur zwei Scheiben essen", sagte er auf seinen Teller.

„Doch. Abends vertrag ich das Brot nicht gut. Iß man. Iß man."

Erst nach einer Weile setzte sie sich unter die Lampe an den Tisch.

Wolfgang Borchert

Selbstgebackenes Brot

Inhalt:	Während einer Wochenendfreizeit backen einige Familien Brot, aber als es ans Teilen geht, wollen sich einige nicht von dem Brot trennen. Da bietet der kleine Tilo sein selbstgebackenes Schäfchen an.
Symbolwort:	Brot
Was gezeigt wird:	Die Freude am Brotbacken. Die Notwendigkeit, aber auch die Schwierigkeit des Teilens. Die Verantwortung für andere Menschen.
Biblische Anklänge:	„Ich bin hungrig gewesen, ihr habt mich gespeist" – deshalb seid ihr gesegnet, sagt Jesus und fügt hinzu: „Ich bin hungrig gewesen, und ihr habt mich nicht gespeist" – deshalb wird es euch selbst sehr schlecht ergehen (Matthäus 25).
Vorlesezeit:	9 Minuten ●●

Über hundert Eltern mit ihren Kindern waren der Einladung der Kinderakademie gefolgt und verbrachten eine Wochenendfreizeit zusammen. Weil es das Wochenende am Erntedankfest war, wollten alle gemeinsam erfahren und erleben, wo und wie Menschen Gottes Gaben aufnehmen, annehmen und weiterverarbeiten. So wurden Gruppen gebildet. Jede Gruppe sollte etwas Besonderes erleben dürfen und später den anderen darüber berichten. Klaus führte seine Gruppe zum Bauernhof des alten Bauern Kollmar. Viele Stadtkinder waren zum erstenmal dabei, als die Kühe gemolken wurden. Am lustigsten wurde es aber dann, als jeder einmal versuchen durfte, eine Kuh zu melken. Und als dann in dem alten Butterfaß die Sahne zu Butter geschlagen wurde, da waren sich alle einig: Das Butterfaß wollten sie den anderen zeigen und auch vorführen, wie wirklich aus Sahne Butter geschlagen werden kann.

Cornelia führte ihre Gruppe zu Förster Rink in den Wald. Einen ganzen Tag waren sie mit dem Förster unterwegs und brachten anschließend viele schöne Dinge mit, die sie den anderen zeigen wollten: Blätter, seltsam geformte Wurzeln, ganz besonders schönes Moos... und viele Erlebnisse.

Ute besuchte mit ihrer Gruppe die große Molkerei. Da konnten alle sehen, wie Milch und Sahne erhitzt, sterilisiert und zu Butter und Käse verarbeitet wurden. Spät am Nachmittag kam die Gruppe schwer beladen zurück: Sie hatte für jeden in den anderen Gruppen einen Beutel Buttermilch mitgebracht. Das hatten die Leute von der Molkerei mitgegeben.

Rolf war mit seiner Gruppe beim Bäcker. In der großen Backstube hatte Bäcker Stoll nach einem Rundgang jedem ein Stück Teig in die Hand gedrückt. „Backt euch selbst ein Brot!" hatte er gesagt und den Teig verschenkt. So entstanden an diesem Tag die herrlichsten Brote. Die Großen wetteiferten mit den Kleinen. Wer hatte schon jemals vorher in einer Backstube sein eigenes Brot backen dürfen? Kein Wunder, daß immer kunstvollere Figuren und Muster in den Brotlaib eingedrückt wurden und ein Brot origineller und schöner als das andere wurde. Spät am Nachmittag zogen alle noch einmal zur Backstube, um das inzwischen braungebackene Brot abzuholen. Wie glückliche Kinder trugen die Erwachsenen ihr Brot auf dem Arm.

Am Abend berichteten die einzelnen Gruppen über ihre Erlebnisse. Als es dann wirklich gelang, aus der Sahne einen großen Klumpen Butter zu bereiten, da wollte natürlich jeder probieren.

„Jetzt könnten wir von dem Brot essen, das ihr heute gebacken habt!" rief Klaus und hielt den dicken Butterballen mit beiden Händen hoch. „Selbstgebackenes Brot mit frischer, selbstgebutterter Butter!" Begeistert stimmten die anderen ein. Ja, das sollte ein ganz besonderes Festmahl werden. Die Gruppe der Brotbäcker aber blickte sich betreten an. Es war doch ihr eigenes Brot, das sie mit soviel Mühe und Freude selbst gebacken hatten. Viele Erwachsene hatten beabsichtigt, es mit nach Hause zu nehmen, den anderen dort zu zeigen, aufzubewahren..., aber doch nicht jetzt hier mit den anderen zu essen.

„Habt ihr euer Brot hier?" fragte Klaus und zeigte auf ein großes Brotmesser, das er vorsorglich mitgebracht hatte.

„Mein Brot ist schon im Koffer!" sagte Frau Meinsinger und bekam ganz kalte und harte Augen.

„Mein Brot will ich auch noch nicht anschneiden!" fügte Herr Kern etwas leiser hinzu. „Es ist das erstemal in meinem Leben, daß ich überhaupt einmal Brot gebacken habe."

Frau Gernhard blickte nur unter sich. Und Claudia, die sich nicht von ihrem Brot hatte trennen können, drückte es fest an sich.

„Dafür haben wir unser Brot nicht gebacken!" sagte Herr Gehring. Und sein Sohn fügte etwas lauter hinzu: „Nein, dafür nicht!"
Im Raum breitete sich eine peinliche Stille aus. Betreten sahen sich Kinder und Erwachsene an. Die Kälte, die von der Gruppe der Brotbäcker ausging, war fast nicht zu ertragen. Und Klaus hielt noch immer den dicken Butterballen in seinen Händen. Jetzt warf er ihn mit einem lauten Klatsch in die große Holzschüssel, die neben dem Butterfaß stand. „Dann eben nicht!" sagte er. Und man merkte ihm an, wie sehr er sich ärgerte.
Jetzt versuchte Rolf zu vermitteln. „Den Teig hat uns doch der Bäcker geschenkt!"
„Aber es ist jetzt unser Brot!" jammerte Claudia und drückte den Laib noch fester an sich.
„Man könnte Brot in der Küche holen!" schlug jetzt Cornelia vor. Sie wollte so schnell wie möglich diese schreckliche Situation zu einem Ende bringen.
Der kleine Tilo gehörte auch zu der Gruppe der Brotbäcker. Er war noch so klein, daß er sein Brot nicht ganz allein geformt hatte. Seine Mutter hatte ihm dabei geholfen. Sie hatten zusammen aus einem Teig ein kleines lustiges Tier geformt, das einem Schäfchen, einem Schwein, einem Igel und einem Frosch oder allen zusammen ähnlich sah. Alle hatten sein kleines Tier bewundert, das von ihm als ein Schäfchen bezeichnet wurde.
Und dieses Schäfchen hatte der kleine Tilo während der ganzen Zeit auf seinem Arm gehalten und liebevoll hin- und hergewiegt.
Jetzt aber hielt er plötzlich sein gebackenes Tierchen mit beiden Händen hoch und rief: „Ich gebe mein Schäfchen!"
Die kleine, dünne Stimme machte den Raum wieder warm, ließ die Menschen aufatmen, andere noch beklommener werden.
Tilo trippelte nach vorn, um Klaus sein Schäfchen zu bringen.
„Du darfst es schlachten!" sagte er leise.
„Nein, das nicht!" rief Frau Meinsinger. „Warte! Ich hole mein Brot aus dem Koffer!" Sie verbesserte sich sogleich: „Ich hole unser Brot! Es dauert nicht lange!"
Da liefen die anderen hinter ihr her, holten das Brot, das sie gebacken hatten, wollten anbieten, abbrechen und aufschneiden. Aber es war viel zuviel Brot. Jetzt wollte jeder sein Brot den anderen geben. Und Klaus mußte wieder vermitteln. Schließlich waren es drei Brote, die aufgeschnitten wurden, so daß jeder ein kleines Stück mit frischer Butter probieren konnte.
„Wir brauchen auch morgen noch Brot für den Gottesdienst!" meinte Rolf. Und die Brotbäcker nickten ihm dankbar zu. Ja, auch für den Gottesdienst am Erntedankfest würde noch Brot gebraucht werden!"

Spät am Abend, als die Kinder schon im Bett waren, saßen die Eltern zusammen. Der heutige Tag wurde besprochen. Da hielt es Herr Gehring nicht mehr aus.

„Bevor wir jetzt über all das, was wir heute erlebt haben, sprechen, möchte ich etwas sagen!"

Seine Stimme zitterte ein bißchen vor Aufregung.

„Im Namen der ganzen Gruppe will ich sagen, daß uns das, was heute geschehen ist, sehr leid tut. Wir haben vorhin noch einmal miteinander gesprochen. Da ist es uns deutlich geworden, was es eigentlich heißt, mit anderen etwas zu teilen. Da, wo es uns um etwas ging, das wir ganz persönlich behalten wollten, da waren wir nicht mehr bereit zu teilen. Wir sind über uns selbst erschrocken. Jeder von uns hat an sich selbst entdeckt, wie hart und egoistisch er ist. Wenn nicht der Tilo gewesen wäre, was wäre dann nur passiert! Wir möchten uns alle bei euch entschuldigen."

Klaus nickte. Er brauchte Zeit, um eine Antwort zu finden. Schließlich sagte er:

„Ich glaube, wenn wir aus den anderen Gruppen bei den Brotbäckern gewesen wären, hätten wir uns sicher genauso verhalten. Ja, ich bin da ganz sicher. Ich hätte mich genauso verhalten. Denn das Brot, das man einmal selbst gebacken hat..."

Viele nickten und stimmten ihm zu.

„Und dann sprechen wir von unserer Verantwortung für die Menschen in der Dritten Welt, für die Hungrigen in Afrika, in Mittelamerika..."

Herr Kern schüttelte den Kopf, als er daran dachte, wie er sich vorhin verhalten hatte.

„Wir haben es aber doch selbst bemerkt!" fügte Frau Meinsinger hinzu.

„Wir haben es *noch* selbst bemerkt. Der kleine Tilo hat uns geholfen!"

Später sprachen alle darüber, wie sie gemeinsam den Gottesdienst vorbereiten und feiern wollten. Aber alle waren sich in einem einig: Das Schäfchen des kleinen Tilo durfte auf keinen Fall geschlachtet werden.

Rolf Krenzer

Das Brötchen

Inhalt:	Der Krieg vertreibt eine Familie aus ihrer Heimat; alle mit Ausnahme des Großvaters und des Jüngsten, passen sich schnell an die fremde Umgebung an.
Symbolwort:	Brot
Nebenaspekt:	Erde
Was gezeigt wird:	Der Mensch lebt von der Bindung an das Stückchen Erde, auf dem er geboren ist. Die Erinnerung daran ist für ihn so wichtig wie das tägliche Brot.
Biblische Anklänge:	Die Erfahrung, fremd zu sein in einem Land (1. Mose 15,13) und die Hoffnung auf ein langes Leben im Land, das der Herr gibt (2. Mose 20,12). Ist es möglich, „des Herrn Lob zu singen im fremden Lande"? (Psalm 137,4)
Vorlesezeit:	9 Minuten ●●

Flüchtlinge sind sie. Das Land, aus dem sie flüchteten, will ich nicht nennen, der Name tut nichts zur Sache. Es tut auch nichts zur Sache, warum sie aus diesem Land flüchten mußten. Es tut nichts zur Sache, in welches Land sie flüchteten. Zufällig ist es mein Land, in das sie flüchteten.

Die Leute, welche die Flüchtlingsfamilie, von der ich erzählen will, aufnahmen, waren freundlich. Sie gaben ihnen eine Wohnung mit allem Nötigen darin. Das Neueste war es nicht, die Sachen waren zusammengebettet von Leuten, die sie selber nicht mehr brauchten. Aber das störte niemanden, am wenigsten die Flüchtlingsfamilie. Sie waren froh, daß sie nach der langen Flucht irgendwo wohnen und sich ausruhen konnten. Sie bedankten sich bei den Leuten, die ihnen geholfen hatten. Jemand übersetzte den fremdländischen Dank in unsere Sprache. Darauf sagten die Leute in unserer Sprache, was wieder übersetzt wurde: „Ihr habt noch Glück gehabt. Ihr habt nur einen kleinen Krieg erlebt. Euer Krieg hat nur ein paar Wochen gedauert, dann war das Blutvergießen zu Ende."

Die Flüchtlinge lächelten höflich, aber ein wenig verlegen. Für sie war der Krieg ein großer Krieg gewesen. Der Krieg hatte ihnen den Vater genommen. Der Vater war im Krieg getötet worden. Ihn mußten sie zurücklassen in der Heimaterde, ohne Grabstein, ohne Namen.

Die Mutter, der Großvater, drei halbwüchsige Kinder und nicht zu vergessen der kleine Sami, sie konnten flüchten. Sami ist übrigens nicht sein richtiger Name. Es ist der Name, den wir ihm gegeben haben. Der Name in seiner Sprache ist lang und wohlklingend, aber für unsere Zungen schwer auszusprechen.

Mit Hilfe der guten Leute bekam die Mutter in unserem Land sogar Arbeit.
In ihrer Heimat war sie Krankenschwester gewesen. Bei uns stellte man sie als
Putzfrau in einem Krankenhaus an. Darüber war sie überglücklich, denn so
konnte sie genug verdienen, um ihre Familie zu ernähren.
Die drei älteren Kinder gingen zur Schule, und auch das ging recht gut. Sie
lernten unsere Sprache sprechen, wenigstens so, daß sie sich verständigen
konnten. Das Lesen und Schreiben war schwieriger, aber auch das würden
sie mit der Zeit schaffen.
Nur der Großvater und Sami, der Älteste und der Jüngste der Familie, sie
konnten sich schlecht anpassen, der eine, weil er zu alt, der andere vielleicht,
weil er zu jung war. Wenn die Mutter zur Arbeit ging und die älteren Geschwister zur Schule, blieben die beiden allein zurück. Der Großvater war sozusagen Samis Kindermädchen, aber auch Samis Spielkamerad. Er spielte
mit ihm die alten Spiele, die er selber als kleiner Junge gespielt hatte. Er erzählte ihm die alten Märchen und Geschichten, natürlich in der Sprache seiner Heimat.
Der Großvater ging auch mit Sami ins Freie, auf den Spielplatz, an den Fluß
oder an den Waldrand. Aber er achtete darauf, daß Sami nicht mit den Kindern unseres Landes spielte. Das zu bewerkstelligen war nicht schwierig. Sami war ein ängstliches Kind, und weil er unsere Sprache nicht verstand, wollte er nicht mit den anderen Kindern spielen. Und wenn gar unsere Kinder mit
einem Spielzeugrevolver bum bum bum machten und taten, als ob sie einander töten würden, so rannte er zum Großvater, barg seinen Kopf auf dessen
Knie und weinte. Der Großvater tröstete den Kleinen, aber es dauerte oft lange, bis sich Sami beruhigt hatte.
Manchmal machten die beiden Einkäufe für die Familie. Es kümmerte den
Großvater wenig, was er kaufen mußte. Er hielt sich genau an die Anweisun-
gen der Mutter, die alles auf einen Zettel niedergeschrieben hatte. Nur beim
Brot war es anders. Er suchte das Brot mit Sorgfalt aus und sagte zu Sami:
„Riechen muß man das Brot, riechen. Nichts riecht so gut wie frischgebacke-
nes Brot. Am Morgen früh roch es in der Backstube deines Vaters nach fri-
schem Brot. Schon um sieben Uhr mußte das frische Brot auf den Gestellen
sein. Bald kamen die ersten Kunden. Dein Vater verkaufte ihnen die warmen
Laibe. ‚Aber nicht essen, solange das Brot warm ist‘, sagte er, ‚das gibt Bauch-
weh‘. Die Kinder kauften gerne die kleinen Brötchen. Die konnten sie in der
Pause oder nach der Schule essen.“
Wenn die beiden wieder aus dem Laden hinausgegangen waren, in einer stillen Straße, zog der Großvater ein Brötchen aus der Tasche und zeigte es Sami:
„Schau Sami, solche Brötchen kauften die Kinder. Ein Brötchen konnte ich

retten. Eines habe ich mitgenommen, eines, das dein Vater gebacken hat. Dieses Brötchen hat dein Vater mit seinen Händen geformt." Es war ein hellbraunes Brötchen, rund, oben ein wenig abgeflacht, mit zwei Einschnitten, die ein Kreuz bildeten, damit man es leichter brechen konnte. Jetzt war es natürlich steinhart und ungenießbar. Dennoch hielt es der Großvater Sami unter die Nase und sagte:

„Rieche daran, Sami, vielleicht riecht es noch ein wenig, dann weißt du, wie es in der Backstube deines Vaters gerochen hat."

Sami roch an dem Brötchen, obwohl es so alt war, daß es keinen Geruch mehr abgeben konnte. Aber vielleicht erinnerte sich Sami an den Geruch in der Backstube, und er sah sich auf dem Arm des Vaters, der ihm die frischgebackenen Brote zeigte, noch bevor der Krieg ausbrach und all das Schreckliche geschah…

Das Brötchen verschwand wieder in der Kitteltasche des Großvaters, und Sami sagte mit Überzeugung: „Wenn ich groß bin, will ich Bäcker werden wie mein Vater."

Wenn Großvater und Enkel nach ihren Einkäufen wieder zu Hause waren, bereiteten sie das Essen für die Familie vor. Die Mutter hatte im Krankenhaus einen strengen Dienst und die älteren Geschwister waren in der Schule beschäftigt. Saßen endlich alle am Tisch, gab es ein Reden und Erzählen, daß wir den Kopf schütteln würden, so unverständlich tönt die fremde Sprache in unseren Ohren. Die großen Geschwister erzählten von der Schule, von ihren Kameraden, vom Sport; die Mutter erzählte von ihrer Arbeit im Krankenhaus und alle vier erzählten von den vielen Dingen, die es in unserem Land zu kaufen gibt.

Und Sami? Sami redete nicht viel. Er lebte in der Welt des Großvaters, und die Welt des Großvaters war die Welt der alten Heimat geblieben. Und vom Großvater selber hörte man am Tisch fast kein Wort, vielleicht einmal „bitte" oder „danke", das war alles.

So vergingen die Tage, die Wochen, die Monate. Der Großvater zog sich immer mehr von den Menschen zurück. Sein einziger Trost, seine einzige Freude, war Sami. Mit ihm redete er vom Vater, vom Dorf, in dem sie gewohnt hatten, von den Leuten dort und den Tieren.

Genau so still und unbemerkt, wie er gelebt hatte, so still und unbemerkt starb der alte Mann. Eines Morgens erschien er nicht zum Frühstück. Und als man nachschaute, lag er tot im Bett. Die guten Leute, die für die Flüchtlingsfamilie gesorgt hatten, halfen auch da: Der Großvater sollte ein Begräbnis bekommen, wie es in seinem Heimatland Sitte war. Die Habseligkeiten des Alten waren bald weggeräumt, da war nichts Kostbares zu finden. Die Kleider waren schäbig und abgetragen. In der Kitteltasche fand jemand ein hartes Brötchen mit einem kreuzweisen Einschnitt. Achtlos wurde es fortgeworfen. Freunde und Bekannte kamen, um den Toten zu beklagen. Aber eigentlich war nur einer von Herzen traurig: Sami, der Jüngste der Familie, Sami, der Junge mit dem langen, wohlklingenden Namen in der Sprache seiner Heimat. Sami kauerte in einer Ecke des Zimmers, wo der Großvater aufgebahrt lag und die Menschen aus- und eingingen.

Als endlich alle Leute weggegangen waren, nahm die Mutter Sami an der Hand, zog ihn aus dem Zimmer und sagte:

„Weine nicht, Sami. Der Großvater war nicht glücklich in dem Land, in dem wir jetzt wohnen. Gott hat ihn heimgeholt in das Land, wo dein Vater ist. Der Großvater war alt und müde. Du aber bist jung und sollst glücklich leben in dem Land, das uns als Flüchtlinge aufgenommen hat. Willst du das?"

Sami nickte und sagte: „Ja! Aber wenn ich groß bin, gehe ich zurück in das Dorf, von wo wir hergekommen sind."

Charlotte Humm

Brot in deiner Hand

Inhalt:	Ein alter Bäcker in Paris hat einen Tick: Er gibt Menschen Brot zu essen, die Kummer haben.
Symbolwort:	Brot
Was gezeigt wird:	Menschen brauchen nicht nur Brot, sondern auch Hilfe, Trost und Versöhnung. Wie ein ganz weltliches „Abendmahl" aussieht.
Biblische Anklänge:	„Der Mensch lebt nicht vom Brot allein, sondern von einem jeglichen Wort, das durch den Mund Gottes geht" (Matthäus 4,4). Apostelgeschichte 2,46 erzählt von dem selbstverständlichen Brotbrechen, der Abendmahlsfeier, in den Häusern.
Vorlesezeit:	5 Minuten ●●●

An der Jakobstraße in Paris liegt ein Bäckerladen; da kaufen viele hundert Menschen ihr Brot. Der Besitzer ist ein guter Bäcker. Aber nicht nur deshalb kaufen die Leute des Viertels dort gern ihr Brot. Noch mehr zieht sie der alte Bäcker an: der Vater des jungen Bäckers. Meistens ist nämlich der alte Bäcker im Laden und verkauft.

Dieser alte Bäcker ist ein spaßiger Kerl. Manche sagen: Er hat einen Tick. Aber nur manche; die meisten sagen: Er ist weise, er ist menschenfreundlich.

Einige sagen sogar: Er ist ein Prophet. Aber als ihm das erzählt wurde, knurrte er vor sich hin: „Dummerei..."
Der alte Bäcker weiß, daß man Brot nicht nur zum Sattessen brauchen kann,
und gerade das gefällt den Leuten. Manche erfahren das erst beim Bäcker an
der Jakobstraße, zum Beispiel der Autobusfahrer Gérard, der einmal zufällig
in den Brotladen an der Jakobstraße kam. „Sie sehen bedrückt aus", sagte
der alte Bäcker zum Omnibusfahrer.
„Ich habe Angst um meine kleine Tochter", antwortete der Busfahrer Gérard. „Sie ist gestern aus dem Fenster gefallen, vom zweiten Stock."
„Wie alt?" fragte der alte Bäcker.
„Vier Jahre", antwortete Gérard.
Da nahm der alte Bäcker ein Stück vom Brot, das auf dem Ladentisch lag,
brach zwei Bissen ab und gab das eine Stück dem Busfahrer Gérard. „Essen
Sie mit mir", sagte der alte Bäcker zu Gérard, „ich will an Sie und Ihre kleine
Tochter denken." Der Busfahrer Gérard hatte so etwas noch nie erlebt, aber
er verstand sofort, was der alte Bäcker meinte, als er ihm das Brot in die Hand
gab. Und sie aßen beide ihr Brotstück und schwiegen und dachten an das
Kind im Krankenhaus.
Zuerst war der Busfahrer Gérard mit dem alten Bäcker allein. Dann kam eine
Frau herein. Sie hatte auf dem nahen Markt zwei Tüten Milch geholt und
wollte nun eben noch Brot kaufen. Bevor sie ihren Wunsch sagen konnte, gab
ihr der alte Bäcker ein kleines Stück Weißbrot in die Hand und sagte: „Kom-
men Sie, essen Sie mit uns: Die Tochter dieses Herrn liegt schwer verletzt im
Krankenhaus – sie ist aus dem Fenster gestürzt. Vier Jahre ist das Kind. Der
Vater soll wissen, daß wir ihn nicht allein lassen." Und die Frau nahm das
Stück Brot und aß mit den beiden.
So war das oft in dem Brotladen, in dem der alte Bäcker die Kunden bediente.
Aber es passierte auch anderes, über das sich die Leute noch mehr wunder-
ten. Da gab es zum Beispiel einmal die Geschichte mit Gaston:
An einem frühen Morgen wurde die Ladentür aufgerissen und ein großer
Kerl stürzte herein. Er lief vor jemandem fort; das sah man sofort. Und da
kam ihm der offene Bäckerladen gerade recht. Er stürzte also herein, schlug
die Tür hastig hinter sich zu und schob von innen den Riegel vor.
„Was tun Sie denn da?" fragte der alte Bäcker. „Die Kunden wollen zu mir
herein, um Brot zu kaufen. Machen Sie die Tür sofort wieder auf."
Der junge Mann war ganz außer Atem. Und da erschien vor dem Laden auch
schon ein Mann wie ein Schwergewichtsboxer, in der Hand eine Eisenstange.
Als er im Laden den jungen Kerl sah, wollte er auch hinein. Aber die Tür war
verriegelt.

„Er will mich erschlagen", keuchte der junge Mann.
„Wer? Der?" fragte der Bäcker.
„Mein Vater", schrie der Junge, und er zitterte am ganzen Leibe. „Er will mich erschlagen. Er ist jähzornig. Er ist auf neunzig!"
„Das laß mich nur machen", antwortete der alte Bäcker, ging zur Tür, schob den Riegel zurück und rief dem schweren Mann zu: „Guten Morgen, Gaston! Am frühen Morgen regst du dich schon so auf? Das ist ungesund. So kannst du nicht lange leben. Komm herein, Gaston. Aber benimm dich. Laß den Jungen in Ruh! In meinem Laden wird kein Mensch umgebracht."
Der Mann mit der Eisenstange trat ein. Seinen Sohn schaute er gar nicht an. Und er war viel zu erregt, um dem Bäcker antworten zu können. Er wischte sich mit der Hand über die feuchte Stirn und schloß die Augen. Da hörte er den Bäcker sagen: „Komm, Gaston, iß ein Stück Brot; das beruhigt. Und iß es zusammen mit deinem Sohn; das versöhnt. Ich will auch ein Stück Brot essen, um euch bei der Versöhnung zu helfen." Dabei gab er jedem ein Stück Weißbrot. Und Gaston nahm das Brot, auch sein Sohn nahm das Brot. Und als sie davon aßen, sahen sie einander an, und der alte Bäcker lächelte beiden zu. Als sie das Brot gegessen hatten, sagte Gaston: „Komm, Junge, wir müssen an die Arbeit."

Heinrich Mertens

Der Ausziehtisch

Inhalt: Die Großeltern kommen zu Besuch; wird der Tisch groß genug sein?
Symbolwort: Tisch
Was gezeigt wird: Was es bedeutet, gemeinsam an einem Tisch zu sitzen.
Biblische Anklänge: Die Gemeinschaft im Reich Gottes wird durch das Bild des Zutischesitzens ausgedrückt (Lukas 13,29).
Vorlesezeit: 5 Minuten

„Die Großeltern kommen uns für zwei Wochen besuchen", sagte die Mutter.
„Au fein", rief Tim und klatschte vor Freude in die Hände. „Dann kann Opa mit mir spielen."
„Und Oma erzählt uns Geschichten", sagte seine Schwester Britta. Dann aber machte sie plötzlich ein sehr nachdenkliches Gesicht.
„Aber wo sollen sie denn essen?" fragte sie. „Unser Tisch ist ja viel zu klein."

„Warte nur ab", sagte die Mutter geheimnisvoll. „Du wirst schon sehen, daß Opa und Oma auch noch an unserem kleinen Tisch passen."
Als Tim und Britta am Mittag von der Schule nach Hause kamen, saßen Opa und Oma schon beim Mittagessen. Aber auch für Tim und Britta war noch Platz am Tisch.
„Ja, da staunt ihr", sagte Mutter lächelnd. „Das wußtet ihr gar nicht: Unseren Tisch kann man an beiden Seiten ausziehen, wenn es nötig ist. So können Opa und Oma immer mit uns zusammen essen."
Die beiden nächsten Wochen waren für Britta und Tim voll schöner Erlebnisse. Opa machte mit ihnen Wanderungen und erklärte ihnen dabei vieles über Bäume und Pflanzen. Und abends saßen sie nach dem Abendessen oft noch lange alle zusammen um den Tisch. Oma erzählte von früher, als Vater und Mutter noch so klein waren wie Tim und Britta.
Nach zwei Wochen fuhren die Großeltern zurück nach Hause. Als Tim und Britta am Abend alleine mit ihren Eltern am Tisch saßen, sagte Britta traurig:
„Jetzt ist unser Tisch wieder kleiner."
„Ich fand es viel schöner, als wir viele waren", sagte Tim.
Mutter lächelte:
„Wie gut, daß wir einen Ausziehtisch haben. Da können Oma und Opa jederzeit wiederkommen.

Andreas Kleinschmidt

Der Tisch

Inhalt:	Ein alter Mann bringt einen Italiener beim Essen durch abfällige Bemerkungen in Wut.
Symbolwort:	Tisch
Was gezeigt wird:	Der Mißbrauch der Tischgemeinschaft.
Biblische Anklänge:	„Tut nicht Unrecht den Fremden und Armen, denkt keiner gegen seinen Bruder etwas Arges im Herzen!" fordert Sacharja (7,10).
Vorlesezeit:	4 Minuten ••

Den hochbeladenen Teller in der Hand, so stand der Schwarzhaarige mitten im Speisesaal und schaute um sich. Da entdeckte er den Zweiertisch, an dem nur einer saß. Er ging hin und fragte:
„Darf ich?"

Der Alte am Tisch schlappte ein Salatblatt hoch, nickte und wies mit dem Messer auf den freien Stuhl.

Der Schwarzhaarige dankte mit einer kurzen Verbeugung, stellte das Essen ab und setzte sich. Bevor er mit der Mahlzeit begann, segnete er sich und faltete die Hände.

Als der Alte das bemerkte, grinste er breit. Dann spießte er mit der Gabel eine Kartoffel auf, schnitt sie mit dem Messer entzwei und hielt die Hälfte über die Tischmitte empor.

„Nix Spaghetti, Itaker", spottete er laut.

Der Italiener blickte kurz auf. Ohne zu antworten, begann er zu essen.

Doch der Alte stichelte weiter: „Wenn du hier genug abgesahnt hast, fährst du heim zu deiner Mamma. Da gibt es wieder jeden Tag Spaghetti."

„Sprechen Sie nicht von meiner Mamma", erwiderte der Italiener ruhig und aß weiter.

Abfällig bemerkte der Alte: „Ihr Itaker hängt doch immer eurer Mamma am Schürzenbändel. Ihr seid doch nur Männer, wenn ihr hinter unseren Mädchen herlauft."

Der Italiener knallte Messer und Gabel auf den Tisch. Sein Blick wurde stechend.

„Lassen Sie mich in Ruhe!" sagte er hart und laut.

Aber der Alte hetzte weiter: Zustimmung heischend schaute er sich im Speisesaal um.

„Jetzt will dieser hergelaufene Itaker mir auch noch Vorschriften machen."

Er wandte sich wieder seinem Gegenüber zu:

„Vergiß nicht: du bist hier nur geduldet; du nimmst uns hier nur Arbeitsplätze weg. Packt eure Sachen und fahrt zu euren Mammas, ihr Spaghettifresser! Wir mögen euch nicht. Wir haben die Schnauze voll von euch!"

Der Italiener war aufgesprungen. Er zitterte am ganzen Leib. Hilfesuchend blickte er zu den Nachbartischen hinüber.

Dort schaute man tief in die Teller; alle beschäftigten sich nur mit sich selbst und mit ihrer Mahlzeit.

„Reg dich nur ab, Itaker", höhnte der Alte. „Die wollen alle nichts von dir wissen. Die denken alle so wie ich!"

Er faßte nach dem Teller des Italieners und schubste ihn bis zum Tischrand.

„Friß', du solltest dankbar sein, wenn du mit unsereinem am Tisch sitzen darfst."

Da griff der Italiener in seine Tasche. Er zog ein Messer hervor. Mit lautem „Klick" sprang die Klinge auf. Die Hand zitterte.

Plötzlich war es im Speisesaal totenstill. Schreckerfüllt starrten alle zum

Zweiertisch hinüber. Nur einer in der Ecke erhob sich, um besser sehen zu können.

Der Italiener setzte das Messer an der Tischkante an. Mit kreischendem Geräusch führte er die Klinge über die ganze Platte bis zur anderen Seite. Eine tiefe Kerbe teilte den Tisch in zwei Hälften.

„Wir sitzen nicht an einem Tisch", sagte der Italiener laut. Er schleuderte sein Messer zu Boden und verließ den Speisesaal.

                                                                    Hans Peter Richter

Das Rettungsschiff

Inhalt:	Tina macht mit ihren Eltern eine Ausflugsfahrt auf dem Meer, doch auf einmal setzt der Motor des Schiffes aus und springt nicht mehr an.
Symbolwort:	Schiff
Was gezeigt wird:	Menschen sind im Schiff unterwegs und geraten in Gefahr. Von einem anderen Schiff kommt Rettung. Not lehrt beten und handeln.
Biblische Anklänge:	Die Freunde Jesu geraten in Seenot, doch Jesus zeigt, daß er ein verläßlicher Helfer ist (Matthäus 14,22ff.). Auch wir sollen verläßliche Helfer sein: „Ein Bruder hilft dem andern in der Not", stellt Jesus Sirach fest (40,24).
Vorlesezeit:	4 Minuten

Wie sehr hatte sie sich auf diesen Tag gefreut! Sie wollten eine Ausflugsfahrt zu einer der Inseln machen, die man bei klarem Wetter vom Festland aus gut erkennen konnte. Eine Fahrt über das Wattenmeer dorthin sollte der Höhepunkt der Ferien sein.

Als sie mit Vater, Mutter und ihrem Bruder Lars vor dem Schiff stand, das sie zur Insel hinüberbringen sollte, rief sie aufgeregt:

„Seht, das Schiff heißt ja genauso wie ich."

Und tatsächlich, mit großen weißen Buchstaben war ihr Name auf den Bug des Schiffes gemalt: Tina.

Vater machte ein etwas bedenkliches Gesicht, als sie auf das Schiff gingen.

„Sieht mir schon etwas altersschwach aus", sagte er. „Es scheint früher ein Fischerboot gewesen zu sein. Jetzt hat man es für Ausflugsfahrten umgebaut."

Als alle Fahrgäste an Bord waren, ging die Fahrt los. Immer kleiner wurde der Hafen, immer näher rückte die Insel — das Ziel ihrer Fahrt.

Plötzlich jedoch stotterte der Motor des Schiffes und setzte schließlich ganz aus. Alle Fahrgäste blickten zum Kapitän hinauf, einige wollten zu ihm ins Steuerhaus hinein. Aber er schien sehr aufgeregt und ließ keinen zu sich hereinkommen.

„Hab' ich doch recht gehabt", seufzte der Vater. „Die alte ‚Tina' hat den Geist aufgegeben."

„Ob sie ein Funkgerät an Bord haben?" fragte Lars.

Vater schüttelte den Kopf.

„Ich glaube nicht", sagte er.

„Aber wir treiben ja auf das offene Meer hinaus", sagte Mutter mit sorgenvollem Gesicht. Jetzt bekam Tina es mit der Angst zu tun.

„Irgend jemand muß uns doch helfen. Ein Schiff muß kommen — ein Rettungsschiff", sagte sie und Tränen standen ihr dabei in den Augen. „Ich werde beten, daß uns ein Rettungsschiff sieht."

„Glaubst du, das hilft?" Lars rümpfte die Nase, aber Mutter nickte und legte einen Arm um Tina.

Plötzlich zischte etwas über ihren Köpfen in den Himmel hinein.

„Leuchtraketen", sagte Vater. „Sie versuchen, andere Schiffe mit Leuchtraketen auf uns aufmerksam zu machen. Hoffentlich sieht man uns."

Drei Leuchtraketen schoß der Kapitän ab. Die zwei ersten kamen nicht sehr hoch, die dritte aber stieg weiter in den Himmel hinauf, bevor sie in einem Bogen ins Meer fiel.

Die Fahrgäste hatten sich dicht zusammengedrängt. Tina hatte noch immer die Augen geschlossen, als Vater plötzlich sagte:

„Seht doch einmal dort hinüber. Ich glaube, dort kommt ein Schiff auf uns zu."

Tina öffnete die Augen und sah in die Richtung, in die Vater zeigte. Tatsächlich — ein Schiff näherte sich ihnen. Es war ein kleineres, aber neues Schiff mit einem starken Motor, das sie jetzt in Schlepptau nahm.

„Das Rettungsschiff", rief Tina erleichtert. „Es ist tatsächlich gekommen, weil ich gebetet habe."

„Ach was", sagte Lars. „Es ist gekommen, weil es die Leuchtraketen gesehen hat."

Mutter aber strich Tina über die Haare und sagte:

„Das Rettungsschiff ist gekommen, weil du gebetet hast und weil es die Leuchtraketen gesehen hat."

„Hauptsache, es bringt uns sicher zum Hafen zurück", sagte Vater.

Andreas Kleinschmidt

Der Anker

Inhalt:	Auf dem Rhein taucht plötzlich eine Nebelwand auf, und der Kapitän läßt den Anker seines Schiffes zum Grund ab; doch die Kette reißt.
Symbolwort:	Anker
Nebenaspekt:	Schiff
Was gezeigt wird:	Den Halt verlieren bedeutet, Angst und Verlorenheit zu empfinden.
Biblische Anklänge:	„Ich liege und schlafe und erwache, denn der Herr hält mich" (Psalm 3,6).
Vorlesezeit:	3 Minuten •••

Der zweite Weltkrieg gehörte seit acht Jahren der Vergangenheit an. Noch immer zeugten am Rheinufer verfallene Gebäude von der Zeit der Zerstörung und der Angst, die einen großen Teil der Erde erfüllt hatten. Aber die Städte wurden wieder aufgebaut. In der Nacht spiegelten sich die Lichter bunter Lampen im Strom, und über das Wasser klang Tanzmusik. Tagsüber fuhren Tausende von Schiffen rheinauf-, rheinabwärts und versorgten die Menschen mit Gütern, die sie während vieler Jahre hatten entbehren müssen. Ich arbeitete in jenem Sommer als Schiffsjunge auf dem Motorschiff „Eiger". Wir hatten in Basel eine Ladung Ruhrkohlen gelöscht und befanden uns auf der Talfahrt. Seit einer Woche hatte es fast ununterbrochen geregnet. Der Straßburger Pegel war auf sechs Meter zwanzig angestiegen, und viele Felder in Ufernähe standen unter Wasser.

Am Dienstag besserte sich das Wetter. Wir hatten über Nacht in der Nähe von Kehl angelegt. Um fünf Uhr morgens ließ der Kapitän den Anker lichten, den einzigen, der uns übrig geblieben war. Die beiden andern waren beim Hochziehen auf Grund stecken geblieben und noch nicht ersetzt worden.

Nachdem wir das Schiff flott gemacht und gefrühstückt hatten, spritzten und schrubbten die Matrosen und ich das Deck. Der Kapitän stand hinter dem Steuer.

Da tauchte vor Speyer eine Nebelwand auf, die sich unerwartet vom Land her über das Wasser schob. Im Nu war das Schiff in kaltes gefährliches Grau eingehüllt.

„Wir drehen auf!" schrie der Kapitän vom Steuerhaus herunter und drosselte den Motor. Gleichzeitig drehte er das Ruder, so daß das Schiff sich quer zum Strom zu legen begann.

Als das Hupsignal ertönte, löste ich den Kettenstopper. Der Anker plumpste ins Wasser. Die Kette rasselte vom Spill, Funken sprühten, als ihre Glieder durch die Führung sausten. Als der Anker Grund faßte, hing die Kette für einen Moment durch, begann sich aber sofort wieder zu straffen. Jetzt ließ der Kapitän die Motoren voll laufen, um das bergwärts gewendete Schiff zum Stillstand zu bringen. Im gleichen Moment riß die Kette. Ohne Halt trieben wir mitten auf dem Strom.

Ein Gefühl grenzenloser Angst und Verlorenheit überkam mich. Unsichtbar umgab mich eine Welt voller Bewegung und drohender Gefahren. Die dumpfen Töne der Nebelhörner vermischten sich mit dem Tuckern von Motoren, dem Schreien der Schiffer, dem Gurgeln der Wasserfluten. Jeden Augenblick konnten wir abgetrieben, von einem anderen Schiff gerammt werden, auf Grund laufen, untergehen. Irgendwo im Nebel lauerte auf mich und die andern, die ohne Anker und ohne Halt waren, der Tod.

Die Minuten vergingen wie Ewigkeiten in dieser hoffnungslosen Haltlosigkeit.

Dann lichtete sich der Nebel. So schnell er gekommen war, verschwand er wieder. Die Morgensonne glitzerte im gelbschmutzigen Rheinwasser, und die schwarzgelb gestreifte Firmenflagge mit dem Schweizerkreuz flatterte im Wind.

Ganz in unserer Nähe lag ein Boot vor Anker, an dessen Längsseite wir festmachen und mit dem wir dann weiter talwärts fahren konnten, bis wir in einer Werft bei Mannheim einen neuen Anker fassen konnten.

Werner Laubi

Die Kiste

Inhalt:	Zum Geburtstag bekommt Ewald eine Kiste geschenkt, die er verschließen kann.
Symbolwort:	Schatz
Nebenaspekt:	Schlüssel
Was gezeigt wird:	Jeder braucht etwas für sich allein. Was unser Schatz ist, bestimmen wir selbst.
Biblische Anklänge:	„Wo euer Schatz ist, da ist auch euer Herz" (Matthäus 6,21), darum sollen wir alles das nicht aus den Augen verlieren, was keiner uns wegnehmen kann (Matthäus 6,19).
Vorlesezeit:	2 Minuten

Ewald schläft mit seinen beiden großen Brüdern zusammen in einem Zimmer. Die Brüder haben viele Sachen, die Ewald nicht nehmen darf. Das meiste steht hoch auf den Regalen oder auf dem Schrank, so daß Ewald nicht drankommen kann, nicht einmal zum Ansehen.

Ewald ist traurig.

Mutter fragt ihn, was er auf dem Herzen hat.

„Ich möchte auch etwas für mich alleine haben", sagt Ewald.

Mutter überlegt.

„Warte", tröstet sie ihn, „vielleicht weiß Vater heute abend Rat."

Ewald ist gespannt. Vater hat gesagt: „Mal sehen, was sich machen läßt."

Ewald hat bald Geburtstag. Ein wenig freut er sich schon. Die Eltern verraten nichts.

Zum Geburtstag bringt der Vater eine funkelnagelneue, große Kiste mit heim, so eine, die man auf den Boden stellen kann. Vater stellt die kleine Truhe vor Ewald hin.

„Da hast du deine Seemannskiste", lacht er. „Darin kannst du eine Menge verstauen. Und du kannst sie abschließen."

Er legt Ewald einen silberfarbenen Schlüssel in die Hand.

„Versuch's mal!"

Das läßt sich Ewald nicht zweimal sagen. Er steckt den Schlüssel ins Schloß, dreht ihn vorsichtig. Dann klappt er den Deckel hoch und lehnt ihn gegen die Wand.

„Danke, Vati!" ruft Ewald. „Da tu ich all meine Sachen rein."

Der Vater trägt die Kiste in das Zimmer der drei Buben. Mutter befestigt den Schlüssel an einer Halskette, die sie Ewald umhängt.

Der ist schon schwer beschäftigt: Sachen rein, Sachen raus, gestapelt, geordnet. Kiste zu.

Als die Mutter nach einiger Zeit nachsieht, sitzt Ewald auf seiner Kiste wie ein kleiner König auf seinem Thron. „Danke, Mutti!"

Sonja Matthes

Der Ring

Inhalt:	In der Mauer des Gasthauses „Zur Sonne" ist aus alten Zeiten ein Mauerring hängengeblieben. Der Enkel will wissen, wozu er gut war.
Symbolwort:	Ring
Was gezeigt wird:	Wie ein Ding zu erzählen beginnt und wie es zum Symbol wird. Es ist gut, die Verbindung zur Vergangenheit nicht abreißen zu lassen.
Biblische Anklänge:	„Der Gute wird vererben auf Kindeskind" (Sprüche 13,22).
Vorlesezeit:	7 Minuten •••

Mein Großvater war von Beruf Gastwirt und Bäcker. Über der Eingangstüre prangte ein schmiedeeisernes und vergoldetes Schild: Gasthaus zur Sonne. Das paßte zu ihm. Mein Großvater hatte nicht nur ein sonniges Gemüt, sondern er wirkte auch besonnen und liebevoll.

Ich mochte ihn sehr, denn er hatte viel Zeit für mich und ein großes Herz. Das Haus selbst war ungeheuer groß mit einem weiten Garten, der ins offene Feld mündete. Hinter der eigentlichen Wirtschaft konnte man durch den Tanzsaal toben, und unter dem Haus führte eine steile Treppe in einen besonderen Keller, der tief in die Felsen gehauen war. Die mannshohen, ringbereiften Holzfässer, in denen die Weine vergoren wurden, wirkten auf mich geheimnisvoll und bedrohlich zugleich, wie sie unter den feuchten Gewölben wie gewaltige Riesen hockten.

Dagegen war die Backstube hell und freundlich, wo es immer nach frischgebackenem Brot roch und der vom Sauerteig getriebene Laib in den dunklen Bauch des Backofens geschoben wurde.

Oft durfte ich selbst einen kleinen Teig kneten, der wurde dann in die Form gebettet, und ich durfte ihn mit der langen Stange selber einschießen. Er schmeckte auch viel besser als alle anderen, weil er selbstgemacht war.

Noch schöner war es, wenn mich Großvater um das Haus herumführte, mir die Blumen, Vögel und Schmetterlinge nach ihrer Art erklärte, bis wir wieder unter dem alten Wirtshausschild standen.

Zwischen den behauenen Sandsteinquadern waren dicke vierkantige Eisenpflöcke in die Fugen des Mauerwerks getrieben und daran waren im Abstand von ungefähr zwei Metern längsseits der gesamten Hauswand fingerstarke Eisenringe befestigt.

Es machte mir riesengroßen Spaß, diese Eisenringe der Reihe nach zu heben und gegen die Steine fallen zu lassen, weil jeder Ring anders klang, je nachdem in welcher Höhe er den Quader traf.

Ich hatte am Tag hundert Fragen, und am liebsten wollte ich wissen, wozu die Ringe an der Wand dienen sollten. Ich stellte die gleiche Frage immer wieder, bis mein Großvater dann endlich zu erzählen begann.

„Als ich noch so klein war wie du", so fing er an, „da standen hier nur das Gasthaus und die Kirche, und die gepflasterte Dorfstelle war gleichzeitig der Marktplatz, und in der Mitte gab es einen Brunnen mit kühlem Wasser. Du mußt dir vorstellen, daß hier noch drei hohe Lindenbäume standen und viele Bänke aufgestellt waren, damit sich die Leute ausruhen konnten, manche gingen weite Wege, denn es gab noch keine Autos.

Jeden Samstag also trieben die Bauern ihr Vieh, das sie verkaufen wollten, über den Platz, Pferde, Kühe und Kälber. Die Bullen führte man an glatten Nasenringen und pflockte sie an den Mauerringen fest. Die Pferde wurden nur lose angebunden, weil die Tiere wußten, daß sie hier zu warten hatten. Manchmal wurden sogar Ziegen verkauft, die meckerten dann gegen die Hauswand, wenn ihnen die Zeit zu lange wurde.

Es war sehr viel Leben auf dem Platz. Die Menschen verkauften Getreide, Blumen, Früchte, Rapsöl, Kartoffeln und Schafwolle. Wenn dann der Markt zu Ende war, fegten Frauen das Pflaster und die Männer tranken noch einen Schnaps auf den guten Handel. Danach waren die Mauerringe einsam und verlassen und der Platz wie ausgestorben. Die Bauern zogen mit ihrem Vieh nach Hause."

Mein Großvater erzählte diese Begebenheit gern, das spürte ich. Er fand darin ein Stück seines eigenen Lebens wieder. Er war vertraut mit den ganzen Bauern in der Umgebung, war vertraut mit ihren Gewohnheiten und schätzte sie und sie schätzten ihn. Jahre später, als die Landwirte von ihrem Vieh und ihren Produkten alleine nicht mehr leben konnten und zur Arbeit in die Stadt aufbrachen, verlor auch der Marktplatz seine Bedeutung, und mit den Jahren erinnerten nur noch die Mauerringe an das frühere Geschehen.

Das Pflaster wurde herausgerissen, die Linden wurden entwurzelt und die ganze Fläche asphaltiert, damit die Autos besser parken konnten. Diese Veränderung tat meinem Großvater weh. Und er litt stets von neuem, wenn er davon berichtete. Er hätte sich nicht wehren können, denn der Marktplatz gehörte nicht ihm. Als man schließlich den Brunnen stillegte und abtransportierte, schien es so, als wäre ein großer Teil von der Kraft des Großvaters versiegt.

Er übergab die Gastwirtschaft an seinen Sohn, meinen Onkel.

Man sah es, mein Großvater war müde und alt geworden, und sein Wort hatte nicht mehr so viel Gewicht wie früher.

Mein Onkel ließ alle Mauerringe, einen nach dem anderen, aus den Mörtelfugen herausstemmen und herausmeißeln, damit das Haus schöner, moderner und für viele Stadtgäste einladender wirken sollte. Als dies geschah, war mein Großvater dabei. Er erregte sich sehr. Er stützte seine Hände fest auf den Stock, damit man nicht sehen solle, wie sie zitterten.

Er stellte sich selbst vor den letzten und schönsten Mauerring und bat mit fester Stimme drohend und flehend zugleich, diesen einzigen im Mauerwerk belassen, als hinge seine eigenes Wohl und Wehe von diesem Eisenring ab. Großvater setzte sich durch, obwohl die Familie meines Onkels den Sinn seines Aufbegehrens nicht einsah.

„Es ist mein Wunsch", sagte er, „mein letzter Wille, daß der Ring bleibt, solange ich lebe. Seid geduldig, denn ich bin schon alt", meinte er tröstend, „und das Ende meines Weges ist abzusehen."

Er sagte dies ohne Bitterkeit. Ein halbes Jahr später starb er dann. Das ganze Haus war wie gelähmt, denn sie hatten ihn alle sehr gern gehabt. Jetzt, da er nicht mehr da war, spürte ich den Schmerz besonders stark.

Wenn genügend Zeit ins Land gegangen ist, dachte ich, wird Onkel den Ring aus der Mauer meißeln. Auch die Anverwandten ließen dies durchblicken, machten Andeutungen, daß man jetzt endlich den Ring entfernen könne.

Der Ring blieb.

Meine Freude darüber war sehr groß. Den Grund vermochte ich nie deutlich zu beschreiben. Eines Tages fragte ich meinen Onkel danach.

„Es ist eigenartig", meinte er, „je länger ich den Ring betrachte, desto vollkommener finde ich ihn. Er ist noch handgeschmiedet und ohne Anfang und Ende. Er wirkt in seiner Geschlossenheit wie eine Verbindung zwischen mir und meinem Vater. Er ist in seiner Form jene unendliche Wiederholung von Leben und Sterben. Solange ich lebe, wird er in der Mauer seinen Platz haben."

Das sagte er damals. Heute ist mein Onkel über achtzig Jahre alt. Meine eigenen Eltern sind beide schon gestorben. Der Ring aber besteht noch immer. Manchmal gehe ich an die Mauer und schlage das schwere Eisen rund gegen den Steinquader. Es entsteht ein festes und starkes Geräusch, in welchem eine lange Geschichte verborgen liegt.

Und dieses Geräusch hat etwas Tröstliches.

Kurt Hock

Der Ring meines Großvaters

Inhalt: Großvater hinterläßt einen Ring, dessen Bedeutung der Enkel erst
                   herausfinden muß.
Symbolwort: Ring
Nebenaspekt: Schatz
Was gezeigt wird: Mit einem Ding vererbt sich seine Bedeutung von Generation zu Ge-
                   neration. Der materielle Wert ist nicht so wichtig wie der geistige
                   Wert. Ein Symbol stellt Anforderungen.
Biblische Anklänge: Dasjenige Symbol, das über Hunderte von Generationen überliefert
                   worden ist und das immer wieder neu Aneignung forderte, ist das
                   Kreuz.
Vorlesezeit: 2 Minuten   ••

„Du darfst ihn nie verlieren, hast du gehört? Du mußt ihn gut aufbewahren",
sagte mein Vater, als er mir den Ring gab. Vater hatte noch nie so ernst mit
mir gesprochen. Er sagte mir, daß dieser Ring meinem Großvater gehört habe und daß er von großer Bedeutung für uns sei.
„Du hast deinen Großvater nicht mehr gekannt. Als er starb, warst du noch
sehr klein, und er hat dir diesen Ring hinterlasssen, weil er dich sehr liebte."
Das geschah vor etwa fünf Jahren. Seitdem bewahre ich den Ring in meinem
Koffer auf, und sooft ich meinen Koffer aufmache, lächle ich ihm zu und denke an meinen Großvater.
Schön und wertvoll ist mein Ring nicht, aber er hat eine große Bedeutung, ob-
wohl ich nicht weiß, welche. Mein Vater will mir nicht sagen, warum der
Ring so bedeutend ist; deswegen muß ich es wohl selbst herausfinden.
Mein Großvater hat diesen Ring selber angefertigt. In den zahlreichen Krie-
gen, die er mitgemacht hat, ist er sehr reich geworden. Er war ein Dorfober-
haupt mit vielen Frauen und Kindern. In seinem Haus hatte er viele schöne
Kunstgegenstände und zahlreiche wertvolle Dinge.
Obwohl er reich war, hat er mir diesen einfachen Ring hinterlassen. Wollte
er, daß ich einfach wie dieser Ring sei? Oder wollte er, daß ich ein Künstler
sei, wie er einer gewesen ist? Geheimnis... Aber ich denke, daß mein Großvater die Bedeutung dieses Ringes vor mir verborgen hat, weil er wollte, daß ich
sie selbst herausfinde, nach langem Nachdenken... Ja, er wollte, daß ich ein
richtiger Mann werde, ein Mann, der fähig ist nachzudenken, wenn er ein
schweres Problem zu lösen hat.
Es gibt viele Ringe, die schöner sind als der Ring meines Großvaters. Aber
keiner ist für mich so wertvoll wie er.

Aufsatz eines afrikanischen Schülers

Jens liebt Anna

Inhalt:	Sofie liest mit Begeisterung alles, was ihr vor die Augen kommt. Da entdeckt sie an einem Brückenpfeiler ein Zeichen, das sie noch nicht kennt.
Symbolwort:	Ring
Was gezeigt wird:	Wörter haben Bedeutungen, und Zeichen haben Bedeutungen. Der Ring hat weder Anfang noch Ende, er ist ein Zeichen für Dauer und Ewigkeit. Eheringe drücken den Wunsch nach einer dauerhaften Verbindung aus.
Biblische Anklänge:	„Kommt, wir wollen uns dem Herrn zuwenden zu einem ewigen Bunde, der nimmermehr vergessen werden soll!" Mit diesen Worten versprach das Volk Israel Gott aufs Neue die Treue (Jeremia 50,5).
Vorlesezeit:	3 Minuten •

Seit Sofie lesen kann, ist kein Buchstabe vor ihr sicher. Mitten im Reden stockt sie plötzlich, bekommt einen starren Blick und bewegt angestrengt ihre Lippen.

„Reiner Blütenhonig!" verkündet sie dann beispielsweise und ist unheimlich stolz, weil sie den merkwürdigen schwarzen Zeichen auf dem Etikett des Honigglases ihr Geheimnis entlockt hat.

Man kann nicht mehr mit ihr spazierengehen, ohne daß sie vor jedem Plakat, vor jedem Straßenschild und jeder Ladenaufschrift stehenbleibt und daran herumbuchstabiert.

Nur im Auto ist es schwierig. Sofie kann nicht so schnell lesen, wie Papa fährt. Vor allem auf der Autobahn.

„Ludwi – ", sagt sie. Da sind sie schon an dem großen blauen Schild vorbei.

„Jetzt hab' ich's nicht fertiglesen können!" beschwert sie sich.

„Es hieß Ludwigshafen", sagt die Mama.

Auf einmal gibt es einen Stau. Papa muß bremsen und herunterschalten. Jetzt geht es nur langsam vorwärts, und Sofie kann nach Herzenslust die Buchstaben auf den Nummernschildern der Autos lesen. Und die Namen auf den großen Lastwagen. Und die Sachen, die auf den Brückenpfeilern stehen. Auf dieser Strecke gibt es viele Brücken, damit die Bauern von der einen Seite auf die andere zu ihren Feldern kommen. Sofie hat allerhand zu lesen.

„Der Wald stirbt wirklich!!!" hat jemand mit blutroter Farbe an eine der Brückenmauern gepinselt. Die Mama seufzt sorgenvoll, als sie langsam daran vorbeirollen.

„Jens, Anna", liest Sofie auf der nächsten Brücke. Zwischen Jens und Anna sind zwei ineinander verschlungene Kreise gemalt.

„Was heißt das?" fragt Sofie.

In diesem Augenblick stockt der Verkehr völlig, und sie bleiben genau vor der Brücke stehen.

„Das heißt: Jens liebt Anna", erklärt die Mama.

Sofie guckt die beiden Kriese an.

„Sind das Buchstaben?" fragt sie verwundert.

„Es sind Zeichen – zwei Ringe ineinander", sagt Papa. „Wenn ein Mann und eine Frau sich lieben, schenken sie einander Ringe. Siehst du, wie Mama und ich!"

Er hält seine rechte Hand hoch, streift den Ehering ab und gibt ihn Sofie. Mama hat auch einen Ring, aber er geht nicht ab. Er sitzt fest auf ihrem Finger.

„Laß nur", sagt Sofie. Sie hat selber einen Ring – keinen Ehering, nur einen einfachen Blechring, den sie einmal in einem Überraschungsei gefunden hat. Den zieht sie ab und legt ihn zu Papas Ring auf ihre flache Hand. Wenn sie beide Ringe ein wenig übereinanderlegt, sehen sie aus wie die Kreise am Brückenpfeiler.

„Sofie liebt Papa", liest Sofie aus ihrer Hand vor und lächelt den Papa schelmisch von der Seite an. Sie fährt mit dem Finger die beiden Ringe nach, erst jeden einzeln, immer im Kreis, dann alle beide wie eine Acht.

„Das hört nie auf", sagt sie. „Das geht ewig rundum-und-um-und-um...".

Da setzt sich die Autokolonne wieder in Bewegung. Sofie gibt Papa schnell den Ring zurück. Jetzt muß sie aufpassen. Bestimmt gibt es draußen gleich wieder etwas Wichtiges zu lesen!

Renate Schupp

Der Brautkranz

Inhalt:	Angelo und Nicolo haben ihre Mutter bei einem Unfall verloren. Als sie ihren in Deutschland lebenden Vater besuchen, gibt er ihnen ein Päckchen auf die Rückreise nach Italien mit, dessen Inhalt sie auf das Grab der Mutter legen sollen.
Symbolwort:	Kranz
Was gezeigt wird:	Ein Symbol ändert seinen Ort im Leben – vom Hochzeitskranz zum Grabeskranz. Was ein Ding erzählt – und bewirkt.
Biblische Anklänge:	Als Zeichen dauernder Treue und Herrlichkeit wird der Kranz auf Gott selbst gedeutet in Jesaja 28,5. Als Zeichen des Sieges über Leiden und Tod wird ein Kranz in gänzlich entfremdeter Form gedeutet: die Dornenkrone Jesu.
Vorlesezeit:	5 Minuten •••

Die Sommerferien waren zu Ende. Angelo und Nicolo hatten sie bei ihrem deutschen Vater in Mannheim verbracht. Nun mußten die beiden Jungen nach Parma zurückkehren, wo sie bei den Eltern ihrer verstorbenen Mutter wohnten. Dort gingen sie auch zur Schule.

Der Vater fuhr seine beiden Söhne zum Bahnhof. Angelo, der Ältere, hatte die dunkle Haarfarbe und den zierlichen Körperbau seiner Mutter. Nicolo glich mit den blonden Haaren und den blauen Augen mehr dem Vater. Der Bahnsteig war fast leer. Zu dritt warteten sie auf den Nachtzug, der in wenigen Minuten eintreffen sollte.

„Grüßt die Großeltern von mir", sagte der Vater, „und legt dies hier auf das Grab eurer Mutter."

Damit steckte er einen kleinen, weißen Karton in die Provianttasche, die Nicolo trug. Als der Zug einfuhr, umarmte der Vater die beiden Jungen.

„Auf Wiedersehen!" riefen sie zum letztenmal aus dem Abteilfenster. Dann glitt der Zug aus der Halle in die Nacht hinaus.

Er war nur mäßig besetzt. So hatten Angelo und Nicolo ein Abteil für sich. Als der Zug mit steigender Geschwindigkeit freies Gelände erreichte, preßten die Jungen ihre Nasen gegen die Scheibe und suchten angestrengt mit ihren Blicken das Dunkel zu durchdringen. Angelo zeigte nach draußen.

„Hier ungefähr muß es gewesen sein. Die paar Lichter dort drüben – das ist das Dorf, in dem wir wohnten. Und hier vorn macht die Straße eine scharfe Biegung. Dort ist es passiert."

„Ich kann mich an nichts mehr erinnern", sagte Nicolo.

„Du warst damals noch ein Baby."

„Manchmal", sagt Nicolo träumerisch, „denke ich mir aus, wie alles so wä-

re, wenn unsere Mutter noch lebte und wir hier in Deutschland zur Schule gingen... Warum ist sie eigentlich in Parma begraben, obwohl sie doch hier gestorben ist?"
„Soviel ich weiß, bestanden die Großeltern darauf. Mutter wollte an jenem Unglückstag zu ihnen fahren. Ich erinnere mich, daß sie mit Vater stritt. Dann weinte sie, packte uns ins Auto und fuhr los. In der Biegung dort kam sie von der Straße ab und fuhr in den Graben. Daß wir beide am Leben geblieben sind, ist ein Wunder."
„Und Vater – wieso hat er Mutter nicht zurückgehalten?"
„Ich glaube, es ging ihm nicht gut damals. Möglich, daß es geschäftliche Probleme gab."
„Hat er niemals mit dir darüber gesprochen?"
„Nein."
„Er spricht überhaupt kaum von sich, erzählt nichts von früher. Er ist so – zugeknöpft."
Eine Fahrkartenkontrolle unterbrach das Gespräch. Als der Schaffner wieder gegangen war, kramte Nicolo im Proviantbeutel. Dabei fiel ihm das Päckchen in die Hände, das sein Vater beim Abschied dort hineingesteckt hatte.
„Das muß ein ziemlich kleiner Grabschmuck sein, den uns Vater da mitgegeben hat", meinte er. Der Bruder schlug vor, den Karton zu öffnen. So löste Nicolo die Verschnürung und nahm den Deckel ab. Zum Vorschein kam ein kleiner Kranz, der dicht mit rosa Blüten besteckt war.
„Was ist das?" fragte Nicolo verwundert.
Angelo nahm den Kranz vorsichtig aus der Schachtel und betrachtete ihn.
„Das ist ein Brautkranz", sagt er. „So' was tragen die Frauen im Haar, wenn sie heiraten."
Nicolo fuhr scheu mit dem Finger über die rosa Blüten. „Glaubst du, er ist von – Mutter?"
Angelo nickte.
„Bestimmt! Woher sonst? Vater hat ihn aufgehoben." Die Brüder sahen auf das duftige zarte Ding nieder und schwiegen.
„Er hat sie geliebt, nicht wahr?" fragte Nicolo. Angelo zuckte die Achseln. Er legte den Kranz in die Schachtel zurück und verschnürte das Päckchen, so gut er konnte.
„Er kann nicht darüber sprechen", sagte er schließlich. „Man erfährt es nur durch solche Dinge."
Nicolo verstaute das Päckchen wieder im Proviantbeutel. Dann streckten sich die Brüder auf den Sitzbänken aus und deckten sich mit ihren Jacken zu.

„Du", sagte Nicolo nach einer langen Zeit des Schweigens. „Ich mach's gleich morgen."

„Was?" fragte Angelo verschlafen.

„Den Kranz auf Mutters Grab legen."

Ingrid Abou-Rikab

Der erste Adventskranz

Inhalt:	Wie der Brauch des Adventskranzes entstanden ist.
Symbolwort:	Kranz
Nebenaspekt:	Kerze
Was gezeigt wird:	Die vier Kerzen auf dem Kranz weisen auf das Weihnachtslicht hin.
Biblische Anklänge:	„Das Licht scheint in der Finsternis, und die Finsternis hat's nicht begriffen" (Johannes 1,5)
Vorlesezeit:	3 Minuten ●●

Der evangelische Pfarrer Johann Hinrich Wichern, er lebte von 1808 bis 1881 in Hamburg, ist der Begründer des Rauhen Hauses und der Inneren Mission. Das Rauhe Haus wurde von ihm gegründet, um gefährdete Jungen von der Straße zu holen und in einem handwerklichen Beruf auszubilden. Über ihn und sein Werk berichtet jedes Lexikon. Daß aber in diesem Rauhen Haus auch der erste Adventskranz aufgehängt wurde, wissen nur die wenigsten. Zusammen mit den Jungen im Rauhen Haus feierte Pfarrer Wichern in jedem Jahr den Advent. Um die Mittagszeit lud er alle zu einer Kerzenandacht ein. Später verlegte er diese Andacht in den frühen Abend, wenn es dämmerig wurde. Sie hieß Kerzenandacht, weil von dem ersten Adventssonntag an jeden Abend eine Kerze mehr angezündet wurde, bis schließlich am Heiligen Abend dann alle Kerzen brannten. So bereitete er sich mit allen auf Weihnachten vor.

Ein Freund, der immer gern zu dieser Kerzenandacht kam, zimmerte ihm in einem Jahr einen großen Holzreifen von zwei Metern Durchmesser. Darauf fanden nun alle Kerzen ihren Platz. Und dieser Kerzenreifen wurde wie ein großer Kronleuchter im Versammlungsraum des Rauhen Hauses aufgehängt.

Seit langem schon wurden die Wohnstuben der Häuser im Advent mit festlichen Tannenzweigen geschmückt. So war es auch im Rauhen Haus. Aber eines Tages begannen die Jungen, den Holzreifen auch mit Tannenzweigen zu umwickeln. Das gefiel allen so gut, daß dieser Brauch Jahr für Jahr wiederholt wurde. Besucher des Rauhen Hauses waren so begeistert, daß sie zu Hause auch ihren Adventskranz banden. Das waren meist kleinere Kränze, auf denen nicht so viele Kerzen wie im Rauhen Haus untergebracht werden konnten. So beschränkte man sich auf die vier Adventssonntage, indem man an jedem Sonntag eine weitere Kerze anzündete.

Es brauchte einige Zeit, bis der Adventskranz vom Norden in den Süden Deutschlands kam. Erst 1930 (oder 1931) wurde in der Silvester-Kirche in München – erstmals in einer katholischen Kirche – der Adventskranz aufgehängt; in der Stiftskirche in Berchtesgaden 1935. Seit 1937 werden die Adventskränze, die zu Hause aufgestellt oder aufgehängt werden, am Samstag vor dem 1. Advent in der Kirche geweiht.

Heute ist für viele der Adventskranz mit seinen violetten oder roten Bändern und den dicken Kerzen für die Adventszeit so wichtig geworden, daß man meint, es gäbe ihn schon viele hundert Jahre lang.

Rolf Krenzer

Das Adventslicht

Inhalt:	Eine alte Frau nimmt von einer Adventsfeier einen Kerzenrest mit nach Hause; sie steckt ihn an und entzündet an ihm eine weitere Kerze.
Symbolwort:	Licht
Nebenaspekt:	Advent, Weihnachten
Was gezeigt wird:	Wie es ist, Licht zu empfangen, Licht zu entzünden und Licht zu bewahren. Lichtbringer und Lichtträger sein. Mit Licht kommt Hoffnung.
Biblische Anklänge:	Wir selbst sind das Licht der Welt und sollen leuchten für andere (Matthäus 5,14-16).
Vorlesezeit:	3 Minuten ••

Ob sie das vielleicht nach Hause nehmen dürfte, fragte sie und hielt den kleinen Kerzenständer aus Stanniol, der auf ihrem Tisch gestanden hatte, in ihren alten zittrigen Händen. Die Kinder hatten die Kerzenständer für die Altenfeier im Pfarrsaal gebastelt, und die Kerze darin war fast heruntergebrannt.

Frau Heldmann nickte ihr freundlich zu. Dann wandte sie sich wieder der Arbeit zu, die sie mit anderen Frauen heute nachmittag übernommen hatte. Sie legte die übriggebliebenen Kuchenstücke zusammen auf einen Teller und stellte dann die Kaffeetassen ineinander. Eine Stunde würden sie noch brauchen, bis alles wieder gespült und aufgeräumt war.

Die alte Frau verpackte den Stanniolständer mit dem winzigen Kerzenrest sorgsam in ihrer Handtasche und ging dann mit müden Schritten dem Ausgang zu. Man hatte ein Taxi für sie bestellt, damit sie sicher und bequem nach Hause käme.

Später stellte sie das kleine Licht dort zu dem Platz, an dem sie nun seit über drei Monaten allein ihr Essen einnahm. Sie kochte sich einen Tee und zündete die kleine Kerze wieder an, bevor sie sich davorsetzte. Eigentlich hatte sie in diesem Jahr mit Advent und Weihnachten nichts im Sinn gehabt. Seitdem ihr Mann im Herbst gestorben war, war ihr ihre Einsamkeit von Tag zu Tag schmerzlicher bewußt geworden. Die Kinder waren weit weg. Sicher würden sie sie zu Weihnachten einladen. Aber sie war sich nicht sicher, ob sie diese Einladung annehmen würde. Sie war Weihnachten noch nie von zu Hause fort gewesen. Der Schmerz war noch zu groß. Damit wollte sie Weihnachten niemanden belasten. Hier zu Hause hatte sie nichts vorbereitet, was auf Advent oder Weihnachten hindeutete. Nein, sie wollte möglichst wenig von der vorweihnachtlichen Zeit mitbekommen, um das Alleinsein nicht noch härter zu empfinden. Nur zögernd hatte sie die Einladung der Kirchengemeinde zur Altenfeier angenommen. Und das auch erst, nachdem sie zweimal bei ihr gewesen waren und sogar das Taxi versprochen hatten.

Jetzt blickte die alte Frau in die fast ausgebrannte Kerze und erinnerte sich daran, wie schön der Nachmittag doch gewesen war. Seit langer Zeit hatte sie wieder einmal gelacht, als die Kinder das Spiel von der verlorenen Nikolausmütze spielten. Sie hatte sich an Zeiten erinnert gefühlt, als ihre eigenen Kinder noch klein waren, als sie noch eine richtige Familie waren. Als ihr bewußt wurde, daß die Kerze am Ausbrennen war, stand sie schnell auf und suchte in einer Schublade nach einer anderen. Und als sie sie in den kleinen Ständer steckte und anzündete, da spürte sie deutlich, daß dieser Tag anders war als all die Tage vorher. Ein bißchen freudiger, hoffnungsvoller.

Später rief sie ihrer Tochter in Hamburg an. Sie erzählte von der Adventsfeier, berichtete von dem Spiel der Kinder und von dem kleinen Kerzenständer, den sie mit nach Hause genommen hat. Und als ihre Tochter sie fragte, ob sie nicht doch an Weihnachten zu ihnen kommen wollte, da wehrte sie nicht mehr ab, sondern fragte: „Wird es nicht zu eng bei euch, wenn ich komme?"

Rolf Krenzer

Durch den Schmerz sehen

Inhalt:	Eine Kerze steht auf einem schönen Leuchter und wird angezündet. Ein Nachtfalter nähert sich ihr und verbrennt.
Symbolwort:	Licht (Kerze)
Nebenaspekt:	Flamme
Was gezeigt wird:	Die positive und die negative Bedeutung der Flamme. Der Schmerz, sich aufzuopfern, und der Schmerz, unbeabsichtigt zu töten. Licht, das Glanz verbreitet und ins Verderben lockt.
Biblische Anklänge:	Das Wort Gottes als verzehrendes Feuer (Hebräer 12,19), aber die Feuerflammen des Heiligen Geistes bauen auf.
Vorlesezeit:	3 Minuten ●●●

Schlank und weiß stand die Kerze auf ihrem zierlichen, aus Silber gestalteten Leuchter. Sie war die schönste Kerze im Raum, denn außer ihr gab es keine. Sie wartete und glaubte fest, daß ihre Bestimmung nicht darin bestand, nur da zu sein. Sie ahnte, daß sie irgendwann ihre reine, weiße Gestalt verlieren würde. Ein wenig Angst befiel sie. Etwas enger schmiegte sie sich an ihren silbernen Halt.

In einer Dämmerung kam ein Mensch und entzündete ihren Docht. Ein heißer Schmerz durchlief die Kerze, und sie bildete eine Träne. Nach einer Weile weinte sie in sich hinein, und schon bald lief ein Wachstropfen an ihrem schlanken weißen Leib hinunter.

Als die Kerze den ersten brennenden Schreck überwunden hatte, empfand sie etwas Wunderbares: Durch ihren Schmerz konnte sie sehen. Sie sah glänzende Dinge, erblickte sich als etwas herrlich Leuchtendes in einem Spiegel, strahlte in viele Winkel und schuf Schatten.

Die Kerze erkannte ihre wahre Bestimmung und begann, den Schmerz als eine Notwendigkeit anzusehen. Auch lernte sie verstehen, daß diese Flamme sie langsam, aber sicher zerstörte. Da sie aber nun leben und sehen konnte, ertrug sie auch die eigene Vernichtung.

Ein Fenster war offen in dieser Nacht, und ein Nachtfalter, angelockt durch das Licht, flatterte durch das Zimmer.

Ganz entzückt verfolgte die Kerze die auf und ab huschenden Schatten an den Wänden. Als der Nachtschwärmer näher und näher kam, wünschte sich die Kerze, daß er sie besuche.

Verführt durch das lockende Licht, tauchte der Nachtfalter in die Flamme und verbrannte. Erschrocken und verzweifelt verlöschte die Kerze.

In stumpfer Blindheit versuchte sie fassungslos, zu begreifen, daß ihr flak-

kerndes Auge nicht nur sie selbst vernichtete, sondern auch alles, was ange-
lockt durch das Geheimnis des Lichtes sie streifte.
Die Kerze verabscheute sich selbst und beschloß, nicht mehr leuchten zu wol-
len.
Schon nach einigen Tagen aber sehnte sie sich nach dem Schmerz des Lichtes.
Sie war bereit, alles auf sich zu nehmen, wenn sie nur wieder sehen und strah-
len durfte.
Bald kam wieder der Mensch, entzündete sie, und majestätisch erhellte die
Kerze den Raum.
Nur wenn ein Falter kam, sich verbrannte und starb, weinte sie eine Träne
mehr als gewöhnlich.

Tilman Röhrig

Festtage

Inhalt:	In einem Lager feiern jüdische Kinder trotz Verbotes das Chanukka-fest (Lichterfest, Tempelweihfest).
Symbolwort:	Licht (Kerze)
Was gezeigt wird:	Brauchtum und Bedeutung des Chanukkafestes. Die Abhängigkeit des Menschen von Symbolen als Hoffnungsträgern. Die Kraft, die von Symbolen ausgehen kann.
Biblische Anklänge:	Die Geschichte Israels während der Wüstenzeit.
Vorlesezeit:	3 Minuten •••

Weiß der Kommandant, daß die Juden ihr Judentum nicht nur im Herzen
durch die Welt tragen, sondern es in diesem Lager offen oder heimlich so
stark leben und beleben, wie sie es in der Freiheit nicht getan haben? Wenn
er es weiß, dann ahnt er jedenfalls nicht, wie unantastbar sie das macht. Wer
läßt seinem Feind die stärksten Waffen und nimmt ihm lediglich ab, was un-
wichtig ist, – das bißchen Freiheit, das bißchen Besitz, das bißchen äußerli-
che Würde, das bißchen Gesundheit, das bißchen Leben?
In der Kinderbaracke sind alle eifrig an der Arbeit.
Die Chanukka, das achttägige jüdische Tempelfest, soll andächtig begangen,
die Menora, der achtarmige Leuchter, im Eßsaal aufgestellt und mit Kerzen
das Wunder der Befreiung aus einer Unterdrückung gefeiert werden, die
ebenso schwer war wie die heutige.
Da scheint der Kommandant auf einmal zu begreifen, welche Kraft Lichter

auszustrahlen vermögen. Am ersten Abend der Chanukka ergeht der Befehl:
Es darf kein Fest gefeiert werden, aus welchem Anlaß auch immer, ganz
gleich ob es ein jüdisches oder ein christliches Fest ist.
Die Menora brennt schon, als das Verbot kein Gerücht mehr ist, sondern öf-
fentlich verkündet wird. Der erste Abend ist ein Fest des Lichtes gewesen, das
kann nicht mehr zunichte gemacht werden. Doch morgen, wenn zwei Kerzen
brennen sollten, und die ganze nächste Woche hindurch, wenn die Reihe der
Kerzen auf acht anwachsen müßte...
Die Kleinen rechnen nicht weiter als bis heute. Die Größeren gehen betrübt
zu Bett, sie denken an das Fest, das ihnen genommen werden soll. Und dann
gibt es eine kleine technische Panne, wie sie jederzeit und überall eintreten
kann: Am nächsten Tag ist die elektrische Leitung gestört, im ganzen Lager,
in der näheren Umgebung und auch draußen in der Villa des Kommandan-
ten. Alles ist dunkel. Das darf nicht sein, wo Hunderte von Menschen durch
überfüllte Baracken irren, wo große und kleine Kinder bis unter die Decke in
den mehrstöckigen Betten der Schlafsäle gestapelt sind. Es muß Licht gemacht werden. Heller als vorher, da sie von den elektrischen Lampen über-
strahlt wurden, leuchten zwei Kerzen durch die Finsternis des weiten Saales
und verbreiten festlichen Glanz auf den ergriffenen jungen Gesichtern.
Es ist der zweite Abend der Chanukka.
Wie schwierig ist es, gegen die unfaßbare Kraft zu kämpfen, die von ein wenig Kerzenlicht ausstrahlt!

Clara Asscher-Pinkhof

Wieder ist Ostern

Inhalt:	Marios Eltern wollen sich trennen, und er soll entscheiden, bei wem er bleiben will. Dem Jungen zuliebe besuchen sie zusammen einen Ostergottesdienst.
Symbolwort:	Licht (Kerze)
Nebenaspekt:	Ostern
Was gezeigt wird:	Liebe kann erlöschen. Die Kerze als Hoffnungszeichen.
Biblische Anklänge:	„Laßt euch versöhnen mit Gott!" (2. Korinther 5,20) Aber: Ist Versöhnung einfach herstellbar? Schütteln wir den Staub von den Füßen, wenn alle Mühe umsonst und alle Liebe vergeblich ist (Matthäus 10,14)?
Vorlesezeit:	6 Minuten •••

Im vorigen Jahr hatten die Eltern Mario zum ersten Mal zur Feier der Osternacht mitgenommen. Er vergaß diese Nacht das ganze Jahr lang nicht. Damals vor einem Jahr war alles noch anders gewesen. Damals stritten sich die Eltern zwar auch schon oft, aber sie beruhigten sich immer wieder, und immer wieder gab es eine Versöhnung. Mario hatte geglaubt, daß Streit und lautes Schreien einfach zu seinen Eltern gehörte, Teil von ihnen war, damit die Versöhnung anschließend inniger und herzlicher würde. Er wartete auf diese Augenblicke der Versöhnung und war glücklich, wenn sie dann eintraten. Glücklich, weil sie alle drei dann wieder eine Einheit waren, Vater, Mutter und er.

Aber im letzten Jahr war die Versöhnung ausgeblieben. Sein Vater ging schweigend fort und kam ebenso zurück, sprach mit der Mutter nur das Allernötigste und blieb seit einigen Wochen auch tagelang ganz außer Haus. Seine Mutter wurde auch immer schweigsamer.

Mario spürte, daß etwas zwischen ihnen war, das sie nicht ausräumten, das die Versöhnung aussichtslos machte.

Doch sie sprachen mit ihm nicht darüber. Hilflos stand er ihren Auseinandersetzungen und ihrem Schweigen gegenüber. Er war viel allein in seinem Zimmer, lauschte ängstlich, was geschah, wenn der Vater heimkam, versuchte nichts zu hören, und hörte es doch, was zwischen seinen Eltern jetzt so häufig geschah: Schreien, Weinen, Türenknallen und Schweigen. Endloses Schweigen.

Vor einigen Wochen hatten sie mit ihm gesprochen. Das Wort Trennung, das er aus manchen Streitigkeiten der Eltern, im Zorn ausgestoßen, bereits kannte, wurde ihm nun ganz sachlich und ruhig erklärt. Zu sachlich. Zu ruhig. Er

sollte sich auch entscheiden dürfen, zu wem von ihnen er gehen möchte. Wer
ihm bliebe, und wer von ihm fortginge. Alles sollte er ganz allein entscheiden,
weil sie ihn, wie sie sagten, beide so liebten.
Er blickte sie mit traurigen Augen an und konnte sich nicht entscheiden. Wie
sollte er auch! Er hatte doch beide so lieb und wollte bei beiden bleiben. Sie
setzten ihm schließlich eine Frist. Samstag nach Ostern.
Und weil sie wohl spürten, wie schwer ihm das alles war, gaben sie schließlich
nach und gingen mit ihm in der Nacht vor Ostern zur Kirche, beide. Er fühlte,
daß keiner von beiden gern mitging.
Aber weil sie ihn liebhatten, sagten sie ja. Sich selbst hatten sie nichts mehr
zu sagen.
Schweigend standen sie um das Osterfeuer vor der Kirche. Er stand zwischen
ihnen und spürte die Wärme, die von ihnen ausging. In dieser Wärme hatte
er sich bisher immer wohlgefühlt, hatte sich in sie hineingekuschelt, hatte
sich von ihr tragen und bergen lassen, war in ihr geborgen gewesen.
Sie standen nebeneinander und berührten sich nicht. Aber er stand zwischen
ihnen, spürte beide und war Teil von ihnen, Brücke von seinem Vater zu seiner Mutter. Eine Brücke, die sie wohl kaum so bemerkten, begriffen.
Gemeinsam zogen dann alle in die dunkle Kirche ein. Er drängte sich an beide, und sie gaben ihm ihre Hände. Er ging zwischen ihnen. So war es bisher
immer gewesen. Die Mutter an einer Hand, den Vater an der anderen. Voriges Jahr war es genauso gewesen. Und jetzt? Er drückte die Hände seiner Eltern fester. Der Druck seiner rechten Hand war genauso stark wie der Druck
seiner linken. Er spürte, daß sie ihm den Händedruck zurückgaben. Beide
hatten ihn lieb. Aber weiter als zu ihm reichte es nicht, nicht mehr.
Als die Osterkerze angezündet wurde, ging die Freude, die dieses kleine Licht
auslöste, auf alle über. Mario fühlte sich von dieser Freude mitgetragen, die
alle erfaßte, die um ihn herum standen.
Es war wieder Ostern!
Sie nahmen die Kerzen und gaben das Licht, das von der dicken Osterkerze
ausging, weiter. Immer mehr Kerzen brannten. Immer heller wurde es in dem
Gotteshaus. Die Orgel spielte. Ein Osterlied erklang, in das alle freudig ein-
stimmten. Als Marios Kerze brannte, wollte er das Licht weitergeben. Aber
wem zuerst? Seiner Mutter? Seinem Vater? Beide blickten ihn an. Sie würden
es als Zeichen nehmen, befürchtete er.
So hielt er das brennende Licht vor sich, schaute beide an und war nicht fähig,
es weiterzureichen. Sie hielten ihre Kerzen in der Hand und warteten auf das
Licht, das angezündet werden sollte, weil doch jetzt Ostern war.
Endlich sahen sie sich an, blickten sich in die Augen und kamen dann mit ih-

ren Kerzen zusammen auf Marios Kerze zu. Gleichzeitig zündeten sie die
Kerzen an seiner Kerze an.
„Fröhliche Ostern!" sagten sie leise und legten ihre Arme um ihn, drückten
ihn an sich, beide zur gleichen Zeit. Und weil sie so eng beieinander standen,
mußten sie sich berühren.
Bewegungslos stand Mario zwischen ihnen und schützte sein Licht ganz behutsam mit seinen Händen. Wenn diese Osternacht doch nie zu Ende ginge!

Rolf Krenzer

Wie Nikola das Osterfeuer brachte

Inhalt: Nikola lädt seine Freunde zu einem griechisch-orthodoxen Ostergot-
                   tesdienst ein.
Symbolwort: Licht (Kerze)
Nebenaspekt: Ostern
Was gezeigt wird: Wie der griechisch-orthodoxe Ostergottesdienst gefeiert wird. Was
                   das Osterfeuer bedeutet.
Biblische Anklänge: Die Ostergeschichten
Vorlesezeit: 6 Minuten   •••

Wenn unser Diener Abdu in Kairo die Einkäufe für unsern Haushalt beim
Griechen Drakidis machte, hatte er oft so viel zu schleppen, daß Nikola, der
kleine Sohn des Kaufmanns, ihm tragen helfen mußte. Nikola tat es gern. Abdu konnte viel erzählen. Außerdem fiel meistens eine kleine Belohnung für
den eifrigen Träger ab. Das beste dieser Botengänge aber war für Nikola der
Augenblick, wo er am Tor noch einmal haltmachte und in den Garten hinein-
schaute. Sehnsüchtig sah er unseren Kindern zu, die dort schaukelten und
spielten. Er, der kleine Arbeiter, spielte nie.
Die Kinder sahen eines Tages seine sehnsüchtigen Blicke und holten ihn auf
die Schaukel. Dies Fliegen durch die Luft wurde nun zu regelmäßigem Lohn
und Beschluß seiner Botengänge bei uns und führte zu einer herzlichen
Freundschaft mit ihm.
Als das Osterfest kam, versteckten die Kinder ein Nest mit süßen Eiern, und
Nikola mußte es suchen. Ganz gerührt war er, als er uns dankte. Nachdenk-
lich sah er auf die Eier. Dann sagte er mit einem Aufleuchten in den Augen:
„Ich bringe euch das Osterfeuer", und blitzschnell war er davon.
Nach einigen Tagen, als es wieder etwas zu tragen gab, überreichte er uns

stolz einen Brief seines Vaters. Dieser forderte uns auf, die griechische Osternacht, zehn Tag nach unserem Fest, mit ihm und seiner Familie zu feiern.
„Meinst du diese Einladung, als du vom Osterfeuer sprachst, das du uns bringen wolltest?" fragten wir ihn.
„Ihr werdet sehen, ich bringe es euch", war seine geheimnisvolle Antwort.
Am Samstag gegen elf Uhr abends ist der Weg in das Boulakviertel, in dem die
griechisch-orthodoxe Kirche liegt, schwarz von Menschen. Sie alle haben
dasselbe Ziel. Ein buntbenähtes Festzelt prangt am Eingang zum Kirchen-
grundstück, und hier treffen wir auch unseren Kaufmann mit seiner Familie.
Von Nikola aber ist noch nichts zu sehen. Für jeden von uns kauft Herr Drakidis eine lange, festliche Kerze, und nachdem wir ausgiebig mit Weihwasser
besprengt worden sind, treten wir vom Zelt in den weiten Hof vor der Kirche.
Es wimmelt von Menschen. Alle tragen eine Kerze bei sich und haben frohe
Gesichter. Der Nachthimmel über uns mit großen, leuchtenden Sternen ist
wie durchsichtiges Glas, und aus irgendeinem Garten kommt der süße Duft
von Orangenblüten.
Es ist gar nicht leicht, in die Kirche vorzudringen. Viele Menschen stehen
wartend da. Sitze gibt es in dem Raum nicht. Aber unser Grieche ist geschickt
und bringt uns bis in die Nähe der Bilderwand, hinter der der Altarraum liegt.
Durch die geöffnete Mitteltür können wir den Altartisch erkennen. Und nun
treten Priester aus der Tür, voran der Bischof. Er hat ein weißes, goldbestick-
tes Gewand an, und mit einer goldenen Krone auf dem Kopf sieht er wie ein
König aus. Die farbigen Steine im Gold leuchten ab und zu funkelnd auf. Die
Priester kommen und gehen. Sie bringen dem Bischof den langen, oben um-
gebogenen, goldenen Stab. Sie tragen die Bücher herbei, aus denen sie lesen
und im Wechsel mit einem Chor singen. Das Weihrauchfaß wird gebracht
und der Weihrauch. Kleine Chorknaben haben die Gegenstände den Prie-
stern gereicht und nehmen sie ihnen später wieder ab.
Da erkennen wir plötzlich unter ihnen unsern Nikola. Ganz verändert sieht
er aus in dem festlichen, blauweißen Gewand.
„Es sind unsere Landesfarben", flüstert uns Herr Drakidis zu.
Ernst und andächtig sieht das sonst so vergnügte Jungengesicht aus. Als er
aber das Weihrauchfaß in der Hand hat und uns bemerkt, schwenkt er es
schnell zum fröhlichen Gruß zu uns herüber.
Der Gottesdienst ist ernst, die Gesänge sind traurig: Jesus liegt im Felsengrab.
Plötzlich verdunkelt sich die Kirche. Nur einige spärliche Lampen brennen.
Die Priester verschwinden hinter der Bilderwand, und die große Mitteltür
schließt sich. Die Chorknaben stehen davor im dunklen Schatten. Der Chor
schweigt. Lautlose Stille herrscht im großen Kirchenraum. Da dröhnen vom

hohen, freistehenden Glockenturm die zwölf Schläge der Mitternacht. Es ist, als hielten alle Menschen den Atem an. Was wird jetzt kommen?
Nach dem letzten Glockenschlag springt die große Mitteltür weit auf. Heller Lichtschein dringt in die Kirche, und der Bischof tritt heraus, in den Händen eine mächtige, brennende Wachskerze mit großer Flamme. Er hebt sie hoch über sein Haupt und ruft mit lauter, feierlicher Stimme in die harrende Menschenmenge die Jubelbotschaft hinein:
„Christos anesti – Christ ist erstanden!"
Und von der Jubelantwort der ganzen riesengroßen Gemeinde erbebt fast die Kirche.
„Alethinos anesti – Er ist wahrhaftig auferstanden!" rufen und frohlocken sie.
Im nächsten Augenblick ist Leben und Bewegung im ganzen Raum. Priester und Chorknaben eilen auf den Bischof zu und entzünden ihre Kerzen an dem großen Osterlicht. Sie tragen es weiter in die Gemeinde.
Nikola steht plötzlich vor uns. Sein ganzes Gesicht leuchtet.
„Ich bringe euch das Osterfeuer! Christos anesti" und er entzündet unsere Kerzen. „Alethinos anesti, Nikola."
Er umarmt Vater und Mutter und schüttelt uns die Hände. Das Osterfeuer wird von Kerze zu Kerze weitergegeben. Immer heller wird der Kirchenraum. Immer wieder ertönt der österliche Jubelruf, und immer wieder liegen sich Verwandte und Freunde in den Armen. So groß ist die Osterfreude! Kleiner Nikola, du hast uns ein wunderbares Ostergeschenk gemacht.

Heti Karig

Auch ein Leben

Inhalt: Kinder finden einen toten Igel und beerdigen ihn. Auf das Grab stel-
                     len sie ein Kreuz.
Symbolwort: Kreuz
Was gezeigt wird: Die geläufige Verbindung von Grab und Kreuz. Kreuz als Ausdruck
                     dafür, daß wir nichts mehr tun können.
Biblische Anklänge: Das Begraben als Ausdruck der Verbindung mit der Erde: Trennung
                     von den Lebenden, Vereinigung mit den Toten (Familiengrab, z.B. in
                     1. Mose 23,20).
Vorlesezeit: 2 Minuten   •

Hinter den Häusern, gleich oben am Wald, standen zwei alte, krumme Kiefern. Für die Kinder waren es die schönsten Kletterbäume. Der schmale Weg
dort hinauf lief ein Stück weit an einer stark befahrenen Straße entlang. Auch
heute gingen ihn die Kinder im Gänsemarsch, als plötzlich eins von ihnen ste-
henblieb. Es stieß etwas mit dem Fuß an und bückte sich. Die anderen drei
kamen heran und sahen den Igel jetzt auch. Er schien nicht verletzt zu sein.
Aber die Kinder wußten sofort, daß er tot war.
Der Größte wollte ihn mit einem Fußtritt auf den Acker befördern, aber der
Jüngste hielt sein Bein fest. Er beugte sich tief über das Tier und sah zum ersten Mal die feine weiche Nase. Die langen braungrauen Stacheln zitterten,
als er sie vorsichtig berührte.
„Wir wollen ihn im Wald begraben," sagte er.
Eins von den Mädchen zog sich die Jacke aus und wickelte den Igel hinein. Sie
trugen ihn bis zu dem lockeren Waldboden. Mit Stöcken und Händen gruben
sie alle ein Loch. Es wurde viel zu groß. Gras wurde hineingeschichtet und
lange, grüne Nadeln von den Kiefern. Rindenstücke ergaben einen Sarg, und
schließlich formten die Kinder einen Grabhügel. Am Waldrand fanden sie
Margeriten und gelbe und blaue Blumen und steckten sie zu Sträußen zusammen.
Endlich war alles fertig, und sie standen um das kleine Grab herum. Da sagte
der Jüngste:
„Es fehlt noch ein Kreuz."
Alle suchten. Es fanden sich zwei glattgeschälte helle Äste. Sie wurden mit
langen Gräsern zusammengebunden. Ein Mädchen steckte das Kreuz auf das
Grab. Mehr konnten sie für den kleinen Igel nicht mehr tun.

                                                                      Gretel Fath

Ein Kreuz für Mimi

Inhalt:	Steffi beerdigt ihre tote Katze Mimi und stellt ein Kreuz auf das Grab. Der toten Ratte aber, die sie drei Tage später findet, verweigert sie das.
Symbolwort:	Kreuz
Was gezeigt wird:	Die Hemmung, auf das Grab von „Bösen" ein Kreuz zu stellen.
Biblische Anklänge:	Christus ist für uns Gottlose gestorben (Römer 5,6).
Vorlesezeit:	2 Minuten

Heute ist ein trauriger Tag für Steffi. Ein sehr trauriger Tag. Denn heute morgen ist Mimi gestorben. Mimi, das ist Steffis Katze. Mimi hatte ein schwarzes Fell mit weißen Flecken. Steffi kann sich nicht erinnern, jemals ohne Mimi gewesen zu sein, so lange lebt Mimi schon in Steffis Familie.

Heute morgen lag Mimi in ihrem Körbchen und bewegte sich nicht mehr. Steffi streichelte sie und versuchte, ihr gut zuzureden, aber das half alles nichts. Mimi ist tot.

Steffi geht in den Garten und gräbt mit ihrer roten Schaufel ein Loch, hinten an der Mauer, wo keine Blumen stehen. Dann nimmt sie das alte Frotteetuch, mit dem Mimi so gerne spielte, und wickelt Mimi darin ein. Sie legt sie in das Loch und häuft vorsichtig Erde darüber. Das gibt einen kleinen Hügel. Der Hügel sieht sehr trostlos aus: nur braun und kahl.

Steffi reißt ein paar Gänseblümchen aus, die auf dem Rasen blühen, und legt sie auf den Hügel. Aber besonders schön sieht das auch nicht aus. Selbst die zwei Tulpen, die Steffi im Beet gepflückt hat, helfen hier nicht viel.

Da hat Steffi eine Idee.

Sie rennt ins Haus und holt einen Bindfaden. Dann sucht sie im Garten zwei dünne Äste. Sie müssen gerade gewachsen sein, und einer muß etwas länger als der andere sein. Endlich findet sie zwei Äste, die ihr gefallen. Sie reißt die Blättchen und Seitentriebe ab, bis sie zwei glatte Stöckchen hat.

Das größere Stöckchen steckt Steffi auf den Hügel, genau über der Stelle, wo Mimi jetzt liegt. Mit dem Bindfaden bindet sie das kleinere Stöckchen quer am größeren fest. Das ist nicht einfach. Endlich gelingt Steffi der Knoten. Jetzt steht ein Kreuz über Mimi. Steffi ist zufrieden.

Als drei Tage später in der Garage eine tote Ratte liegt und Opa sie im Garten vergräbt, überlegt Steffi kurz, ob sie wieder ein Kreuz basteln soll.

„Nein", denkt sie, „nicht für die Ratte. Ratten sind scheußlich."

Aber irgendwie hat sie dabei ein schlechtes Gewissen.

Beate Weise

Etwas Unwiderrufliches

Inhalt:	Nicky verunglückt beim Schlittenfahren tödlich. Seine Freunde setzen an die Unfallstelle ein kleines Holzkreuz.
Symbolwort:	Kreuz
Nebenaspekt:	Stein
Was gezeigt wird:	Kreuze zeigen den Tod an. Manche erzählen Geschichten und verraten Namen. Kreuze können betroffen machen. Es gibt „Stolpersteine", „Steine des Anstoßes": Wir stoßen daran und stoßen auf etwas anderes, vielleicht auf ein Geheimnis.
Biblische Anklänge:	Gedenkzeichen waren in biblischer Zeit Steine; sie bewahrten die Erinnerung an Gottesbegegnungen und Rettungen (z.B. in Josua 4).
Vorlesezeit:	5 Minuten ●●

An einem Wintertag, wie man ihn sich schöner und strahlender nicht denken kann, flog Nicky Thürauf beim Schlittenfahren aus der Kurve, stürzte und schlug mit dem Hinterkopf hart auf einen Stein. Es war der einzige Stein weit und breit, ein vergessener alter Grenzstein, der ohne Sinn und Nutzen in der Wiese stand.

Jan und Mareike, die zusammen die Schlittenbahn hochkamen, sahen Nicky im Schnee liegen. Ein wenig sonderbar lag er da neben seinem umgekippten Schlitten und rührte sich nicht.

„He, Nicky!" riefen sie ihm zu. „Steh doch auf!"

Als Nicky keine Antwort gab, stellten sie ihre Schlitten an den Rand und stapften zu ihm hin, um ihm wieder auf die Beine zu helfen.

Nicky hatte die Augen weit aufgerissen und sah ganz erstaunt aus. Neben ihm im Schnee lag ein roter Anstecker mit der Aufschrift STOP. Den hatte er beim Sturz verloren. Mareike bückte sich und hob ihn auf.

Jan berührte Nickys Schulter und sagte ängstlich:

„Du, was ist denn? Sag doch was!"

Er rüttelte ihn ein bißchen, aber plötzlich fuhr er hoch und rief mit einer Stimme, die sich vor Schreck überschlug:

„Er blutet ja! Schau doch! Er blutet!"

Unter Nickys Kopf sickerte Blut hervor und färbte den Schnee rot. Entsetzt starrten die Kinder auf den roten Fleck, der sich unaufhaltsam ausbreitete. Und sie erschraken bis in die Tiefe ihrer Herzen.

Alles, was danach kam, das Laufen und Schreien, der Krankenwagen, der mit Blaulicht angerast kam, die aufgeregten Stimmen: Wer? Wer ist es? Wer hat es gesehen? Wer sagt es den Eltern? Wer? Wer? – all das erlebten sie wie hinter einem Nebel. Aber niemals vergaßen sie dieses tödliche Erschrecken und den furchtbar klaren Augenblick, in dem sie begriffen, daß etwas Unwiderrufliches geschehen war.

Viele Wochen später, als der Schnee geschmolzen war und die Menschen sich längst mit anderen Aufregungen beschäftigten, wanderte an einem Sonntagnachmittag eine Familie vom Wald herab dem Dorf zu. Da kamen sie an einem Kreuz vorbei, das ein wenig abseits vom Weg in der Wiese stand. „Was ist das?" fragte das Mädchen. „Das war doch sonst nicht hier." Sie blieben stehen. Das Kreuz war klein, kaum höher als das Sommergras, schmucklos aus zwei Holzlatten zusammengenagelt. Wo die beiden Latten sich kreuzten, waren unbeholfen ein Name und ein paar Zahlen ins Holz geritzt; darunter – mitten durchs große O genagelt – ein roter Anstecker aus Blech mit der Aufschrift STOP. Eine Kette aus frischen Margeriten und Butterblumen wand sich um die Mitte des Kreuzes und rahmte die Schrift ein.

„Was bedeutet das?" fragten die Kinder und betrachteten das Kreuz neugierig.

„Es bedeutet, daß hier jemand gestorben ist", erwiderte die Mutter.

„Hier?" Die Kinder schauten ungläubig über das Gras und die Blumen hin, die sich sanft im Sommerwind bewegten.

„Sterben kann man überall", sagte der Vater.

Die Kinder gingen ganz nah an das Kreuz heran, und der Junge buchstabierte:

"N-i-ck-y Thü-rau-f."

„Sch!" machte das Mädchen. Sie entzifferte die Zahlen und rechnete angestrengt vor sich hin.

„Nächste Woche hätte er Geburtstag", erklärte sie. „Am Donnerstag." Und nach einer Pause: „Dann wäre er acht."

„Acht?" rief der Junge betroffen. Genauso alt war er selber gerade geworden. Eine Weile standen sie alle zusammen schweigend vor dem Kreuz, und jeder hing seinen Gedanken nach.

„Kommt", sagt die Mutter endlich. „Laßt uns weitergehen!"

Der Junge nickte und konnte sich doch nicht losreißen.

„Und der Anstecker?" fragte er. „Warum ist der Anstecker da?"

Aber die anderen waren schon weitergegangen.

Der Junge wandte sich um und stolperte über den Stein. Fast wäre er gefallen. Er konnte sich gerade noch abfangen.

„Hoppla", sagte er. Er schaute den Stein an und runzelte verwundert die Stirn. Dann rannte er mit großen Sprüngen hinter den anderen her.

Renate Schupp

Kruzifix

Inhalt: Florian zeigt seinem vietnamesischen Freund Yang eine Kirche.
Symbolwort: Kreuz
Was gezeigt wird: Was Kruzifix bedeutet. Die erschreckende Seite der Passion.
Biblische Anklänge: Die Passionsgeschichte.
Vorlesezeit: 4 Minuten   ••

„Weißt du, was ich gerne möchte", sagte Yang eines Tages zu Florian. „Ich
möchte mal in eure Kirche reingucken."
Yang war Vietnamese. Er lebte zwar schon ein paar Jahre in Deutschland,
aber es gab immer noch viele Dinge, die ihm fremd waren.
„Werktags ist abgeschlossen", erklärte Florian. „Du mußt am Sonntag kommen, bevor der Gottesdienst anfängt. Dann ist offen."
Yang kam am Sonntag pünktlich nach dem ersten Zusammenläuten. Auf
dem kleinen Platz vor der Kirche stand Florian mit Frau Bauer, der Kirchen-
dienerin, und wartete schon.
„Hallo", rief er.
„Hallo", erwiderte Yang. Er gab Frau Bauer die Hand und machte eine klei-
ne Verbeugung. Und Frau Bauer sagte, ohne Zeit zu verlieren:
„Na, dann kommt mal mit, ihr beiden!"
Sie schob die Jungen vor sich her in der Kirche hinein. Drinnen war es kühl
und dämmerig.
„Schau dich nur überall gut um", sagte Frau Bauer zu Yang. „Und wenn du
etwas wissen willst, kannst du mich ruhig fragen."
Yang sah neugierig hoch und prallte einen Schritt zurück: Die Wand, die der
Eingangstür gegenüberlag, war ausgefüllt von einem hölzernen Kreuz, an
dem ein hölzerner Mensch aufgehängt war. Es war ein riesiges Kreuz. Es
reichte von der Decke bis fast hinunter zum Fußboden. Der Mensch war auch
riesig. Er hing mit ausgebreiteten Armen und langgestreckten Beinen am
Kreuz. Durch die Handflächen und die übereinandergelegten Füße waren
Nägel getrieben. Riesige Nägel.
„Was ist das?" fragte Yang erschrocken.
„Das?" fragte Frau Bauer, ohne hinzusehen. „Das ist ein Kruzifix."
„Ein Kru-, Kruzi- ?" Yang brachte das unbekannte Wort nicht über seine
Lippen.
„Kru-zi-fix", sprach Florian ihm vor. Und Frau Bauer erklärte:
„Kruzifix heißt „Der Gekreuzigte". Es ist Jesus am Kreuz."
Dann fiel ihr ein, daß Yang am Ende gar noch nie etwas von Jesus gehört hat-

te, und sie erzählte ihm eine Kurzfassung vom Leben Jesu, so wie sie glaubte, daß Yang es verstehen konnte.

„Jesus hat den Leuten Sachen gesagt, die sie nicht hören wollten", beendete sie ihre Erzählung. „Da haben sie ihn zu guter Letzt ans Kreuz geschlagen."

„Aber das tut doch weh", stammelte Yang fassungslos. Ihn schauderte bei dem Gedanken, daß ihm jemand einen solch dicken Nagel – . Er konnte es nicht zu Ende denken. Er ballte seine Hände zu Fäusten und versteckte sie in den Hosentaschen.

Der gekreuzigte Jesus hatte den Kopf zur Seite geneigt. Sein Gesicht war schmerzlich verzerrt. Yang spürte, wie sein eigenes Gesicht sich zusammenkrampfte. Er schaute weg.

„Warum muß das da hängen?" fragte er.

Darüber hatte Frau Bauer noch nie nachgedacht. Das Kruzifix gehörte zur Kirche wie der Altar und die Kanzel. Sie beachtete es gar nicht weiter.

„Na, weißt du", sagte sie, „das hängt eben da, weil – ." In diesem Augenblick tat oben auf der Empore die Orgel einen tiefen Seufzer und gab ein paar schrecklich falsche Töne von sich. Die Jungen fuhren zusammen. Frau Bauer lachte.

„Ah", sagte sie erleichtert. „Herr Koch ist gekommen. Geh, Flori, zeig deinem Freund die Orgel. Das kennt er auch nicht. Das gibt es nicht in dem Land, wo er herkommt."

Florian nahm Yang am Ärmel und zog ihn zu der schmalen Treppe, die zur Empore hinaufführte. Herr Koch, der inzwischen die richtigen Töne gefunden hatte, ließ die Orgel brausen. Er lächelte den Jungen zu und wies mit dem Kopf auf die Sitzbänke. Florian und Yang setzten sich leise und hörten zu.

„Gefällt es dir?" fragte Florian nach einer Weile. Yang hob unentschlossen die Schultern und flüsterte:

„Ich weiß nicht, ich hab nicht zugehört. Ich muß immer an den angenagelten Mann denken."

Renate Schupp

Das Gipfelkreuz

Inhalt: Michael besteigt mit seinem Vater einen Berg. Das Gipfelkreuz gibt
                   den Anstoß zu einem Gespräch über Kreuze. Was bedeutet es, wenn
                   Menschen Kreuze aufstellen?

Symbolwort: Kreuz

Nebenaspekt: Weg

Was gezeigt wird: Berggipfel als Ort der Gottesnähe. Das Zeichen dafür ist das Kreuz.

Biblische Anklänge: Psalm 121: „Ich hebe meine Augen auf zu den Bergen..." Die Bedeu-
                   tung des Sinai als Gottesberg (2. Mose 19 u.ö.). Aber: „Wo zwei oder
                   drei in meinem Namen versammelt sind, da bin ich mitten unter ih-
                   nen" (Matthäus 18,20).

Vorlesezeit: 5 Minuten   ••

„Siehst du dort oben das Kreuz auf dem Berg?" Vater hatte den Kopf weit in
den Nacken gelegt, während er seine Augen mit der flachen Hand beschatte-
te. „In drei Stunden werden wir dort sein!"

Er packte sich unternehmungslustig den Rucksack auf den Rücken und
schien gar nicht zu bemerken, wie lustlos Michael dastand.

„Da hinauf?" Verdrossen schaute Michael seinen Vater an. „Bei der Hitze!
Ich würde lieber mit den anderen ins Schwimmbad gehen."

„Das ist ein guter Vorschlag", fand Vater, „wenn wir wieder zurück sind, gehen wir noch baden. Dann wird die Erfrischung guttun."

„Vater dreht einem die Worte im Mund rum", dachte Michael, und er mu-
sterte den Berg, auf dessen Gipfel deutlich ein Kreuz zu erkennen war.

„Wir haben gutes Bergwetter: kein Wölkchen am Himmel, wenig Wind. Das
wird eine prächtige Fernsicht!" versuchte Vater, Michael umzustimmen.

„Also, weil du es bist, meinetwegen", sagte Michael gelangweilt. Insgeheim
aber dachte er: „Eigentlich ist es schön, Vater einmal ganz allein für mich zu
haben."

Langsam und mit gleichmäßigen Schritten stiegen Michael und sein Vater
den Berg hinauf. Sie redeten nicht miteinander.

Längst hatten sie den kühlen Wald verlassen. Heiß lag die Sonne jetzt am
Hang. Das stachelige, niedrige Grünzeug, das hier zwischen den Steinen
wuchs, bot keinen Schatten.

„Latschenkiefern sind das", sagte Vater. Michael interessierte das nicht besonders. Er malte sich aus, wie angenehm es jetzt unten im Schwimmbad wäre, kühl und erfrischend.

„Bleib stehen! Gemsen!" flüsterte Vater plötzlich und wies zu einer Fels-
wand. Da standen zwei ziegenähnliche braune Tiere auf einem Felsvor-

sprung und schauten mit langen Hälsen hinunter zu den beiden Wanderern. Dann drehten sie sich blitzschnell um und entfernten sich mit kühnen Sprüngen.

„Wenn ich so hüpfen könnte", dachte Michael, „dann wäre ich längst oben." Statt dessen trottete er stumm und schwitzend hinter seinem Vater her. Sein Mund war wie ausgetrocknet.

Als hätte Vater seinen Durst geahnt, schlug er eine Rast vor. Aus dem Rucksack holte er Brot und Käse, Äpfel und eine Flasche mit kaltem Tee. Noch nie war Tee so gut gewesen, fand Michael, und auch die Äpfel schmeckten großartig.

„Horch", machte Vater plötzlich und legte den Finger auf den Mund.

Da war er wieder, der langgezogene, schrille Pfiff, da vorn bei den Steinen. Michael reckte sich und sah gerade noch, wie ein graues Pelztierchen in einem Loch verschwand.

„Ich dachte gar nicht, daß es hier auch Murmeltiere gibt!" Vater war begeistert. „Wir bekommen heute allerhand zu sehen, zuerst Gemsen, dann ein Murmeltier. Und zum Gipfel ist es auch nicht mehr sehr weit", fügte er aufmunternd hinzu.

Michael suchte mit seinen Augen das Gipfelkreuz. „Warum gibt es eigentlich auf den Bergen Kreuze?" fragte er.

Zwischen zwei kräftigen Schlucken aus der Flasche meinte Vater: „Ich glaube, das hat was mit Gott zu tun."

„Mit Gott?"

„Berge waren für Menschen schon immer etwas Heiliges, eine Landschaft, in der man Gottes Nähe besonders spüren kann. Die Menschen haben sich vorgestellt, daß Gott im Himmel wohnt. Oben, auf dem Berg, sind sie dann näher bei Gott. Der Weg zum Gipfel ist ein Stück Weg zu Gott. Damit man das Ziel, nämlich Gottes Nähe, nicht verfehlt, hat man ein großes sichtbares Zeichen, das Gipfelkreuz, aufgestellt."

Michael war mit dieser Erklärung nicht ganz zufrieden.

„Und die Kreuze in der Kirche und auf dem Friedhof? Die stehen doch unten im Tal."

„Das stimmt", antwortete Vater. „Aber sie bedeuten etwas ganz Ähnliches." Vater schraubte die Flasche wieder zu und verstaute sie im Rucksack. Michael schaute zu und wartete.

„Ja, und was?" fragte er.

Vater dachte nach.

„Weißt du, Kreuze sind so eine Art Fingerzeige auf Gott. Wo immer sie stehen, erinnern sie uns daran, daß Gott uns nah ist."

„Ganz nah?" Michael legte den Kopf zurück und breitete die Arme aus. „So nah, daß man's spürt?"

„Ja, genauso!" sagte der Vater und stand auf. Er gab Michael einen freundlichen Klaps auf die Schulter. „Laß uns nur erst einmal oben sein."

Heidi Kaiser

Stichwortverzeichnis

Die unterstrichenen Zahlen kennzeichnen jeweils einen Nebenaspekt des Textes.

Autoren- bzw. Titelregister

Quellenverzeichnis

Folgenden Autoren und Verlagen danken wir für freundlich erteilte Abdruck-
erlaubnis:

Alexander, Marge
  Der Schneeballbaum S. 133; aus „Das Traumpferd", Saatkorn-Verlag, Hamburg
Andres, Stefan
  Die Überschwemmung von Città morta S. 85; aus: „Der Goldene Schnitt". Große
  Erzähler der Neuen Rundschau 1890–1960, Frankfurt 1959, mit freundlicher
  Genehmigung S. Fischer-Verlag GmbH
* Aries, Wolf D.
  Die waschen sich nicht S. 80
Asscher-Pinkhof, Clara
  Festtage S. 253; aus: dies. „Sternkinder", Cecilie Dressler-Verlag, Hamburg

* Bill, Josef
  Die Rose S. 148
Borchert, Wolfgang
  Das Brot S. 222; aus: ders. „Das Gesamtwerk" © 1949 by Rowohlt-Verlag, Ham-
  burg
Burkhard, Ursula
  Unsichtbare Bäume S. 141; aus: Fritz/Krenzer, „100 einfache Texte zum Kirchen-
  jahr", Verlag Ernst Kaufmann, Lahr und Kösel Verlag, München

Czeszko, Bohdan
  Die Sonnenblume S. 83; aus: B. u. V. Kahl (Hrsg.) „Aufgestanden gegen den Tod",
  Burckhardthaus-Verlag, Offenbach

Fährmann, Willi
  Ein Fisch ist mehr als ein Fisch S. 176; aus: ders. „Ein Fisch ist mehr als ein Fisch";
  Echter-Verlag, Würzburg

Hohmann, Rainer
  Rosa Weihnachtsblüten S. 138; aus: R. Krenzer, „Vorlesezeit im Kindergarten",
  Edition Kemper im Verlag Ernst Kaufmann, Lahr
Hock, Kurt
  Neugeboren S. 168; aus: ders. „Ein Schnabel voll Sonne", Herder-Verlag, Frei-
  burg/Basel/Wien, 1985

Jahn, Christoph
  Brot durch Steine S. 103; aus: „Kandaze", Verlag Evang.-luth. Mission, Erlangen

* Karig, Heti
Wie Nikola das Osterfeuer brachte S. 257
Kätterer, Lisbeth
Der Kehrichtbaum S. 131; aus: Regine Schindler, „Weihnachten ist nahe", Orell-Füssli-Verlag, Zürich. Rechte bei der Autorin
Kilian, Susanne
Der Stein S. 112; aus: Steinwede/Ruprecht, Vorlesebuch Religion 3, Verlag Ernst Kaufmann, Lahr/Vandenhoeck & Ruprecht/Patmos und TVZ
Krenzer, Rolf
So einer war Thomas S. 172; Wieder ist Ostern S. 255; aus: „Du machst mein Leben hell"; – Das Adventslicht S. 250; Der erste Adventskranz S. 249, aus: „Weihnachten ist nicht mehr weit", Lahn-Verlag, Limburg – Brot S. 224. Rechte beim Autor

Lindgren, Astrid
„Niemals Gewalt!" S. 115; Die Rede von Astrid Lindgren aus Anlaß der Verleihung des Friedenspreises 1978, © der deutschen Fassung: Börsenverein des Deutschen Buchhandels e.V., Frankfurt

Mertens, Heinrich
Brot in deiner Hand S. 231; aus: ders. „Brot in deiner Hand", J. Pfeiffer-Verlag, München
Michels, Tilde
Elisas schönstes Osterei S. 164; aus: dies. „Frühlingszeit – Osterzeit", (dtv 7493) © Deutscher Taschenbuch-Verlag, München

Pausewang, Gudrun
Christof findet Wasser S. 91; Das Treffen auf dem Mond S. 36; Eine Gießkanne voll Gift S. 74; Lukas in der Hundehütte S. 189; Das Wunder S. 43. Rechte bei der Autorin
Pesek, Ludek
Nur ein Stein S. 114; aus: ders. „Nur ein Stein", Geschichte einer langen Wanderung. Aus dem Tschechischen von Herbert Ungar. Beltz-Verlag, Weinheim und Basel 1972. Programm Beltz & Gelberg, Weinheim.

Rechlin-Bartoschek, Eva
Ein tiefes Geheimnis S. 99; Michels Garten S. 219; Von einem Ausländer S. 206; Wasserwege S. 93; Wer lenkt die Sonne? S. 32. Rechte bei der Autorin
Richter, Hans-Peter
Der Tisch S. 324. Rechte beim Autor
Röhrig, Tilman
Durch den Schmerz sehen S. 252; aus: ders. „Der angebundene Traum", © 1980 by Arena-Verlag, Würzburg

Saint-Exupéry, Antoine de
„Wir wecken diesen Brunnen auf, und er singt" S. 101; aus: ders. „Der Kleine Prinz", Karl Rauch Verlag, Düsseldorf

Saroyan, William
Ein ganz besonderer Gast in unserem Haus S. 161; aus: ders. „Ein Sommertag",
Hestia-Diana-Neff-Verlage, Weßling
Steinwart, Anne
Die anderen Brücken S. 49. Rechte bei der Autorin

Wiemer, Rudolf Otto
Thomas und die Taube S. 57; aus: Wiemer/Wilkón, „Thomas und die Taube",
Patmos-Verlag, Düsseldorf

Zöller, Elisabeth
Herr Zinnober erzählt eine Gutenachtgeschichte S. 25; Zum Nachtisch Trauben
S. 149. Rechte bei der Autorin

* Hier konnten wir keinen Rechtsinhaber ausfindig machen. Für Hinweise sind Verlage
und Herausgeber dankbar.

Erhard Domay, geb. 1940 in Gießen.
Nach dem Studium der Germanistik und Theologie sieben Jahre Gemeindepfarrer.
Zahlreiche literarische und pastoraltheologische Arbeiten in Zeitschriften, Büchern
und für den Rundfunk. Herausgeber von „Gottesdienstpraxis Serie B, Arbeitshilfen
für die Gottesdienste zu den Festzeiten und Kasualien". Mitherausgeber der „Zeit-
schrift für Gottesdienst und Predigt". Arbeiten zur theologischen Deutung von
Kunst: Margarete Luise Goecke-Seischab/Erhard Domay „Botschaft der Bilder.
Christliche Kunst sehen und verstehen lernen", Lahr 1990.
Seit 1975 Leiter der theologischen Fort- und Weiterbildung in der Protestantischen
Kirche der Pfalz.